Barbara Stöckl

WOFÜR SOLL ICH DANKBAR SEIN?

Barbara Stöckl

WOFÜR SOLL ICH DANKBAR SEIN?

ecoWIN

Barbara Stöckl
Wofür soll ich dankbar sein?

FSC
www.fsc.org

MIX
Papier aus ver-
antwortungsvollen
Quellen
FSC® C012536

Das für dieses Buch verwendete FSC-zertifizierte Papier
EOS lieferte Salzer, St. Pölten.

1. Auflage
© 2012 Ecowin Verlag, Salzburg
Porträtfoto Barbara Stöckl: © Irene Schaur
Lektorat: Mag. Christina Kindl
Gesamtherstellung: www.theiss.at
Gesetzt aus der Optima
Printed in Austria
ISBN 978-3-7110-0035-4

1 2 3 4 5 6 7 8 / 14 13 12

www.ecowin.at

Für Karl Glaser.
Danke.

Inhaltsverzeichnis

„Dankbarkeit und Liebe sind Geschwister."

Christian Morgenstern

✲ Prolog: Februar 2009/ Intensivstation

Hände desinfizieren, Mundschutz, Mantel, Überzug für die Schuhe. Hier muss alles steril sein, keimfrei, alles andere kann für die Patienten tödlich enden. Solchermaßen ausgestattet oder besser gesagt verkleidet, stehe ich am Krankenbett. Pavillon 28, Wilhelminenspital, hier ist die Intensivstation. Und der Patient ist mein Vater. Auch wenn er gar nicht mehr so aussieht, wie ich ihn kenne, wie wir noch vor wenigen Tagen fröhlich beim Mittagstisch gesessen sind. Alles war gut. Jetzt ist alles anders. Die gleichmäßigen, fremden Geräusche, das Piepsen der Überwachungsgeräte beruhigen mich, die Augen wollen zufallen. Es ist 2 Uhr früh, die plötzlich notwendige Operation hat Stunden gedauert. Erlebe ich das wirklich? Oder befinde ich mich mitten in einem schlechten Traum, bis mich das Läuten des Weckers aufweckt und ich wieder im „richtigen" Leben bin? Das ist das richtige Leben, wie ich in dieser Nacht noch nicht wusste, die nächsten Monate lang.

Ein kurzer Anruf meiner Mutter: „Kannst du schnell kommen und Papa ins Spital bringen?" Ich weiß genau, wo ich in diesem Moment stand, was ich tat, ließ alles liegen und stehen, schnell ein Pullover, ein Mantel, schnell. Als ich da war, konnte ich längst nicht mehr helfen, die Rettung war schon gerufen, warten, bangen, versuchen zu verstehen. Es dauerte nicht lang und doch eine Ewigkeit. Eine junge Ärztin vermittelte Ruhe und Kompetenz. In den Wagen und ins Spital. Ich in mein Auto und hinterher. Das Rettungsauto fährt mit Blaulicht über die Straßenbahnschienen, um dem Verkehr auszuweichen und schneller am Ziel zu sein. Mir fällt meine Führerscheinprüfung ein. Niemals einem Einsatzwagen mit Blaulicht hinterherfahren. Doch was, wenn in diesem

Einsatzwagen dein Vater liegt? Das hat einem keiner beigebracht. Die Kurve, die die Herzschläge aufzeichnet, verläuft gleichmäßig, die Töne auch. Wird er es schaffen? Wird er überleben? Diese Frage mag hier niemand beantworten. Die nächsten Stunden sind der maximale Horizont. Ich weiß in dieser Nacht noch nicht, dass ich in den nächsten Monaten sehr viel Zeit hier verbringen werde. Jeden Morgen Mama abholen und ins Spital. Es wird ein Ritual, das für Monate mein Leben bestimmt. Es gab keinen Telefonanruf in der Nacht. Das ist gut. Aber gibt es Neues? Gute Nachrichten? Immer wieder schlechte Nachrichten. Eine Komplikation, noch eine Komplikation, ist denn gar nie Schluss damit? Die Ärzte tun alles, die Schwestern und Pfleger sind liebevoll, kümmern sich um Patienten und Angehörige gleichermaßen. Unglaubliche Hochleistungsmedizin und emotionale Zerreißprobe. Es geht um alles.

Auf der Intensivstation begreife ich zwei tiefe Wahrheiten: die Gewissheit, dass unser Leben immer in Schwebe ist, und die Tatsache, dass wir ohne die Hilfe anderer nicht leben können.

Unfassbar, was ein Körper alles aushalten kann. Noch eine Operation, wieder eine Operation, Tiefschlaf. Wo ist Papa jetzt? Der starke Mann, der doch mein bisheriges Leben beschützt hat. Jetzt stehe ich an seinem Bett. Halte seine Hand. Ob er mich spürt? Ich massiere seine angeschwollenen Füße mit einer Creme, deren Geruch alleine ausreicht, um mir heute, drei Jahre später, die Tränen in die Augen zu treiben. Im CD-Player in meinem Auto singt in dieser Zeit Herbert Grönemeyer wieder und wieder: „... übernimm die Wacht, bring mich durch die Nacht, rette mich durch den Sturm. Fass mich ganz fest an, dass ich mich halten kann, bring mich zum Ende, lass mich nicht mehr los ..." *(Land Unter)*.

Viele Wochen später, das Aufwachen aus dem Tiefschlaf, die Rückkehr in eine fremde Welt. Affen stehen auf dem Balkon, Hamster sausen durch das Zimmer, die Uhr an der Wand ist spiegelverkehrt, das Gehirn kennt diese Welt nicht mehr. Durchgangs-

12

syndrom heißt das in der Fachsprache. Die künstliche Beatmung wird reduziert, schließlich die Schläuche ganz entfernt. Atmen, tief atmen, kann das die Lunge noch? Papa kann noch nicht mit uns sprechen, hat keine Stimme mehr. Das erste Wort, das wir erahnen: Durst! Wochenlang wurden die Mundschleimhäute mit wassergetränkten Wattestäbchen mit Zitronengeschmack befeuchtet. Jetzt geht es bald wieder schluckweise. Ich teile das Kipferl in Stücke, ertränke diese im Morgenkaffee und füttere Papa mit der mürben Teigmasse. Das schmeckt besser als jedes Haubenmenü.

„Es ist geschafft", denke ich, auszusprechen wagt das hier noch keiner. Doch nach Monaten ist es so weit: Papa wird aus der Intensivstation entlassen! Die Rückkehr ins Leben wird noch lange dauern, alles muss neu gelernt werden, jeder Schluck, jedes Wort, jeder Schritt. Am Tag der Entlassung fahren meine Gefühle Hochschaubahn, wie im Film laufen die Ereignisse und Eindrücke der letzten Monate ab. Während meine Eltern im Zimmer auf den Krankentransport warten, meine Geschwister im Erdgeschoss den Patienten überraschend empfangen werden, gehe ich den Flur entlang. Prof. Karl Glaser verabschiedet sich nach der Morgenvisite mit einem erleichterten, frohen Lächeln in die Ferien. Monate hat er mit uns gekämpft und – gewonnen. Danke. Weiß er, was ich damit meine? Ich stehe da, blicke aus dem Krankenhausfenster in einen warmen Frühlingstag. Die Wiese vor dem Pavillon 28 ist voll tiefblauer Veilchen. Vögel zwitschern. Angehörige kommen und gehen, besuchen ihre Liebsten. Mein Herz fließt über, meine Augen auch. Da ist sie. Die tief empfundene Dankbarkeit, die mein Leben zusammenhält.

Einführung

Die Zeit, die mein Vater auf der Intensivstation des Wilhelminen-spitals verbracht hat, war für mich mit einem sehr starken Erleben von Dankbarkeit verbunden, jeder Tag, nicht nur das gute Ende. Die Erfahrungen und Erkenntnisse dieser Monate haben tiefe Spuren hinterlassen. Konstantin Wecker zitiert in seinen Konzerten seinen Freund, den amerikanischen Zen-Meister Bernie Glassman, der sagt: „Die Angst vor dem Tod eines geliebten Menschen, oder vor unserem eigenen Tod, kann dazu führen, dass sich unser Körper zusammenzieht, dass wir unsere Vision verlieren, uns auf uns selbst und unser begrenztes Ego zurückziehen und uns damit vom Fluss des Lebens abtrennen. Ebenso kann uns diese Erfahrung aber auch die unablässige Veränderung des Lebens bewusst machen und die einzigartige Kostbarkeit eines jeden neuen Augenblicks vor Augen führen, was immer auch unser eigener Beitrag für diese Welt ist – bei allem handelt es sich um ein Geschenk des Universums, das wir wertschätzen und lieben sollten. Nicht weil es nützlich oder wichtig oder etwas Besonderes ist, sondern einfach, weil es da ist."

Alles ein Geschenk? Und das in einer Welt, in der wir uns so oft fragen: Wofür soll ich dankbar sein? In der das Gefühl, dass wir selbst unseres Glückes Schmied sind, überwiegt. In der Selbstverwirklichung groß geschrieben wird. In der das eigene Ego den Weg und das Lebensglück bestimmt. In der uns alles zusteht. Wir haben ein Recht darauf. Und doch haben wir in den letzten Jahren schmerzlich bemerkt, wohin uns dieses Denken geführt hat. Was bleibt, dann, wenn alles zusammenbricht? Was zählt, wenn die einen merken, dass sie Geld nicht essen und die anderen ihre Schulden nicht mehr tilgen können? Plötzlich rufen wir nach wahren Werten, echten Freunden, alten Tugenden, sehnen uns nach tiefen Gefühlen, kleinen Gesten, starken Bildern, erfüllenden Momenten. Geschenkt.

So lohnt es, diese Geschenke zu betrachten, anzunehmen, sich Momente der Dankbarkeit auch immer wieder in Erinnerung zu rufen. Wofür bin ich dankbar? Wann habe ich Dankbarkeit ganz deutlich gespürt? Ich glaube, man kann sie spüren, auch körperlich, warm, angenehm. Es ist ein Gefühl, „wenn das Herz überfließt". So formuliert es der Benediktinermönch Bruder David Steindl-Rast. Besser kann man es nicht beschreiben. Ich habe mich auf den Weg gemacht, solche Momente nicht mehr achtlos vorbeiziehen zu lassen.

Immer wieder durfte ich in meinem Leben, vor allem im Laufe meiner beruflichen Tätigkeit seit „help tv" und als Ombudsfrau, Menschen treffen, die mich tief berührt haben. Unbekannte und bekannte, große Persönlichkeiten, die Unfassbares erlebt haben. Die schlimmste Schicksalsschläge zu bewältigen hatten, bei denen mich tiefe Traurigkeit und Schmerz befallen haben, die mutige Reisen gemacht haben, die ich mich nie zu machen getraut hätte, die Herausforderungen angenommen haben, von denen ich manchmal träume, die Begabungen und Talente haben, die ich bewundere. Sie haben mir gezeigt, dass es zu jedem Zeitpunkt des Lebens die Möglichkeit gibt, das Gute, das Schöne, das Mutmachende, das Tröstende zu sehen, und dass es deine ganz persönliche Entscheidung ist, worauf du den Blick richtest. Jeden Tag, Tausende Chancen.

In diesen Augenblicken fließt dann mein Herz über, ich empfinde Momente des Glücks. Was gibt es Besseres im Leben? Vor allem, wenn man – spätestens ab einem gewissen Lebensalter oder gewissen Lebenserfahrungen (die altersunabhängig sind) – weiß, dass das Glück kein Dauerzustand ist. Das Glück scheint eines der großen Missverständnisse in unserer Welt zu sein. Hunderte Ratgeber zeigen uns den Weg zum Glück, es ist das, was wir alle gleichermaßen anstreben. Und doch wissen wir, dass Leid, dass Schmerzen den gleichen Stellenwert in unserem Leben haben! Tiefe Schmerzen zu erfahren, bleibt niemandem erspart und ist gar nicht außergewöhnlich. Das hat vermutlich jeder von Ihnen auch schon erlebt. Ich auch. Was war? Sie gingen vorbei. Eine gute Erfahrung, und die noch wichtigere: Es gab in diesen Zeiten Menschen, denen ich mit meinen Schmerzen, meiner Angst, meiner Not zumutbar war. Wenn ich falle, gibt es ein Netz. Ich wünsche mir kein Leid, aber ich weiß, dass mir sogar diese Momente Gelegenheit geben, dankbar zu sein. Die Momente des Glücks und die Momente des Leides haben mich zu dem Menschen gemacht, der ich heute bin. Anders geht's nicht.

Wir können das Leben nur vorwärts leben und nur rückwärts verstehen. Heiter weiter, nach vorne schauen, und die Sinne schärfen für alles Schöne! Damit meine ich nicht die Dinge schönreden, weich spülen oder Missstände nicht wahrhaben zu wollen. Der Weg der Dankbarkeit als Haltung dem Leben gegenüber macht empfindsam für Unrecht und kräftig für den Kampf dagegen. Aber es kann hilfreich sein, zunächst einmal zu sehen, was alles ist und nicht nur, was nicht ist.

„Dankbarkeit heißt, sensibel zu bleiben für all die Nicht-Selbstverständlichkeiten im Leben!", hat mir Pater Georg Sporschill gesagt. Dafür gilt es zunächst einmal für sich selbst zu klären, was selbstverständlich ist. Eine wichtige Prüfung.

Oft fühlen wir uns von den täglichen Nachrichten bedroht und bedrückt. Katastrophen und Skandale, Ignoranz und Missgunst scheinen auf der Tagesordnung zu stehen. Doch viel wichtiger für uns sind da unsere Nächsten: der Partner nachlässig, die Kinder ungezogen, die Freundin abweisend und der Chef vorwurfsvoll, das kann uns ganz schön den Tag verderben! Unsere nächste Umgebung hat meist einen größeren und direkteren Anteil an unserem Wohlbefinden als die Weltlage. Deswegen müssen wir lernen, mit Familie, Freunden und Kollegen sorgsam umzugehen. Auf ihre positiven Signale zu achten. Es sind nicht die weltbewegenden, spektakulären Ereignisse, die für tägliche

Schlagzeilen sorgen. Und doch sind diese kleinen Momente und Beobachtungen, die ich meine, in meinem, in Ihrem Leben weltbewegend und spektakulär.

Wann haben Sie das letzte Mal ein Lob genossen, Aufmerksamkeit liebevoll beantwortet, sich durch freundliche Worte die Seele streicheln lassen, eine hilfreiche Hand dankbar gehalten?

Wenn man selber Trost, Rat und Hilfe will, muss man auch offen dafür sein. Sensibilität für das, was wirklich zählt, kann man lernen. „Wenn du Mitgefühl willst, musst du Mitgefühl haben, wenn du Liebe suchst, musst du lieben können, und wenn du Trost brauchst, dann musst du auch trösten können" (frei nach Karl Marx). Wenn du Dankbarkeit suchst, musst du danken können.

Dafür gilt es, die Sinne für diese großartigen Kleinigkeiten des Lebens zu schärfen, sie zu bemerken, zu erkennen, anzuerkennen und wertzuschätzen. Vielleicht gelingt es mir, Sie dafür zu begeistern? Damit das Herz überfließt. Und da das Herz ein Muskel ist, kann man es trainieren, so wie jeden anderen Muskel auch. Nicht nur durch Konditions- und Ausdauertraining, sondern durch Achtsamkeit dem eigenen Leben gegenüber. Schon bald werden Sie sehen: Menschen, die mehr tun, als es ihre Aufgabe ist. Ein Lächeln, ein Wort, eine liebevolle Geste zur richtigen Zeit. Ein Sonnenstrahl, ein Baum, eine Wolke, ein Marienkäfer, das ehrliche Lachen eines Kindes. Ein sehr alter Mann, der mit seiner sehr alten Frau Hand in Hand spazieren geht. Hier und jetzt. Einfach so. Geschenkt, ohne dass ich es mir verdienen musste oder dafür bezahlt habe. Und doch bringen genau diese Ereignisse unendlichen Reichtum und Erfüllung in mein Leben. Dankbarkeit bringt viele Vorteile, ja, „man hat etwas davon".

Ich erzähle Ihnen von solchen wahren Geschichten aus meinem Leben. So habe ich sie erlebt, so erinnere ich mich an diese Begebenheiten. Und von den Begegnungen mit Menschen, die mit mir über das Thema nachgedacht haben: Wofür soll ich dankbar sein? Sie haben mir bei der Suche nach Antworten geholfen:

Benediktinermönch David Steindl-Rast, dessen „Lebensthema"
die Dankbarkeit ist, Clemens Sedmak, Philosoph und Theologe
mit dem Blick über den Horizont, der Psychotherapeut Uwe
Böschemeyer, der weiß, wie wichtig Dankbarkeit auf dem Weg
zur Freiheit ist, Liedermacher und Schauspieler Konstantin Wecker,
der durch die Höhen und Tiefen des Lebens eine Haltung tiefer
Dankbarkeit entwickelt hat, Angelica Bäumer, Journalistin und
Kunstexpertin, die als Jüdin den Zweiten Weltkrieg durch einen
mutigen Pfarrer, der sie und ihre Familie versteckt hat, überlebte,
die Naikan-Trainerin Johanna Schuh (Naikan ist eine japanische
Technik zur Innenschau, über die ich Ihnen später mehr berichte),
Universalkünstler André Heller, der mich mit seinen Ansichten
und seinem Weg hin zu einem dankbaren Mensch verblüffte, und
Jesuitenpater Georg Sporschill, der mich immer wieder beeindruckt.

Sich mit der eigenen Vergangenheit, vielleicht sogar mit weiter zurückliegenden Wurzeln der Familie zu beschäftigen und
auszusöhnen, ist ein wichtiger Schritt zu Dankbarkeit und Lebensglück. Verletzungen, Missverständnisse, auch Fehler aufzuspüren, hinzuschauen, zu benennen und anzunehmen, macht
frei. Es reicht nicht, Schuldige für Probleme und bestimmte Entwicklungen zu finden. Die Aufgabe jedes erwachsenen Menschen heißt, den eigenen Rucksack zu leeren, um ihn dann mit
Lebensschätzen wieder anzufüllen. Auch der Blick in die Vergangenheit kann dankbar machen.

Vielleicht verändern diese Gedanken auch Ihre Sicht auf Ihr
Leben. Vielleicht verhelfen sie Ihnen zu Momenten der Dankbarkeit. Mir ist es wichtig, Dankbarkeit aus der Mottenkiste zu holen,
aber auch aus der Esoterik-Ecke zu befreien, und sie als das zu
betrachten, was sie ist: eine sich lohnende, wertvolle Haltung
dem Leben gegenüber!

Barbara Stöckl

✳ Anton Stöckl, mein Urgroßvater

Ich habe meinen Urgroßvater nicht gekannt. Auch mein Vater hatte seinen Großvater nie getroffen, denn er starb, noch bevor der Enkelsohn geboren wurde. Alles, was ich kenne, sind also im Laufe der Zeit weitererzählte Geschichten und die Tatsache, dass Anton Stöckl in einem einsamen Grab auf dem Zentralfriedhof begraben liegt.

Immer wieder hörte ich über ihn, dass er in der Familie der „Tyrann" genannt wurde, herrisch und sehr streng war. So zeigt ihn auch das einzige Schwarz-Weiß-Foto, das es von ihm gibt: ein stattlicher Mann, mit strengem Blick und ernster Miene, Stadtkassier von Beruf, eine „wichtige" Position also, jedenfalls eine Aufgabe mit Verantwortung und Ansehen.

Erst die Recherche eines Familienforschers, den ich zurate zog, zeigte mir ein ganz anderes Bild dieses Mannes, der wichtige Weichen für die nachfolgenden Generationen, und damit wohl auch für mein Leben, gestellt hat:

Dieser Mann, mein Urgroßvater Anton, wurde als lediges Kind am 30.7.1857 in Wien geboren, seine Mutter Antonia Gangl war eine Dienstbotin aus Südböhmen, nicht ungewöhnlich für die damalige Zeit. Sie half also im Haushalt „besserer" Leute und verdiente sich damit das bisschen Geld, um sich und ihren Sohn alleine durchzubringen. Im selben Haus, in dem sie eine kleine Garçonnière bewohnte, im 14. Wiener Gemeindebezirk in der Sampogasse, wohnte Anton (von Padua) Anselm Stöckl, ein Künstler. Stöckl war Volksliedersänger, ein Freigeist, der die Musik, den Wein, das Leben und auch die Frauen liebte, wohl nicht nur seine Ehefrau Katharina Durst. Sein Freiheitsdrang zeigte sich auch darin, dass er mit seiner Ehefrau nicht in einer gemeinsamen Wohnung lebte. Heute nicht ungewöhnlich, damals schon.

Der kleine Anton hatte keinen Vater, jedenfalls offiziell nicht. Hinter vorgehaltener Hand munkelte man, dass seine Mutter eine Affäre mit dem Künstler im Obergeschoss hatte und der kleine Anton dieser Liaison entstammte. Das Kind mag in der Schule wohl oft gehänselt worden sein ob der ungeklärten Verhältnisse, unter denen er und seine Mutter litten. Sie wollte ja „etwas Besseres" für ihren Buben, doch als alleinerziehende Mutter mit dem Gehalt einer Dienstbotin war das schwer.

Es lässt sich nur ungefähr nachzeichnen, wie sich die Dinge genau weiterentwickelt haben, doch anhand von Daten und Chroniken steht fest, dass Anton Anselm Stöckls Ehefrau, Katharina, verstarb. Der lebensfrohe Künstler ehelichte danach die im selben Haus wohnende Dienstbotin Antonia Gangl, ein weiteres Indiz dafür, dass sie vermutlich die Mutter seines Sohnes Anton war. Aber mehr noch, er adoptierte Anton Gangl als seinen Sohn, der ab diesem Zeitpunkt – der „Kleine" war bereits 40 Jahre alt und arbeitete in der Hauptkassa der Stadtgemeinde – den Namen Anton Stöckl trug.

Zwei Jahre nachdem er nicht mehr Gangl, sondern Stöckl hieß, gründete er seine eigene Familie: Mein Urgroßvater heiratete, das Ehepaar bekam sieben Söhne, unter ihnen auch mein Großvater Wilhelm. Was dann geschah, weiß keiner mehr genau, denn es gibt keine „Zeitzeugen" mehr, doch ich versuche nachzuvollziehen, was diesen Mann in seinem Leben bewegt hat: Anton Stöckl wollte fortan seinen Kindern das ermöglichen, was ihm so lange verwehrt geblieben ist: Anerkennung! Sie sollten es nun tatsächlich besser haben und diesem Wunsch verlieh er mit aller Härte und Konsequenz Nachdruck. Seine sieben Söhne besuchten alle das Gymnasium, alle studierten und wurden angesehene Ärzte, Anwälte, Techniker. Bildung als Basis für ein selbstbestimmtes Leben. Lerne die Welt und dich selbst kennen!

Das mag in seinem Ausdruck auf seine Mitmenschen tyrannisch gewirkt haben, vor dem Hintergrund seiner eigenen Lebensgeschichte bekommt der Despot für mich auch ein anderes Gesicht.

So lässt mich der Besuch am einsamen Grab meines Urgroßvaters Anton Stöckl dankbar in die Vergangenheit dieses Teils meiner Familie blicken.

Wie oft habe auch ich das Gefühl, mir alles selbst erschaffen und erarbeitet zu haben? Mit Einsatz, Fleiß, Willenskraft. Doch viele Menschen und Ereignisse – schreckliche, schöne, zufällige – haben dazu geführt, dass ich heute die bin, die ich bin.

„Dankbarkeit ist die Antwort des Menschen auf die Welt."

Gustav Schörghofer
Künstler-Seelsorger, Kunsthistoriker und
Rektor der Jesuitenkirche in Wien

Dankbarkeit – Was ist das?

Wenn wir den Begriff „Dankbarkeit" verwenden, dann meinen wir die ganz allgemein gebräuchliche Bedeutung: Ich bin dankbar, wenn ich ein Geschenk erhalte, oder mir jemand einen Gefallen tut. Ein materieller Nutzen kann, aber muss damit nicht verbunden sein, der persönliche Gewinn ist häufig auch immateriell.

Dankbarkeit wird mitunter als Gefühl angesehen, aber auch als Stimmung, Gewohnheit, Beweggrund, kann ein Persönlichkeitsmerkmal sein, eine Art Bewältigungsstrategie, aber zuallererst ist sie eine Tugend. Dankbarkeit mag vielleicht die angenehmste Tugend sein, aber sicher nicht die leichteste. Die Dankbarkeit ist eine Art „sekundärer" Genuss, ein Echo der Freude auf die empfundene Freude, ein Glück mehr für ein Mehr an Glück. Sie als Tugend zu verstehen heißt aber auch, dass sie nicht selbstverständlich ist, dass sie fehlen kann und es folglich ein Verdienst ist, sie zu empfinden. „Dankbarkeit ist ein Geheimnis, nicht durch das Vergnügen, das sie beschert, sondern durch das Hindernis, das man durch sie überwindet."[1]

Psychotherapeut und Viktor-Frankl-Schüler Uwe Böschemeyer sagt über die Dankbarkeit[2]: „Zu den in dieser Zeit scheinbar wenig attraktiven Werten gehört die Dankbarkeit. In Märchen dagegen spielt sie eine große Rolle: Sie sagen, dass der Undankbare am Glück vorbei – der Dankbare dagegen mitten ins Glück hineingeht. Was ist Dankbarkeit? Sie ist die Folge des Nachdenkens über gehaltvolles, sinnerfülltes Leben, das ein Mensch in den wechselnden Situationen erleben durfte. Dankbarkeit ist darüber hinaus die gefühlte Erkenntnis, dass nicht alles, was wir an Erfreulichem erleben, von uns abhängt, dass nicht nur wir selbst auf unser Leben Einfluss nehmen, sondern es auch auf uns Einfluss nimmt. Ein dankbarer Mensch sagt Ja zum Leben. Er ist erfüllt von den Gründen seiner Dankbarkeit. Es ist warm in ihm. Er ist mit sich eins. Er hadert nicht. Er kritisiert nicht ständig. Er ist dem Leben gegenüber offen. Vor allem aber entwickelt er zunehmend einen Blick für die liebenswerten Seiten seiner Tage. Er gewinnt eine positive Suchhaltung gegenüber dem, was auf ihn zukommt. Er gewinnt darüber hinaus Kraft, auch die sogenannten ‚undankbaren‘ Dinge gelassener hinzunehmen. Er kann sie als festen Bestandteil seines Lebens sehen lernen. Dankbarkeit ist deshalb höchste Lebenskunst. Es gibt Menschen, die sich an jedem Abend vergegenwärtigen, was sie während des Tages an Gutem erlebt haben. Und diese Dinge, die für den, der offen durch den Tag geht, gar nicht selten sind, können seine Einstellung zum Leben auf gute Weise verändern."

Das Nachdenken über gehaltvolles, sinnerfülltes Leben, von dem Uwe Böschemeyer hier spricht, scheint mir eine ganz entscheidende, mitunter lebensrettende Beschäftigung zu sein. Dazu muss man es als lustvolle Betätigung empfinden, das Gehirn zu nutzen. So wie körperliche Ertüchtigung nach anfänglicher Überwindung zu einem Hochgefühl führt, kann auch Nachdenken Spaß machen. Das Gehirn ist ein Muskel, Gehirnmuskelkater bereitet Schmerzen und erweitert in Folge die Kapazitäten. Der Weg vom Nachdenken zur Dankbarkeit durchläuft zwei Stadien, die der amerikanische Psychologe Robert Emmons[3] so unterscheidet:

Zuerst kommt das „Anerkennen", das heißt, wir müssen das Gute im Leben anerkennen lernen. Wir bekräftigen, dass es etwas gibt, wofür es sich zu leben lohnt. Auf der Insel Okinawa im Süden Japans werden die Menschen so alt wie sonst nirgendwo auf der Welt. Alt, gesund und glücklich. Neben gesundem Essen – viel Fisch und Gemüse steht bei ihnen auf dem Speiseplan – und einer entsprechenden Lebensweise gibt es dort noch eine Weisheit: „Ikigai" nennen es die Bewohner, was so viel bedeutet wie „etwas zu haben, wofür es sich morgens aufzustehen lohnt". Damit kann man alt werden.

Dem Anerkennen folgt das „Erkennen". Die Erkenntnis, dass die Quelle der Dankbarkeit zumindest teilweise außerhalb unseres Selbst liegt. Das Erkennen erfolgt auf drei Ebenen: Ich erkenne auf intellektueller Ebene, ich erkenne auf der Ebene des Willens und ich erkenne auf emotionaler Ebene, ich messe einer Sache Wert bei. Wenn diese drei Ebenen vereint sind, ist vollständige Dankbarkeit erreicht. Erkenntnis ist aber auch jene Eigenschaft, die es der Dankbarkeit ermöglicht, Veränderungen herbeizuführen. Zu erkennen bedeutet, eine Situation zu überdenken und sie aus einem anderen Blickwinkel zu betrachten als zuvor.

Dankbar sein kann nur der Mensch, Dankbarkeit ist konkret und persönlich. Sie unterscheidet sich auch entscheidend von anderen Emotionen: Ich kann wütend auf mich selbst sein, zufrieden mit mir, stolz auf mich etc., aber es ist befremdlich, wenn eine Person sich selbst gegenüber Dankbarkeit empfindet. Dank richtet sich immer an einen anderen, einen Gebenden.

Viele Kulturen und Epochen betrachten Dankbarkeit als erstrebenswerten, grundlegenden Aspekt der menschlichen Persönlichkeit und des Zusammenlebens, als wichtiges Bindeglied einer Gesellschaft. Dankbarkeit ist also nicht nur ein Gefühl, sondern eine Tugend. Der römische Politiker und Philosoph Cicero stellte fest, dass „Dankbarkeit nicht nur die größte aller Tugenden, sondern auch die Mutter aller Tugenden ist."

Ciceros Zeitgenosse Seneca wiederum sagte: „Derjenige, der einer Wohltat mit Dankbarkeit begegnet, hat die erste Rate seiner Schulden bereits abgegolten." Und der Grieche Epiktet schrieb: „Weise ist der Mann, der nicht um die Dinge trauert, die er nicht hat, sondern der sich an jenen erfreut, die er hat."

Viele Jahrhunderte später wies der deutsche Theologe und NS-Widerstandskämpfer Dietrich Bonhoeffer darauf hin, dass wir im alltäglichen Leben oft kaum erkennen, dass wir erheblich mehr bekommen als wir geben. Er war der Ansicht, dass unser

Leben nur durch Dankbarkeit wirklich reich werden kann, dass Dankbarkeit den Schmerz der Erinnerung in dankbare Freude verwandelt. Eine Erkenntnis, die ihm sogar die Kraft gab, darüber in seinen Gefängnisbriefen zu schreiben. Am 9. April 1945 wurde er wegen seiner Beteiligung an einer Verschwörung gegen Hitler getötet.

Bonhoeffer spricht vom „Reichtum durch Dankbarkeit". Ein Reichtum, der auch durch Vertrautheit erwacht. Und genau davon scheint heute oft ein Mangel zu bestehen. Es wird zwar viel diskutiert, kritisiert, kommentiert und besprochen. Es fehlt auch nicht an klugen Köpfen, präzisen Fragen, kritischen Tönen, schnellen Forderungen. Aber wer vermittelt uns wirkliche Vertrautheit?

„Was fehlt, sind Menschen, die Vertrautheit vermitteln!", schreibt Gustav Schörghofer in seinem Buch *danke tausendmal*[4]. „Dem Kind ist die Welt nahe und vertraut. Sie zeigt sich ihm täglich neu, kommt ihm entgegen, immer wieder ein Geschenk. Dem Erwachsenen wird die Welt alt und verbraucht. Er verliert die Nähe. Das einst Vertraute wird ihm fremd."

Wenn ich meine Nichte Lena dabei beobachte, wie sie mit ihrer Katze Daisy spielt, die erst wenige Wochen alt ist, dann spüre ich dieses Gefühl wieder tief in mir. Da gibt es keine Zeit, kein Drängen, kein Gestern, kein Morgen, kein Streben, kein Fragen, weder Sinn noch Unsinn. Da verschwinden für wenige Momente alle Dinge meiner „erwachsenen" Welt, und ein warmes, rundes, volles, offenes Staunen lässt mich eintauchen in die Erinnerungen an meine Kindheit.

Es gibt einen einfachen Schlüssel zu diesem vertrauten Reich der Kindheit. Der Schlüssel heißt: Dankbarkeit. Der Dankbare lebt in keiner anderen Welt, er sieht aber das Gegebene unter einem anderen Gesichtspunkt, mit einem anderen Horizont.

Dankbarkeit ist eine Lebenseinstellung, eine bewusst gewählte Haltung, eine Entscheidung, die jeder treffen kann. Sie ist nicht abhängig von objektiven Lebensumständen wie Gesundheit, Wohlstand oder Schönheit. Es geht dabei nicht darum, wie du wohnst, wen du kennst, was du isst, wie du dich kleidest, wer dich begehrt, wie viel Geld du auf dem Konto hast und welches Auto du fährst. Dankbarkeit entzieht sich diesen Kategorien. Und das Gute an dieser Entscheidung: Sie beeinflusst das Leben positiv!

Der junge Zweig der psychologischen Dankbarkeitsforschung hat herausgefunden, dass dankbare Menschen:

- die schönen Momente des Lebens intensiver auskosten
- positive Gefühle wie Freude, Begeisterung, Optimismus stärker empfinden
- das eigene Selbstbewusstsein und Selbstwertgefühl steigern
- weniger anfällig sind für negative Gefühle wie Neid, Gier, Bitterkeit und Minderwertigkeitsgefühle
- besser mit Stress- und Krisensituationen umgehen können
- sich schneller von Erkrankungen erholen, da sie eine robustere psychische Gesundheit haben
- eine stärkere Verbundenheit zu anderen haben, hilfsbereiter und rücksichtsvoller sind
- sich Gott näher fühlen
- mit ihrem Leben zufriedener sind.

Es lohnt sich also, dankbar zu sein!

✽ Una Paloma Blanca –
Die weiße Taube

So endet also das Leben: auf acht Quadratmetern. Ein Bett mit blau karierter Bettwäsche. Ein Tisch, dem man nicht genau ansieht, ob er aus Holz oder aus Kunststoff ist. Ein schmaler Kleiderschrank. Ein kleines Tischchen mit Fernseher, in der Ecke liegt ein Akkordeon. Auf dem Nachtkästchen vergilbte Fotos. An der Wand zwei Bilder: Eines zeigt ein Schiff auf offenem Meer, mit hohen Wellen, in dunklen Farben. Das andere Bild ist ein eingerahmtes Filmplakat. *African Queen*, der amerikanische 50er-Jahre-Schinken mit Humphrey Bogart und Katharine Hepburn. Das Bild ist allerdings verrutscht und hängt schief im Passepartout. Es ist ein trüber Tag im November, ein paar Sonnenstrahlen kämpfen sich durch den Morgennebel, dennoch ist es so düster, dass man die Zimmerbeleuchtung aufdrehen muss.

„Guten Morgen, Rudolf!" Im Zimmer sitzt ein stattlicher Mann aufrecht in seinem Bett, die Decke über die Beine gezogen. Ich stelle mich vor. „Sie sind also Schwester Barbara", mustert er mich von oben bis unten, ohne das Ergebnis der Inspektion in Worte zu fassen. Rudolf ist 88 Jahre, wie ich später erfahre, einer der wenigen Männer hier am Stockwerk. Er ist „eigentlich ein Lustiger", wie mir die Kolleginnen versichern, aber „er kann keine weiten Sprünge mehr machen", erklären sie mir vielsagend mit ironischem Unterton. Weite Sprünge macht hier ja wohl keiner, denke ich mir. Wir verteilen das Frühstück und ziehen weiter mit dem Wägelchen. Rudolf ruft mir nach: „Kommen Sie mich doch besuchen, Schwester Barbara!"

Ich befinde mich in einem Altenpflegeheim in einer hessischen Kleinstadt. Für die Recherche zu einer Fernsehsendung über die Arbeitssituation von Altenpflegern bin ich eine Woche hierhergekommen, um zu sehen, wie es ist. Ich bin Schwester Barbara, diese eine Woche lang, werde als Aushilfe vorgestellt und begleite die Pflegeschwestern bei ihrer Arbeit, von morgens um 6 Uhr bis abends um 18 Uhr.

Bei der Morgenbesprechung im Dienstzimmer werden alle Bewohner des Stockwerks besprochen. Frau M. braucht andere Tabletten, Frau H. hat sich wieder über das Essen beschwert, Frau K. hat endlich wieder einmal Besuch von ihrem Sohn bekommen, Herr R. hat mit seinem Akkordeon gespielt, obwohl er weiß, dass er das auf dem Zimmer nicht darf, weil es zu laut ist, und das Zimmer Nr. 8 wurde neu ausgemalt, nachdem sein Bewohner für immer verzogen ist.

Hier leben Menschen, die zu Hause nicht mehr für sich sorgen können, weil sie krank sind, betagt, dement. Der Schritt, ins Altenpflegeheim zu gehen, war nicht immer freiwillig. Manche wollten ihren Kindern nicht zur Last fallen, manche waren nicht mehr in der Lage, selbst darüber zu entscheiden. Ihre Kinder wussten einfach nicht mehr, wohin mit den alten Eltern, Beruf, Kinder, Haushalt – wenn man mitten im Leben steht, ist das Ende bedrohlich, und dann auch noch einen alten Menschen pflegen? Das ist eine extreme Belastung, der nur sehr wenige gewachsen sind. Sie haben die Mutter nicht gerne ins Heim gegeben, es war gar nicht einfach, diesen Platz zu bekommen, aber es ist „halt das Beste für sie". Und andere haben niemanden, der für sie sorgen könnte.

Es ist 7 Uhr, die Bewohner, die nicht alleine oder mithilfe ihres Rollators ins Speisezimmer gehen können, bekommen ihr Frühstück auf das Zimmer. Eine Scheibe Brot, Butter, Marmelade, Leberwurst. Eine Tasse Kaffee oder Tee. Eine Stunde später, die Reste des Frühstücks sind wieder beseitigt, ist nun Zeit für Bettenmachen und Pflege.

„Hallo Rudolf, da sind wir schon wieder", scherzt Marianne, die ich bei ihrer Arbeit begleite. „Heute werden Sie von den zarten Händen von Schwester Barbara eingecremt!", zwinkert sie dem alten Mann zu, der das mit einem Lächeln quittiert. Zarte Hände? Das ist wohl eine weit entfernte, schöne Erinnerung, die da in seinem Kopf kurz aufblitzt. Meine zarten Hände? Was genau soll ich tun?

Marianne deutet mir mit einer leichten Kopfbewegung, die Creme zu nehmen und entfernt die Bettdecke. Da erst sehe ich, was die Decke verborgen hat: Rudolf hat keine Beine. Zwei Stümpfe liegen vor mir. Der Schock scheint mir ins Gesicht geschrieben zu sein. Und die soll ich jetzt eincremen? Einem wildfremden Mann!? Mein Gegenüber erkennt wohl meine Beklommenheit und streicht mit der Innenseite seiner Hand über den Stumpf, so als wollte er es mir vorzeigen. Ich bin die Aushilfe. Ich wollte wissen, was hier zu tun ist. Jetzt stell' dich nicht so an und tu' es. Ich nehme eine Handvoll Creme und reibe sie in meiner Hand, so als wollte ich sie noch geschmeidiger, wärmer machen. Dabei versuche ich nur noch ein paar Momente Aufschub zu gewinnen. Es ist ja nichts dabei. Und doch muss ich eine große innere Hemmschwelle überwinden. Es geht nicht nur um eine Berührung, es gilt anzuerkennen, welche sichtbaren Wunden das Leben auf diesem Körper hinterlassen hat.

Ich versuche es zaghaft. Ich creme die amputierten Beinstümpfe, mit sanften, kreisenden Bewegungen. Rudolf verfolgt jede meiner Bewegungen ganz genau, Marianne ist längst abgezogen, zum Herumtrödeln hat sie nun wirklich keine Zeit. Mit der Berührung entsteht eine große Nähe zwischen dem alten Mann und mir. Er ist kein „Bewohner" mehr, er ist Rudolf, der keine großen Sprünge mehr machen kann. Wie gemein. Erst jetzt sehe ich in der Ecke eine Prothese gelehnt, daneben ein zusammengeklappter Rollstuhl. Meine fragenden Blicke bekommen schnell Antwort: „Den Krieg habe ich überlebt", er macht eine Pause, „den Zucker nicht." So mussten dem alten Mann aufgrund seines Diabetes und der daraus resultierenden Durchblutungsstörungen die Beine amputiert werden. „Ich hatte keine Wahl, noch ein bisschen Leben ohne Beine oder gleich – Abgang", unterstreicht er seinen Satz mit einer deutlichen Handbewegung. Ich creme und creme, es ist gar nicht schwer, man muss es nur tun.

Rudolf erkennt, dass er eine Zuhörerin gefunden hat und lässt mich nicht mehr los. „Öffnen Sie einmal den Schrank für mich!", bittet er höflich, aber sehr bestimmt. Drei Hemden, ein Sakko, zwei Hosen und ein Schlafrock hängen im rechten schmalen Teil auf Kleiderbügeln. Im linken Regal liegen fein säuberlich gefaltet Pullover und Unterwäsche. Mehr braucht man hier nicht. Ganz unten eine Kiste. „Geben Sie mir bitte einmal die Kiste!" Rudolf öffnet vorsichtig den Karton. Er öffnet sein Leben. Fotos, Briefe, Erinnerungsstücke liegen hier durcheinander. Ein Kleeblatt, ein Flaschenöffner, ein kleiner Elefant, eine Muschel. Er öffnet das Fotoalbum. „Schauen Sie, Schwester Barbara", zeigt er mir Fotos aus längst vergangenen Zeiten, „ich war einmal jemand!" Der Satz trifft mich mitten ins Herz. Er war einmal jemand. Das ist jetzt vorbei. Er war. Jemand. Rudolf war Büroleiter des Bürgermeisters in der Kleinstadt gewesen, die Fotos zeigen ihn in jungen Jahren, bei offiziellen Terminen, mit aufgesetztem, wichtigem Fotoge-sicht. Ein fescher Kerl, denke ich mir, um es dann auch gleich auszusprechen. „Ein fescher Mann!", lächle ich ihn an, er freut sich über das Kompliment, nicht ohne Bitterkeit. In unserer Kon-versation hat er aber auch meinen österreichischen Dialekt er-kannt, und dass ich nicht „von hier" bin. „Österreich, mein Gott, Österreich", schwelgt er in Erinnerungen. Erinnerungen an einen Urlaub am Traunsee. Mit den Eltern ist er dorthin gefahren, das war eine lange, weite Reise. Zu einer Zeit, als es noch „Sommer-frische" hieß. Dann lange nicht mehr. Es war ja Krieg. Später, viel später wollte er die Erinnerungen an die heile Welt seiner Kind-heit wieder aufleben lassen. Er schaut in die Ferne und schweigt. „Lassen Sie mir den Traunsee schön grüßen, junge Frau!" Über schöne Erinnerungen fällt es schwer zu sprechen.

So als würde er in mir eine Verbündete sehen und mich in alle Winkel seines Lebens einweihen – um mich am Weggehen zu hindern und bei sich zu behalten –, flüstert er mir dann zu: „Geben Sie mir einmal das Akkordeon!" Ich weiß, dass er auf dem Zimmer nicht spielen darf, wegen der Lautstärke, tue aber, wie mir geheißen. „Ich soll im Zimmer ja nicht spielen, aber bis sie kommen und schimpfen, spiele ich Ihnen etwas vor", schmunzelt er wie ein Lausbub.

Una Paloma Blanca … Zuerst nur das Akkordeon, dann summt der alte Mann, bis ihm der Text wieder einfällt … It's a new day, it's a new way, and I fly up to the sun. Neben seinem Beruf im Rathaus war er bei der Tanzmusik, hat bei Geburtstagsfesten und Hochzeiten gespielt. Una Paloma Blanca. Im Nebenzimmer ein lautes Husten, so als würde seine Nachbarin gleich ersticken. Rudolf wartet kurz, hört das Husten und stimmt ein. „Du darfst es nicht überspielen, nicht überdecken, sondern du musst ihren Rhythmus finden", erklärt er mir fast zärtlich und stimmt die Melodie im Rhythmus des Hustens an. Tief berührt schaue ich auf seine Hände, wie er vorsichtig hört, den Hustenanfall seiner Nachbarin spürt und in sich aufnimmt, und erst dann die Tasten bewegt. Das Husten wird leiser. Die Tür geht auf, Marianne erscheint, „Rudolf, Sie wissen doch" … „dass ich am Zimmer nicht musizieren darf, wegen der Lautstärke", vervollständigt er den Satz der strengen Schwester. „Nur im Musikzimmer im Erdgeschoss, aber bis ich dort bin mit meinen keinen Beinen und dem Akkordeon, ist mir die Lust auch schon vergangen", grummelt er in seinen nicht vorhandenen Bart. Marianne deutet mir mit deutlichem Blick und unmissverständlicher Körpersprache, dass es mehr zu tun gibt, als diesen einen Bewohner zu versorgen, und sagt spitz: „Na, die Beine sind ja heute ordentlich eingecremt, Rudolf, oder?" Wir blicken uns kurz an, ich verabschiede mich und wende mich dem Zweck meiner Recherche weiter zu.

So vergeht diese Woche im Altenpflegeheim mit tiefen Eindrücken und es stellt sich bald so etwas wie Routine ein. Ich besuche Rudolf jeden Tag und erfahre weitere Details aus seinem Leben. Vom Krieg mag er nicht erzählen, schon lieber vom Beruf, der wichtigen Stelle im Rathaus, der Anerkennung der Leute, die er sichtlich genoss und brauchte. Und in der Freizeit die Tanzmusik! Eine Fünf-Mann-Band waren sie, bis zu seinem 75. Lebensjahr hat er noch aufgegeigt, hat die neuesten Schlager wie „Una Paloma Blanca" erlernt, um die Leute zu unterhalten. Als er 75 war, starb dann seine Tochter, das einzige Kind, an Krebs. Und zwei Jahre später ging seine Frau. „Ich bin wohl der einzige Mann aus der Kriegsgeneration, der seine zwei Frauen überlebt hat", kommentiert er nicht ohne Ironie die großen Verluste. Aber auch der Schmerz scheint nur mehr eine Erinnerung zu sein. Mit 80 Jahren dann die Amputation seiner Beine und der Weg ins Heim. „Endstation!", meint er trocken. Acht Jahre ist er also schon hier. Er erzählt mir von einer großen Liebe, sein Blick schweift in die Ferne und ich meine zu erkennen, dass er dabei das Filmplakat mit Katharine Hepburn trifft. Aber ich merke schnell, dass dieser Schatz nur ihm gehört. Und er spricht von seiner letzten großen Sehnsucht, einmal das Meer zu sehen, mit dem Schiff auf hoher See zu fahren, „aber das wird wohl nicht mehr!"

Die Arbeit hier ist körperlich anstrengend, aber noch mehr packt sie meine Seele. Ich liege nachts lange wach und versuche alle Eindrücke des Tages zu ordnen. Ganz schnell bin ich tief drinnen im Leben fremder Menschen. „Ich war jemand!" Der Satz trifft wohl auf die meisten Bewohner hier zu, ein pralles Leben liegt hinter ihnen. Ist es meine Angst vor dem Altwerden, die mich nicht schlafen lässt? Vor Traurigkeit und Verlusten, Krankheit und Schmerzen, Hilflosigkeit, vor dem Angewiesensein auf andere? Lieber gar nicht erst alt werden?

Muss es so zu Ende gehen, das Leben?

An meinem letzten Tag besuche ich Rudolf, um mich von ihm zu verabschieden. Irgendwie will ich, dass er den Zweck meines Aufenthaltes erfährt, ich fühle mich so, als hätte ich ihn hintergangen. „Ich bin eigentlich keine Aushilfe, sondern Journalistin", eröffne ich und ohne zu atmen, setze ich gleich fort: „Ich bin hierhergekommen, um zu sehen, wie das Leben hier ist!" Rudolf blickt kurz auf, es ist keine Spur von Erstaunen in seinem Blick zu erkennen, so als mache es für ihn auch gar keinen Unterschied, wer ich nun bin und was ich hier mache. „Und, wie ist es hier, das Leben?", antwortet er nach einer langen Pause mit sanftem, tiefem Blick. Wir schauen uns an, reden nicht weiter, ich bleibe ihm die Antwort schuldig. Es ist alles gesagt. „Schwester Barbara, ich habe eine Frage an Sie." Ich will ihm eigentlich schon zum Abschied die Hand reichen, Rudolf nimmt sie und lässt sie nicht mehr los. Er hat einen festen Händedruck, eine große, männliche Hand, der Handrücken übersät mit Altersflecken. „Würden Sie mich heiraten?" Stille. Was hat er gesagt? Ich weiß nicht, ob ich weinen oder lachen soll. Ich kann es nicht fassen. Das hat mich noch nie ein Mann gefragt. Meint er das jetzt ernst? Und während ich offenbar so verblüfft schaue, wie ich mich in diesem Augenblick fühle und überlege, was ich nun darauf antworten soll, ohne ihn zu verletzen, erhellt sich Rudolfs Gesicht mit einem großen, offenen Lachen: „Na gut, dann nicht, dann bleibe ich halt hier!" Ich gebe ihm zum Abschied einen Kuss auf die Wange und gehe zur Tür, ohne mich noch einmal umzudrehen. „Una paloma blanca", höre ich ihn hinter verschlossener Zimmertüre singen. „Una paloma blanca, I'm just a bird in the sky, una paloma blanca, over the mountain I fly, no one can take my freedom away". Wer hat den Schlager in den 70er-Jahren eigentlich gesungen? Es fällt mir nicht mehr ein.

„Bedingungslos lieben"
Universalkünstler André Heller

Ich treffe André Heller im Studio bei der Aufzeichnung eines Fernsehinterviews zu seinem 65. Geburtstag und der Veröffentlichung der Biografie *Feuerkopf*. Und ich treffe einen veränderten Menschen, einen liebevollen, nachdenklichen, bereitwilligen Gesprächspartner, der fast zärtlich mit seiner Mutter umgeht. Als er dann im Laufe unseres Interviews erwähnt, dass er heute ein dankbarer Mensch ist, bin ich überrascht und verblüfft. Das ist nicht der Heller, der überheblich, manchmal arrogant auftritt, um sich von der Welt bestaunen zu lassen. Da ist etwas geschehen, und das macht mich neugierig. Ich erzähle ihm, dass ich mich gerade mit dem Thema Dankbarkeit beschäftige, und er stimmt zu, ein Treffen zu vereinbaren.

Sechs Wochen später ist es so weit. Es ist einer der ersten warmen Frühlingstage, strahlender Sonnenschein, die Menschen sitzen in den Kaffeehäusern in der Wiener Innenstadt im Freien. Ich besuche André Heller in seiner Privatwohnung in einem Wiener Innenstadtpalais.

André Heller wurde 1947 in Wien geboren. Er zählt zu den erfolgreichsten Multimediakünstlern der Welt. Seine Verwirklichungen umfassen Gartenkunstwerke, Wunderkammern, Prosaveröffentlichungen und Prozessionen ebenso wie die Erneuerung von Zirkus und Varieté, Millionen verkaufter Schallplatten als Chansonnier eigener Lieder, große fliegende und schwimmende Skulpturen, den avantgardistischen Vergnügungspark *Luna Luna*, Filme, Feuerspektakel und Labyrinthe sowie Theaterstücke und Shows, die vom Broadway bis zum Wiener Burgtheater, von Indien bis China, von Südamerika bis Afrika ihr Publikum fanden. André

Heller lebt in Marokko, in der Lombardei, auf Reisen und – in Wien.

Die asiatische Hausdame empfängt mich und bringt mich ins Wohnzimmer. Ich erschrecke. Die Vorhänge sind zugezogen, die Zimmer abgedunkelt, kein Sonnenstrahl dringt ins Innere der großen Altbauwohnung. Im Dämmerlicht erkenne ich in den hohen Räumen Kunstwerke renommierter Künstler aus der ganzen Welt, prachtvolle Asiatika, Gemälde, Skulpturen, die in ihrer Großartigkeit selbst den Künstler klein und schmächtig erscheinen lassen. Er ist erschöpft und müde nach den zahlreichen Interviews, Fernsehauftritten und Veranstaltungen rund um das Buch und seinen Geburtstag. „Jetzt bin ich 65 und habe immer noch nicht gelernt, was ich meinem Körper und meiner Seele zumuten kann", begrüßt er mich wohlwollend, lässt sich am Fauteuil nieder, während ich in der tiefen, weichen Sitzgarnitur versinke.

Dankbarkeit ist etwas, das ich nicht unbedingt mit Ihnen und Ihrem Leben in Verbindung gebracht habe.

Bis vor etwa 15 Jahren hätte ich Ihnen Recht gegeben.

Und so habe ich mich gefragt: Was ist da passiert? Wie kam es dazu?

Es gibt Situationen im Leben, in denen man wirklich ansteht – die sind vollkommen abgekoppelt von äußeren Erfolgen und Ereignissen, da kannst du einen Oscar gewonnen haben oder gerade den Euro-Jackpot geknackt – das spielt hier nicht hinein. Wenn ich etwa in der Früh aufwache und fühle: „Mit mir möchte ich diesen Tag nicht verbringen!", und diese Situation wiederholt sich öfters, dann realisiert man irgendwann: Das ist ja meine Lebenszeit. Das war ja gestern ganz und gar mein Tag, mit kostbaren Stunden und Minuten, wieso habe ich die stimmungsmäßig und selbstvergiftend derart an die Wand gefahren? Mir haben doch fünf Leute etwas sehr Liebevolles gesagt. Ich habe Ticket- oder Buchverkaufszahlen bekommen, die mich freuen sollten. Ich bin gesund, ich habe eine wunderbare Frau, ich habe ein gesegnetes, großartiges Kind, überhaupt herrliche Generalumstände und das alles ist nicht wirksam, mir ein frohes Herz zu schaffen, was ist da los? Dann habe ich, nach sehr sorgfältigem Analysieren aller Möglichkeiten, erkannt, warum ich bitter anstehe, und dass ich meine Art zu denken verändern muss. Ich konnte erkennen, dass es nicht nur um mein Denken geht, sondern vor allem um mein Bewusstsein. Das Bewusstsein bestimmt ja das Niveau, auf dem man denkt und handelt. Also stand ich vor der Frage: Wie verändere ich dieses Bewusstsein? Ich habe mir Theorien von spirituellen Lehrern und Gurus aller Religionen angeschaut und dann auch wieder zur Seite gelegt. Es geht schließlich darum, einen ganz persönlichen Weg zu finden, den man auch durchhält! Nicht à la „Ich lasse mich einschreiben in einem Fitnessstudio, aber dann gehe ich nie zum Training, weil mir der Muskelkater die Laune verdirbt". Man muss einen Weg finden, dem man auch über einen langen Zeitraum treu bleiben kann.

Die nächste Erkenntnis war, dass, wenn meine oft vertretene Theorie stimmt, dass die Energie, die man ausschickt, genau jene ist, die man zurückerhält, ich zunächst einmal meine eigenen Handlungen kritisch überprüfen sollte. Das bedeutet zum Beispiel, ich muss aufhören, Leute grausam zu bewerten und zu verletzen, so wie ich das hundert Jahre brillant gemacht habe, weil ich mir dabei glanzvoll vorkam, es für das Publikum amüsant war und man überall zitiert wird. Also bin ich etwa gut beraten, bei meinen Äußerungen über Politik, meinen griffigen Karl Kraus'-lichen „Abwatschungen" von Leitwölfen und -wölfinnen oder diversen Institutionen, einen sachlicheren, weniger arroganten Ton zu wählen. Es muss auch Schluss sein mit diesem herablassenden Verurteilen oder Verhöhnen derer, die aufgrund ihrer Herkunft und Sozialisation einfachere und gänzlich andere Interessen und Freuden haben als ich. Das heißt nicht, dass man sein Kritikvermögen über Bord wirft, nur alles mit einem Mindestmitgefühl und Verständnis für die Ängste und talentmäßigen Handicaps anderer wahrnehmen sollte.

Wie hat dieses neue Bewusstsein Ihre Beziehungen zu anderen Menschen verändert?

Beziehungen sind ja bekanntlich häufig eine traurige Quelle von Frustration, von Streit, von Zurückgewiesenheitsgefühlen, von „keiner versteht mich". Aber auch da gibt es eine sehr einfache, allerdings schwierig umzusetzende Antwort, die lautet: bedingungslose Liebe. Es ist meines Erachtens die einzig wirksame Lösung. Alle anderen funktionieren nicht effizient. Solange ich sage: „Barbara, ich liebe dich, aber du musst so sein, wie ich dich will und bitte nicht so, wie du tatsächlich bist", so lange dürfen wir nicht von Liebe sprechen. Das ist zum Beispiel ein ganz wichtiges Thema zwischen mir und meiner Mutter gewesen. Diese faszinierende Frau wird von Disziplin und einer gewissen, in ihrer Erziehung begründeten, Gefühlskälte bestimmt. Und ich habe mich immer gefragt, warum bekomme ich von ihr keine Wärme? Warum bekomme ich Anerkennung nur, nachdem sie im *Spiegel* oder der *New York Times* Lobendes über mich gelesen hat? Warum kann sie nie aus sich selber heraus sagen: „Das hat mir gefallen, ich bin stolz auf dich"? Aber andererseits: Die Frau hat mich immerhin geboren und alles in meinem Leben verdanke ich diesem Umstand! Wenn ich etwa mit meinem Sohn und meiner Mutter in meinem Paradiesgarten in Italien spazieren gehe, dann denke ich mittlerweile: „Danke, ihr Götter, dass ich so viel sinnliche Qualität erfahren darf, die Düfte, die Farben, die Formen; und all dies und Millionen anderer irdischen Nuancen habe ich der Geburt durch meine Mutter zu verdanken. Das gilt es anzuerkennen, auch hier bedingungslos liebend, und ich leugne nicht, dass dies manchmal schwerfällt.

Und wie entstand daraus dann das Gefühl der Dankbar-
keit?

Die logische Frage war dann: Warum bist du nicht in der Lage,
zu sehen, was du an Fluss und Überfluss in deinem Leben hast,
das dir hilft, froher zu werden, wesentliche Erfahrungen aus-
probieren zu können, Erkenntnis stiftende Taten wagen zu dürfen? Woher kommt dieser verdammte Hochmut, dass dir das
alleseinfach zusteht? Es steht dir nur dann zu, wenn du es wert-
schätzt. Stell dir vor, du gehst immer zu jemandem und gibst
Gutes und der Empfänger sagt nie „Danke" oder sagt nie zu dir:
„Schön, dass du da bist"! Dieser Jemand war jahrzehntelang
ich. Mein Leben war von Anfang an gefüllt mit großartigen Möglichkeiten, Kreativ-Chancen, Glückswerkzeugen und ich habe
sie beinahe gelangweilt als selbstverständlich empfunden. Wenn
ich nach einem Konzert eine hymnische Kritik erhielt, dann
dachte ich: „Ja, das entspricht mir, das steht mir zu, basta!" Und
genauso undankbar war ich gegenüber meinem Talent, oder
auch meinem Körper, dem ich Extremstes zugemutet habe, wie
etwa jahrelang mit dem Qualtinger und anderen alles in Grund
und Boden zu saufen.

Mich hat dann spät, aber doch das Konzept der Dankbarkeit
überzeugt. Sei dankbar und hab' Vertrauen in das, was aus der
Dankbarkeit entstehen wird. Ich sage: „Ich bitte um alle Hilfen
des Himmels und der Erde, und vertraue auf eine gute Lösung."
Die Meister wissen allerdings, dass Bitten eine niedere Stufe ist.
Die bessere Stufe ist von vornherein zu danken: „Danke, dass mir
mit Sicherheit geholfen wird." Das ist eine höhere Energie, weil
ich die Gewissheit betone, dass es Beistand gibt.

Jesuitenpater Georg Sporschill formulierte es so: „Dankbar zu
sein heißt, sensibel zu bleiben für die Nicht-Selbstverständ-
lichkeiten im Leben". Dazu muss man aber zunächst einmal
klären, was ist für mich selbstverständlich?

Das einzig Selbstverständliche ist, dass ich jetzt hier bin und mich auf diesen Lernprozess eingelassen habe. Alles andere ist nicht selbstverständlich. Das Erkenntnisstiftende sollte ich einladen, dass es Lust hat, bei mir zu verweilen. Man kann das zum Beispiel an Beziehungen festmachen. Ich sage: „Ich würde mich sehr freuen, wenn du uns die Möglichkeit gibst, einander kennenzulernen, miteinander Erfahrungen zu erleben, uns miteinander zu entwickeln, einander zu helfen unter diesem wunderbaren Dach von Liebe und Bedingungslosigkeit." Ich wiederhole: Die Liebe, die nicht bedingungslos ist, ist keine Liebe, sondern ist nur ein Haben-Wollen oder eine Wollust, häufig ein armseliges Machtspiel. Es kommt das zu mir, dem ich entsprechend gute Lebensbedingungen biete. Allerdings die Angst und Verzweiflung ebenso wie die Souveränität und Leichtigkeit. Man muss also bemüht sein, ideale Lebensbedingungen für Freude und anderes Gutes herzustellen. Man muss dem Guten die Gewissheit geben, dass es einem willkommen ist, sonst verliert es die Ursache, einen zu besuchen. Undankbarkeit ist eine Bestellung auf Unglück. Man sollte sich auch die Glückserlebnisse ganz bewusst machen: „Mir ist bewusst, dass jetzt die Sonne prachtvoll über dem Meer untergeht. Mir ist bewusst, dass es jetzt gerade einen seligen Zauber gibt zwischen dir und mir. Mir ist bewusst, dass mir das Essen gut schmeckt und mir ist bewusst, dass mich meine Beine schmerzfrei tragen, obwohl ich seit dreieinhalb Stunden spazieren gehe und schon 65 bin." Dieses Bewusst-Werden führt automatisch zu einer innigen Dankbarkeit.

Braucht die Dankbarkeit eine konkrete Adresse? Wem sind Sie dankbar?

Allem, das es verdient. Darunter natürlich auch sehr häufig – was mir früher vollkommen unvorstellbar war – mir selbst. Dankbar für meine Geduld, meine Tapferkeit, meine mühsam entwickelte Fähigkeit, alle überflüssigen Sich-ins-Licht-Setzereien möglichst auszulassen, auch für das Herunterdimmen meines Egos und vieles mehr. Meine Dankbarkeit richtet sich sehr oft an meine Gärten und an das Klima, natürlich an die Loyalität meiner Freunde und Mitarbeiter, auch immer wieder Dank dem Schubert, dem Bob Dylan, dem Giacometti, dem Joseph Roth oder dem Fischer von Erlach oder Charlie Chaplin, um nur wahllos ein paar zu nennen. Aber ebenso den sogenannten Feinden und Schwierigkeiten. Auch sie tragen wesentlich zu meiner Ausbildung bei.

Empfinden Sie auch Dankbarkeit einem Gott gegenüber?

Ich glaube ja, dass jeder von uns Gott ist. Wir sind Teile, Partikel eines unendlich großen Ozeans von höchster Qualität. Dann kommt ein winziger Teil davon als Seele ins Irdische und erfährt in einem menschlichen Körper eine Ausbildung in Polarität. Das heißt, wenn ich mit dem Göttlichen in Kontakt kommen will, muss ich nur mit meiner unsterblichen Seele in Kontakt kommen. Die Seele ist für mich so etwas wie ein Wissenszentrum, das mit allen Erfahrungen des Universums vernetzt ist. Das ist für sehr viele Menschen, speziell auch Intellektuelle, offenbar und bedauerlicherweise unvorstellbar, dass jedem und jeder etwas derart Machtvolles gratis in sich zur Verfügung steht. Quantenphysiker sprechen vom „Feld". Bedeutende Schamanen gehen bei ihrer Arbeit auch ins „Feld" und sagen dabei: „Ich begebe mich dorthin, wo alles Wissen ist, wo alle göttlichen Lösungen sind." Das sind natürlich keine selbstgefälligen irdischen Götter in Weiß, auch keine halbgebildeten Lebenshilfevertreter aus den letzten 20 Jahren Esoterik-Boom, sondern Meister, die jahrtausendealte approbierte Gewissheiten ihrer großartigen Kulturen nicht verraten haben und sich selbst immer als Diener oder Werkzeug für die Entwicklung anderer verstehen. Wenn wir uns mit solchen Phänomenen beschäftigen, müssen wir bedenken, dass solche Meister und Meisterinnen als Grundlage vollkommen frei von Hochmut und Besserwisserei sind. Sie haben lachend ihr Ego im Griff und bewerten nichts und niemanden negativ. Wenn wir in unseren westlichen, materialistisch zynischen Gefilden geboren werden, verschütten wir nach und nach den Zugang zu unserer Seele und werden mit dunkelsten Verkündigungen von Schuld und Sünde, ja gar Erbsünde, eingeschüchtert, und diese Sünden können dann in Vertretung eines Gottes nur von Priestern vergeben werden.

Kinder haben anfangs noch ein großes unverstelltes Wissen. Auch deshalb ist es so wichtig, respektvoll mit Kindern umzugehen, weil sie uns weit überlegen sind in ihrem inneren Wissen und ihrer heilenden Reinheit. Ich bin jetzt Mitte Sechzig und arbeite mich in dieser Hinsicht engagiert wieder zurück in diese leuchtende Zeit und versuche, so wie Rettungsteams bei Grubenunglücken, Tunnel zu graben, durch die ich wieder Zugang zum kostbaren Wissen und der Gelassenheit meiner Seele finde.

Das Wissen der Seele ist der Weisheit letzter Schluss. Das ist, als ob man sich reinstes, Millionen Jahre altes Wasser aus der größten Tiefe holt; derlei gibt es eben an der Oberfläche nicht.

Kann man auch für schmerzvolle Erfahrungen, für Leid dankbar sein?

Wenn man sich auf dieses Lernprogramm einlässt, dann bedeutet es Erkenntnisse, Chancen, Prüfungen, Abenteuer unterschiedlichster Färbung, in denen wir uns bewähren müssen, zuzulassen. Die Faszination der Polarität ist eben das Gegensätzliche: kalt und warm, hoch und tief, klug und dumm, Gesundheit und Krankheit. Nun hat man eben leider als erwachsener Mensch häufig den leichten Zugang zu seiner Seele verschüttet; durch Erziehung, Selbsterziehung, Ego-Rasereien, Gedankenlosigkeit, Hochmut, Ablenkungen durch Erfolg und Geschäft und Geld und Ruhm und Bitternis und Schlamperei. Das sind alles machtvolle Manöver, die einen immer wieder vom Fokus entfernen. Das ist etwas ganz Menschliches. Will man aber ab einem bestimmten Zeitpunkt den spirituellen Kern in sich selbst wieder entdecken und fruchtbar nützen, muss man ernste Anstrengungen unternehmen. Was nicht alles versucht wird, um uns mit unserer Seele zu synchronisieren. Natürlich ist es auch das Gebiet mit den meisten, sich als Wegweiser gerierenden Scharlatanen auf der Welt. Gesundheit und Spiritualität, dort wird milliardenschwer „abgecasht", weil die Menschen so ratlos, verwirrt und verirrt und immer wieder Hoffnung schöpfend gutgläubig sind und sich danach sehnen, dass ihnen endlich geholfen wird. Manche Meisterwesen können tatsächlich helfen, aber der alles entscheidende Erlöser muss man immer selbst sein. Weder bei gesundheitlichen Problemen noch bei spirituellen darf man sich bei einem anderen abgeben in der Hoffnung, dass er oder sie es für einen erledigen kann. Die Selbstverantwortung kann und darf einem nicht abgenommen werden.

Wenn man älter ist und seinen Lernprozess nicht geschwänzt hat, kommt irgendwann der schöne Zeitpunkt, wo man aus der Erfahrung der Polarität, Leid und Freude, in eine immer längere Dauer von Freude kommt. Weil man auf sehr viele Quellen von Leid endgültig verzichten kann. Es gibt ja weitestverbreitet diese schreckliche Sucht nach Leid, denn im Leid kennen sich die Menschen wenigstens schon aus und das Leid überrascht sie nicht mehr. Aus dieser Falle muss man sich durch verändertes Bewusstsein und dadurch veränderte Gedanken und Taten herausarbeiten.

Das sind aber oft sehr mühsame und langwierige Prozesse, die Sie da ansprechen. Bis Dankbarkeit am Ende steht, ist es ein weiter Weg.

Das Auflösen der Selbstbehinderungen ist wie das Auflösen Tausender Knoten. Einer nach dem anderen muss sorgfältig geöffnet werden, bis Dankbarkeit frei fließen kann, und das ist eine unglaubliche Arbeit, bei der sehr viele Menschen die Nerven wegwerfen, weil sie keine raschen Ergebnisse sehen. Als Gärtner bin ich das Warten allerdings gewohnt. Ich schaue auf eine leere Erdfläche und eines Tages – wo ich vielleicht bei größerer Unwissenheit vor ein paar Jahren noch gedacht hätte, da wächst nie etwas – werden Pflanzen sichtbar! Das heißt, dass sie die ganze Zeit über unterirdisch gewachsen sind, nur waren sie für mich unsichtbar. Und genauso ist es mit der Entwicklung des Bewusstseins. Dass es sich ab dem Beginn des Lernprozesses schon vorbereitet. Nur ich nehme es noch nicht wahr. Wahrnehmen kann ich es ab dem Augenblick, in dem ich quasi über eine Mauer drüberschaue. Solange ich davorstehe, habe ich immer den deprimierenden Eindruck, ich schaue in das ewig Selbe. Und plötzlich, innerhalb einer Tausendstelsekunde, kommt der Augenblick, wo ich etwas sehe, was ich vorher noch nie gesehen habe, weil ich durch das neue Bewusstsein eine Kiste erhalte oder eine Leiter, auf die ich draufsteigen kann. Und ab da ist alles leichter, weil ich jetzt drübersehe in Ungeahntes, weil ich aufgewacht bin, weil ich ein unauslöschliches Erfolgserlebnis gehabt habe.

Wo war die Dankbarkeit früher in Ihrem Leben?

Mein beherrschendes Lebensgefühl war Hochmut. Da haben die Jesuiten und mein Vater eine grandios wirksame Arbeit geleistet, indem sie sagten: Du bist etwas Besseres! Mein Vater meinte sogar, die Straßen seien vorrangig für die Industriellensöhne da, wir stünden oberhalb des Gesetzes; und derlei Unsinn habe ich damals offensichtlich ziemlich verinnerlicht. Dazu kam, dass ich so aberwitzig früh Erfolg hatte. Das hat mir zwar gar nicht imponiert, aber es war doch ein Vorgang, der seinen Mann genährt und der mir viele Vorteile gebracht hat. Von der Wäscherei, in der man schneller bedient worden ist, bis zu den hingebungswilligen Mädchen, die am „Bühnentürl" gewartet haben. Diese Art von Überfluss und heftiger Verwöhntheit war ab etwa meinem 18. Geburtstag da. Vorher war es bitter, wenig außer Verstörungen meiner Kindheit und grausamer Internatszeit. Aber als ich mein Leben das erste Mal sehr aktiv selbst gestaltet habe, bin ich sofort von allen Seiten belohnt worden! Ich war ein Skandal, habe polarisiert, im Café Hawelka sagten alle: „Boah, der Rotzbub, warum hat denn der so einen Erfolg?", was für mich wieder pure Anerkennung war. Und die überaus begehrenswerte Femme fatale Erika Pluhar hat mich als 20-Jährigen geheiratet. Es hat ja alles irgendwie funktioniert, nur eben nicht zu meiner Freude. Daher habe ich eines Tages das Gefühl gehabt, wenn ich auf dieser gelangweilten Hochmut-Welle weiterreite und mich irgendwie bewusstlos nur auf meine Begabung verlasse, dann zerbreche ich daran. Ich ahnte allerdings, dass meine Verwandlung in eine Figur mit Selbstliebe und Selbstachtung und Souveränität Jahrzehnte dauern würde, weil ich eben noch kaum Ähnlichkeit mit dem hatte, der ich bestenfalls sein hätte können. Es war ein Tanzen auf des Messers Schneide. Auf der einen Seite: „Du bist nichts! Du kannst nichts!", und auf der anderen Seite: „So gut wie du muss erst einmal ein anderer werden!"

„Sei dankbar!" Diese Ermahnung, diese Aufforderung kam von niemandem?

Nein. Und wenn es jemand gesagt hätte, hätte ich damals geantwortet: „Was weißt denn du, was ich nicht besser weiß?" Dieser Größenwahn ist ja vor allem auch Dummheit. Der bedeutende Kulturpublizist Ulrich Weinzierl hat jüngst seine Kritik über die von Christian Seiler verfasste Biografie *Feuerkopf* in der Literaturbeilage der *Welt* betitelt mit: „Größenwahnsinniger mit hinreichendem Grund". So ähnlich habe ich das als Junger tatsächlich gesehen: „Du hast einen Grund, größenwahnsinnig zu sein!" Heute kommt mir so eine Hybris nur mehr peinlich und lächerlich vor.

Ohne Dankbarkeit in meinem Leben war es bedeutend weniger harmonisch. Ohne bedingungslose Liebe war es bedeutend weniger schön und mit viel weniger guter Ernte. Das bringt eine ganz neue Qualität.

Wie verhalten sich Dankbarkeit und Demut zueinander?

Demut ist ein komisches Wort. Ich glaube, man braucht Mut. Ich glaube, man braucht auch Anmut, der Gedanken und Handlungen. Man braucht keinen Unmut. Aber Demut? Ich möchte mich nicht kleiner machen, als ich bin. Ich möchte mir gerecht werden. Es gibt diesen Ausdruck: „Mach dich nicht so klein, so groß bist du nicht!" Ich glaube, wir müssen auch nicht bescheiden sein, sondern wir müssen wahrhaftig sein. Das ist etwas anderes. Ich habe oft demütige Leute erlebt, die sehr eitel waren. Ich glaube, man soll solidarisch sein, mit dem, was man wirklich ist. Und dann ist man nicht zu klein und nicht zu groß, sondern man ist, was man ist. Und man soll sich nicht einbilden, dass man besser ist als andere, denn man ist stets nur anders. Das ist ein großer Unterschied.

Aber ist dieses Wissen, dass das Leben auch ganz anders sein könnte, diese Erfahrung von Kontingenz, nicht wichtig? Es könnte zum Beispiel nicht das Palais in der Wiener Innenstadt sein, sondern eine 30-m²-Gemeindebauwohnung?

Wir sind gut beraten, nicht zu vergessen, wo wir herkommen. Wir kommen zumindest theoretisch aus jeder Möglichkeit und in meinem Leben gibt es 35 Situationen, die mir auf Anhieb einfallen, wo ich genauso gut in eine Richtung hätte abbiegen können, wo ich mit ein bisschen Pech heute in der Gruft oder im Gefängnis leben würde. Da habe ich einen Schutzengel gehabt. Zwei, drei Jahre meines Lebens, als ich jung und voll der Aggressionen war. Dieses lauernde Gewaltpotenzial hat damals zu meiner Art von Maßlosigkeit, von Ungeduld, von Selbstüberhebung gehört. Da hätte schon etwas passieren können. Bei anderen Menschen ist es tragischerweise passiert und dann war nie mehr irgendetwas wie vorher. Aber auch wenn ich mich empöre, was für einen Unsinn manche Politiker oder andere reden, dann muss ich mir nur bewusst machen, wie viel Unsinn ich selbst in meinem Leben schon geredet habe. Diese Wahrheiten darf man nie vergessen.

Manche Menschen führen eine Art Dankbarkeits-Tagebuch, nehmen sich am Abend die Zeit, um zu überlegen: Was waren heute die Begegnungen, die Momente, für die du dankbar sein kannst? Kann man Dankbarkeit so trainieren?

Ich mache das jeden Abend vor dem Einschlafen. Da ziehe ich Bilanz: „Was hast du heute gemacht, was hat dich weitergebracht? Aber auch: „Was habe ich mir gegönnt?", einfach durchzuatmen, das kam oft zu kurz, zu sagen: „Danke, du hast heute einmal nichts gemacht!" Ich habe immer das Gefühl gehabt, wenn ich nicht etwas geschrieben oder gemalt oder komponiert habe, dann habe ich den Tag nicht genützt. Ich glaube schon, dass man die Zeit unter dem Gesichtspunkt des Todes nützen muss, aber gleichzeitig ist es eben auch von Nutzen, dass ich investiere in meine Muße, in mein Auszittern, in meine Gesundheit.

Ich danke Ihnen für Ihre Zeit und für dieses Gespräch.

Ich danke Ihnen auch, denn Sie haben mich angeregt, über die Thematiken wieder einmal genau nachzudenken.

„Jeden Tag erinnere ich mich hundert Mal daran,
dass mein inneres und äußeres Leben
von der Arbeit anderer, lebender und bereits
verstorbener Menschen abhängt und dass ich mich
bemühen muss, im gleichen Maße zu geben,
wie ich empfangen habe und immer noch empfange."

Albert Einstein

Das Leben als Wunder

Um Dankbarkeit zu empfinden, braucht es Momente der Kontingenz. Das Wissen, es könnte auch anders sein. In Philosophie und Soziologie wird der Begriff der Kontingenz verwendet, um die Offenheit und Ungewissheit menschlicher Lebenserfahrung zu bezeichnen. Selbst die Wahrnehmung der Welt ist kontingent, ein Mensch kann also beispielsweise den Wald so aber auch anders wahrnehmen: Einer wird das zu verarbeitende Holz und den Gewinn daraus wahrnehmen, ein anderer die Idylle und das Vogelgezwitscher. Keiner kann von sich behaupten, seine Wahrnehmung sei die einzig mögliche und richtige. Und keiner kann sicher voraussehen, wie der andere diesen Wald nun wahrnimmt aufgrund der Kontingenz des anderen.

Während ich diese Zeilen schreibe, sitze ich auf dem Balkon eines schönen Biohotels im Kärntner Gailtal und blicke auf die Berge. Die Gewitterwolken der Nacht sind verzogen, in der Früh ist die Sonne hinter den Bergen aufgegangen und hat mich wachgekitzelt. Am Nachmittag bin ich entlang des Flusses unfallfrei geradelt. Ich habe heute Abend ein wunderbares Gemüsegericht gegessen, Auberginenrouladen an Thymiansoße, einfach köstlich. All das könnte auch ganz anders sein. Momente der Kontingenz lassen Dankbarkeit entstehen.

Es gibt immer wieder solche Momente, sie verändern unser ganzes Leben. Eine Sekunde, eine Begegnung, ein Mensch, ein Anruf, ein Blick, eine Umarmung. Eine überstandene Krankheit, eine bewältigte Krisensituation, eine Reise, ein Abenteuer. Es sind solche Begebenheiten, die unseren Blick auf unser Leben und die Welt von Grund auf verändern können. Jede Woche darf ich in meiner Kolumne „Was wirklich zählt" von solchen Momenten berichten. Viele Menschen vertrauen mir in ihren Briefen und E-Mails diese Ereignisse aus ihrem Leben an. Und all ihre Geschichten verbindet eine Lebenseinstellung: tief empfundene Dankbarkeit.

Ganz knapp neben dem Leben, das du lebst, liegt ein ganz anderes Leben, das genauso gut deines sein könnte – der Unterschied ist oft nur eine Weggabelung, ein Telefonanruf, ein Gespräch, eine Entscheidung.

Im wunderbaren Roman von Sten Nadolny *Weitlings Sommerfrische* wird die Titelfigur, der Berliner Richter Wilhelm Weitling, nach einem Bootsunfall, den er knapp überlebt, 50 Jahre in die Vergangenheit zurückgeworfen. Er durchlebt sein ganzes bisheriges Leben noch einmal, bemerkt aber, dass das „Remake" seines Lebens mit fortlaufender Dauer vom „Original" abweicht. Er erlebt, wie es hätte sein können – anders als es bisher war, eine Erfahrung von Kontingenz, und kommt auf dieser philosophischen Zeitreise, begleitet von heiterer Neugier, Hoffnung und Furcht, zu unerwarteten Erkenntnissen. „Das Leben ergeht sich in Zumutungen, aber sie stiften keinen Schaden, wenn man sie hinzunehmen weiß. Ich realisierte Verluste, freute mich aber vor allem über die unermesslichen Geschenke." Und: „Wahrscheinlich brauchen die Menschen Gott in erster Linie, um Dankbarkeit für ihr Leben auszudrücken."

Ich kann, rückblickend auf mein bisheriges Leben, solche Wendungen und entscheidende Wegkreuzungen genau benennen: zum Beispiel der Anruf eines Kollegen von der Schülerzeitung, der davon erzählte, dass die Redaktion der Jugendsendung „OKAY" junge, interessierte Volontäre suchte, und fragte, ob ich nicht Lust hätte, mich vorzustellen. Ich hatte. Ohne diesen Anruf wäre mein Leben zweifellos ganz anders verlaufen. Und ich hätte Peter Nagy niemals kennengelernt, meinen besten Freund. Oder, Jahre später, der Besuch deutscher Kollegen bei Dreharbeiten für „X-Large". Wieder wurde ich gefragt, ob ich mir vorstellen könnte, eine Sendung für das ZDF zu moderieren. Ich dachte damals, dass die Anfrage einer einmaligen Sendung galt, aus dem „Missverständnis" wurden sechs Jahre Arbeit in Deutschland, ein Leben im Flugzeug und auf der Autobahn, zwischen Wien, München, Mainz, Frankfurt. Meine wichtigsten Lehr- und Wanderjahre mit unzähligen Livesendungen, denen ich heute nicht nur vieles verdanke, was ich kann, sondern auch meine beste Freundin Regina Brune.

Dabei beginnen die „lebensentscheidenden" Momente noch viel früher: So war ich monatelang eine unerkannte Schwangerschaft, meine Schwester war ja gerade erst geboren. Wie groß muss der Schock meiner Eltern gewesen sein, als klar war, dass ich kein Fehler, sondern tatsächlich ein schon Monate heranwachsender Mensch war. Ihre unbedingte Liebe begleitet mich seit damals und ist mir so wichtige Stütze.

Um Kontingenz empfinden zu können, gibt es verschiedene Wege:

- Achtsamkeit
- Erfahrung von schrecklichen Erlebnissen, Schicksalsschlägen, Krisen
- Bildung

Dass das Empfinden von Kontingenz auch mit Bildung zu tun hat, mag nur auf den ersten Blick überraschen. Für mich führt diesen Zusammenhang keiner so treffend aus wie Peter Bieri, Schriftsteller und Philosophieprofessor an der FU in Berlin (unter dem Namen Pascal Mercier veröffentlichte er den Bestseller *Nachtzug nach Lissabon*). Er schreibt in seiner monatlichen Kolumne für das *ZEITmagazin LEBEN* über die Frage: Wie wäre es, gebildet zu sein?:

„… Zu Bildung gehört Einsicht in die historische Zufälligkeit der Art, wie wir denken, fühlen, reden und leben: Es hätte alles auch anders kommen können. Dieses Bewusstsein drückt sich aus in der Fähigkeit, die eigene Kultur aus einer gewissen Distanz heraus zu betrachten und von dem naiven und arroganten Gedanken abzurücken, die eigene Lebensform sei den anderen über-

legen und einem angeblichen Wesen des Menschen angemessener als jede andere. Solche Anmaßung ist ein untrügliches Zeichen von Unbildung ...

Der Bildungsprozess besteht darin, zur Kenntnis zu nehmen, dass man in anderen Teilen der Erde und in anderen Gesellschaften über Gut und Böse anders denkt und empfindet; dass auch unserer moralischen Identität historische Zufälligkeit anhaftet. Bildung bricht mit der Vorstellung der Absolutheit und ist deshalb subversiv und gefährlich, was Weltanschauung und Ideologie angeht. Man könnte vielleicht sagen: Nur wer die historische Zufälligkeit seiner kulturellen und moralischen Identität kennt und anerkennt, ist richtig erwachsen geworden ...

Bildung ist ein zweckfreier Wert, ein Wert in sich. Es wäre falsch zu sagen, sie sei ein Mittel, um glücklich zu werden, denn Glück kann man nicht planvoll ansteuern. Und natürlich ist es auch nicht so, dass es ohne Bildung kein Glück gibt; das zu behaupten wäre eine Anmaßung gegenüber denjenigen, für die Bildung unerreichbar bleibt.

Aber es gibt Erfahrungen des Glücks, die aufs engste mit Facetten der Bildung verknüpft sind, wie ich sie besprochen habe: die Freude, an der Welt etwas besser zu verstehen; die befreiende Erfahrung, einen Aberglauben abzuschütteln; das Glück beim Lesen eines Buchs, das einen historischen Korridor öffnet; die Faszination durch einen Film, der zeigt, wie es anderswo ist, ein menschliches Leben zu führen; die beglückende Erfahrung, eine neue Sprache für das eigene Erleben zu lernen; die überraschende Erfahrung, dass sich mit dem Anwachsen der sozialen Phantasie der eigene innere Radius vergrößert ...

Weltorientierung, Aufklärung, Toleranz durch Einsicht in kulturelle Zufälligkeit, Lesen als innere Veränderung, soziale Phantasie als Bollwerk gegen Grausamkeit, das Glück gesteigerter Gegenwart: Es geht um viel."

(aus: ZEITmagazin Leben, Peter Bieri, *Bildung beginnt mit Neugierde*)

Nicht nur Verstand und Intelligenz können Bildung schaffen, sondern dazu gehören auch Lebenserfahrung und Herzensbildung. So kann in einer Krise ein Gefühl der Hoffnung entstehen, du weißt, es geht dir jetzt schlecht – es könnte aber auch anders sein und vielleicht wird es auch wieder anders werden. Schicksalsschläge lassen uns das Gefühl von Kontingenz oft sehr intensiv spüren: Wenn zum Beispiel im Bekanntenkreis eine Ehe zerbricht, überdenkt wohl jeder seine eigene Beziehungssituation, „Gott sei Dank, unsere Ehe ist glücklich, aber wir wissen, es könnte auch anders sein". Oder die Sorge um Kinder, wenn in der Nachbarschaft ein Kind krank ist oder verunglückt, bei jeder Schlagzeile über tragische Kinderschicksale wird die Sensibilität für die Gesundheit und das Wohlergehen der eigenen Kinder sprunghaft steigen. Solche Erfahrungen erzeugen einen Sinn der Dankbarkeit.

„Dankbarkeit und Liebe sind Geschwister." Dieses Zitat von Christian Morgenstern habe ich diesem Buch vorangestellt, weil wir auch durch die Liebe Kontingenz erfahren.

Der protestantische Theologe Reinhold Niebuhr meint, einen Menschen zu lieben heißt, diesem Menschen vier Haltungen entgegenzubringen: Ehrfurcht, Loyalität, Freude und Dankbarkeit. Man kann den Begriff Kontingenz auch mit dem Wort „Mysterium" umschreiben. Es könnte auch anders sein und wir wissen eigentlich nicht, warum es so ist, wie es ist. Der Theologe Clemens Sedmak meint dazu: „Ich glaube, undankbare Menschen sehen nicht, dass es ziemlich viele Wunder gibt. Jeden Tag. Das ist dann Ehrfurcht, ein Mysterium. Loyalität verbindet sich mit Dankbarkeit: Ich bin zum Beispiel dankbar, dass mich dieser Mensch geheiratet hat und jetzt bin ich ihm beziehungsweise ihr gegenüber loyal. Auch in Zeiten, die nicht so rosig sind, aber grundsätzlich bleibt dieser Willensakt, loyal zu sein. Und dann noch die Freude darüber, dass der andere da ist. Es ist Dankbarkeit, dass der andere Teil meines Lebens ist. Das erfüllt mich mit einem stärkeren Ja zum Leben, als wenn das nicht der Fall wäre. Es könnte auch anders sein. So sieht man: Liebe und Dankbarkeit hängen ganz eng zusammen, weil die Liebe in dem Moment stirbt, wo der andere selbstverständlich ist oder wo einer glaubt, Rechtsansprüche zu haben." Er erzählt von einer Hochzeit, bei der der Priester zum Bräutigam sagte: „Christian; tief drinnen weißt du, dass es eine Wunder ist, dass Angelika dich heiratet." Zur Braut sagt er: „Angelika, du weißt, ganz tief drinnen ist es ein Wunder, dass Christian dich heiratet." Und nun gilt es dieses Gefühl des Wunders nicht zu verlieren, es immer wieder neu zu entdecken. Wenn man die Zeiten zu zweit schützt und den Anfangszauber der Liebe nie ganz verliert.

Jedoch nicht nur in der Partnerschaft, in allen zwischenmenschlichen Beziehungen gilt es, dieses Kontingenzgefühl zu kultivieren, in der Familie, bei Arbeitskollegen und Freunden. Es ist schön, dass es dich gibt. Es macht in meinem Leben einen großen Unterschied, dass du da bist. Auch bei den eigenen Kindern – wie gerne würde man die liebenswerten Nervensägen manchmal „abstellen", wenn sie den ganzen Tag lang herumtollen und anstrengend sind. Schlafen sie jedoch am Abend, ist das die Gelegenheit für Eltern, an das Bett ihres Kindes zu treten, es still zu betrachten, zu staunen und nicht nur dankbar zu sein, dass es jetzt schläft, sondern einfach dafür, dass dieses Kind ein Teil ihres Lebens ist.

Was hilft uns nun dabei, die Wunder, die uns jeden Tag umgeben, zu erkennen?

Den Horizont weiten, in welcher Art auch immer, Erfahrungen sammeln, das lässt uns immer wieder staunen. Durch Reisen oder auch durch Fernsehdokumentationen, Bücher und Filme erkennen wir neue, andere Welten. Wir sehen, dass es in bestimmten Gegenden keine Medikamente, keine Krankenhäuser, keine Spielsachen, keine Schuhe gibt, wo Kinder für Trinkwasser viele Kilometer zu Fuß gehen müssen, wo Mangel das bestimmende Element des Alltagslebens ist. Solche Reisen verändern uns, danach wird man (zumindest kurzfristig) zu Hause sehr dankbar dafür sein, dass Wasser aus der Leitung kommt und ein warmes Bad umso mehr genießen! Die Sinne sind wieder geschärft für den Fluss des Lebens in unseren Breiten, auch für den Überfluss. Das Kennenlernen anderer Kulturen und Lebensweisen ist dafür eine große Lernerfahrung. Auch hier kommt wieder die von Peter Bieri beschriebene Bildung ins Spiel: Es kann sehr hilfreich sein, Dinge, Fakten und Ereignisse einordnen zu können. Wissen schafft Wertschätzung. Es bereichert das Leben, ein bisschen etwas über Naturwissenschaften, Geschichte oder Literatur zu wissen. Es schadet nicht, wenn man weiß, welch große Persönlichkeiten auf dieser Welt gelebt und was sie zustande gebracht haben, an Kunstwerken, Bauwerken, Erfindungen. Albert Einstein hat einmal über Mahatma Gandhi gesagt: „Später werden wir uns wundern, dass jemand wie er auf Erden gewandelt ist." Mahatma Gandhi, ein Wunder? Wir dürfen nie aufhören, neugierig zu sein und an Wunder zu glauben.

Eine Quelle der Dankbarkeit, aus der wir alle schöpfen können, ist der Beitrag derer, die vor uns auf dieser Welt waren[3]. Egal wo wir leben, wir können vielen dankbar sein: unseren Vorfahren, Erfindern, die Großes geleistet, Wissenschaftlern, die sich besonderen Aufgaben gewidmet haben, Reformern und Revolutionären, die für bessere politische Bedingungen gekämpft haben, Pionieren, die uns den Weg bereitet haben. Menschen, die das Richtige getan und dabei oft persönliche Nachteile in Kauf genommen haben, mutig, klug, verantwortungsbewusst gehandelt haben. Menschen, deren Beitrag unser Leben leichter gemacht, verbessert oder sogar ermöglicht hat, so wie es Albert Einstein im Zitat zu Beginn dieses Kapitels beschreibt.

Es ist nie zu spät, dieses Empfinden von Kontingenz zu erlernen, wir können es jedoch auch schon bei unseren Kindern kultivieren.

Am wichtigsten ist auch hier das Vorleben. Nicht was man sagt, sondern wie man lebt, ist entscheidend. Es gibt keine Erziehung, deine Kinder machen dir ja doch alles nach! Lass sie teilhaben an Erfahrungen, Erlebnissen, Abenteuern. Darüber hinaus gilt es sorgsam zu überlegen, was man ihnen „mitgibt", welche

Bücher, welche Filme, welche Worte, welche Geschichten, ohne Holzhammer, dafür mit persönlicher Anbindung. Geschichten erzählen ist ein so wichtiger Weg zur Dankbarkeit!

Der große Philosoph und Pädagoge Jean-Jacques Rousseau sagt: „Warum haben die Reichen so wenig Mitgefühl mit den Armen? Weil sie sich nicht vorstellen können, dass sie die gleichen Menschen sind." Dazu meint Theologe Clemens Sedmak: „Rousseau hat die Erfahrung gemacht: Reiche Menschen glauben manchmal, für die Armen passt das schon so, wenn sie in ihrem Elend sitzen, aber für uns Reiche wäre das halt nicht so gut. Um diese Kluft im Einfühlen überbrücken zu können, hat Rousseau das Erzählen von Geschichten nahegelegt. Wenn man zum Beispiel den Kindern reicher Leute von Menschen erzählt, denen es schlechter geht. Einfach erzählen, wie deren Leben aussieht, ohne zu werten, ohne sich über andere zu erheben. Du bist nicht besser, dein Leben ist anders. Da hat sich seit Rousseau doch einiges geändert. Heute machen Kinder diese Erfahrung ja schon oft im Kindergarten, in der Volksschule, sie sehen, wie Ehen auseinandergehen, Mütter von Freunden sind Alleinerzieherinnen, einige Kinder werden hin- und hergerissen zwischen den geschiedenen Eltern, alle diese Lebenssituationen vermitteln ganz stark das Gefühl, wie es eben auch sein könnte, wie verwundbar wir sind."

Wenn unsere Eltern oder Großeltern von den Entbehrungen der Kriegsjahre erzählen, dann ist das für uns unvorstellbar und weit weg. Das Gefühl von Hunger und Durst? Wir können es nicht spüren, wenn wir vor vollen Tellern sitzen, in Fülle leben, Tische sich biegen und die Bäuche sich meist nach außen wölben! Gewalt, Angst und Not? Wo wir doch in Sicherheit und Freiheit leben, nur wenige Menschen auch in einer reichen Welt materielle Not spüren müssen. Geschichten und Geschichte zu erzählen ist deshalb so wichtig, um zu erkennen, was nicht selbstverständlich ist. Auch aus diesem Grund ist das Buch von Hugo Portisch, *Was jetzt*, so erfolgreich: weil es uns zeigt, dass Demokratie, Freiheit und ein Leben in Frieden keine Selbstverständlichkeit sind. Unermüdlich erzählt uns der kluge Mann aus seinem reichen Leben, damit die Erinnerung nicht verloren geht. Und mit jeder Zeile, mit jeder Dokumentation, mit jedem Vortrag erinnert er uns: Es hätte auch ganz anders sein können. Danke.

Die Verleihung des Friedensnobelpreises 2012 an die EU zeigt genau diese Haltung. „Die EU erlebt derzeit ernste wirtschaftliche Schwierigkeiten und beachtliche soziale Unruhen. Das norwegische Nobelkomitee wünscht den Blick auf das zu lenken, was es als wichtigste Errungenschaft der EU sieht: den erfolgreichen Kampf für Frieden und Versöhnung und für Demokratie", heißt es in der Begründung des Gremiums. Diejenigen, die den Krieg erlebt haben, wissen, was Friede bedeutet. Nicht mehr warten und bangen müssen. Nicht mehr auf andere Menschen schießen müssen. Nicht mehr in den Luftschutzkeller fliehen müssen. Nicht mehr Tote aus den Trümmern ziehen. Nicht mehr frieren und hungern. Der Friedensnobelpreis 2012 geht also an den Frieden. Mittendrin in Zeiten der Schulden-, Spar-, Krisendiskussion, dem zähen Ringen um politische Lösungen für das europäische Projekt ein großes Zeichen von Kontingenz, dem Wissen, dass es auch ganz anders sein könnte.

Aber nicht nur Reisen um die Welt und in die Geschichte lassen uns Kontingenz erfahren. Diese Eindrücke anderer Lebenswelten liegen auch vor der eigenen Haustür. Menschen, die sich zum Beispiel ehrenamtlich im sozialen Bereich engagieren, wissen, was ich meine: der Besuch im Krankenhaus, das stille Dasein für einen alten Menschen, der Blick in die Not von Menschen, die ihre Heimat verlassen mussten, eine Nachhilfestunde mit einem Kind, das unsere Sprache noch nicht spricht, ein Besuch in der Gruft oder anderen Einrichtungen, die Menschen am Rande der Gesellschaft ein Obdach geben können und dabei wertvolle Dienste der Kontingenz leisten. Und manchmal reicht es sogar, einmal beim eigenen Nachbarn anzuläuten.

Um zu erkennen, was nicht selbstverständlich ist, gilt es aber zunächst einmal umgekehrt für sich selbst zu definieren, was ich in meinem Leben, in meiner Welt als selbstverständlich empfinde. Dafür gibt es keine allgemeingültigen Regeln und Maßstäbe, das kann nur jeder mit sich selbst ausmachen.

Dieses „Selbstverständlichkeitsniveau" ist auch kulturell geprägt, aber stets subjektiv. Oft verändert es sich im Laufe eines Lebens, mit dem Alter, mit der Ausbildung, mit dem Einkommen, mit der Lebenssituation, dem Lebensstandard, mit dem „Er-wachsen". Man kleidet sich anders, isst in anderen Restaurants, fährt nicht mehr mit der U-Bahn, sondern mit dem eigenen Auto. Das wird sehr schnell alles selbstverständlich, was wiederum bedeutet, dass auch das persönliche Selbstverständlichkeitsniveau ansteigt. Erst bei einem Rückschlag, zum Beispiel einer gesundheitlichen Krise, einer Krankheit, einem Unfall, starken Schmerzen, dem Verlust des Arbeitsplatzes, einer Trennung etc., sinkt es wieder ab.

Den rasanten Zuwachs an Selbstverständlichkeiten bemerkt man oft gar nicht, er schleicht sich unbemerkt ins Leben, es wird einfach immer mehr selbstverständlich, der beste Platz, das beste Essen, die teuerste Kleidung, sofortige Bedienung. Genau aus diesem Grund fällt es manchen Leuten, die sehr reich sind, die scheinbar „alles haben", so schwer, dankbar zu sein – weil mit ihrem hohen Selbstverständlichkeitsniveau ihr Kontingenzempfinden abnimmt.

Durch Disziplin und einfaches Üben kann man sich hin und wieder selbst ermahnen, sich nicht immer verwöhnen zu lassen, sich den Fort-Schritt bewusst zu machen und nicht nur zu überprüfen, wie es anders wäre, sondern auch einmal zu schauen, wie es tatsächlich anders ist.

Wir können zum Beispiel einmal bewusst auf das Handy verzichten, um zu sehen, wie es einem mit beziehungsweise auch ohne Handy geht – denn es ist nicht selbstverständlich, dass man rund um die Uhr erreichbar ist! Ganz alleine und ohne fremde Hilfe Ordnung in den eigenen vier Wänden schaffen, auch das mag für manche Menschen eine „reinigende" Übung sein.

Für Menschen, die selbst erlebt haben, dass „es auch ganz anders" sein kann, wie etwa die Nachkriegsgeneration, die Hunger, Kälte, Armut kennt, ist es somit in gewisser Weise einfacher, dankbar zu sein als für jene, die mit ständigem „Zuviel" aufgewachsen sind. Das Wissen darüber, was nicht selbstverständlich ist, hat sich bei den Menschen dieser Generation tief eingeprägt, auch wenn sich im Laufe der Jahrzehnte ihr Selbstverständlichkeitsniveau deutlich verändert hat. Die „Trümmerfrauen" haben das Land nach dem Krieg aufgebaut, manchen von ihnen war es in den darauffolgenden Jahrzehnten vergönnt, am Aufschwung und auch am Luxus teilzuhaben. Menschen passen sich im Laufe der Zeit den neuen Gegebenheiten an, so wird auch das Gute, auch der Überfluss sehr schnell selbstverständlich. Das einmal empfundene Gefühl von Kontingenz wird aber für immer nachwirken.

Reise in eine andere Welt

Der Abflug verzögert sich, denn es ist eine Gewitterfront aufgezogen. Die kleine Propellermaschine, die gerade einmal fünf Personen fasst, soll uns von Yambio im Südsudan nach Entebbe in Uganda bringen. Dort ist der internationale Flughafen mit Flügen in die ganze Welt. Hier in Western Equatoria, dem südwestlichen Teil des neuen Staates, gibt es nichts. Keine Straßen, keinen Strom, keine Schulen, keine Krankenhäuser. Und auch keinen Flughafen. Das Flugfeld aus roter Erde ist etwa so groß wie ein kleiner Fußballplatz. Hier verrichten UNO-Soldaten ihren Dienst. In der kleinen Hütte, in der die improvisierte Gepäckkontrolle untergebracht ist, warte ich und lasse die letzten Tage Revue passieren.

Seit dem 9. Juli 2011, dem Unabhängigkeitstag, ist der Südsudan der jüngste Staat der Erde. Nach 50 Jahren Krieg wollen die Menschen nun ihr Land aufbauen und hoffen dabei auf Hilfe. Gemeinsam mit Caritas-Helfern und Journalisten aus Österreich besuchen wir vier Wochen nach diesem historischen Ereignis den neuen Staat, um Hilfsprojekte zu besuchen, und landen in einer anderen Welt. Auf den ersten Blick könnte es ein Paradies sein, doch wer näher kommt, sieht, was hier geschehen ist. Hier findet eine unendliche humanitäre Katastrophe statt, von der Weltöffentlichkeit weitgehend unbemerkt. Das offizielle Ende des Krieges hat unfassbare Flüchtlingsströme bewegt: Eine Million Menschen kommen aus den Nachbarstaaten Uganda, Kenia, Kongo und aus dem Norden des Landes zurück in ihre Heimat. Wie soll ein Staat einen solchen Ansturm an Hilfesuchenden bewältigen? Mit Decken, Trinkwasser und Planen werden die Heimkehrer notdürftig von Hilfsorganisationen versorgt.

Auch wenn das Friedensabkommen zwischen den früheren Kriegsparteien, dem muslimischen Norden und dem christlichen Süden, unterzeichnet ist, leben die Menschen hier immer noch in großer Angst: die LRA, die „Lord's Resistance Army" („Widerstandsarmee des Herrn"), eine brutale, terroristische Rebellengruppe, die aus Uganda vertrieben wurde, versetzt nun die Menschen im Südsudan in Angst und Schrecken. „Die LRA überfällt Dörfer, tötet Menschen auf grausamste Art, zündet die Hütten an und entführt die Kinder, um sie zu Kindersoldaten zu machen!", erzählt mir Grace von der ständigen Angst, die ihr Leben und das ihrer Familie überschattet. Wie alt sie ist, kann mir die Frau nicht sagen, wie circa 90 Prozent der Bevölkerung ist sie Analphabetin. Sie sieht zwar aus wie ein junges Mädchen, hat aber bereits 15 Kinder und sogar Enkelkinder. „Der neue Südsudan wird das Land unserer Kinder", wünscht sie sich stolz. Doch zunächst müssen die Felder die Familien ernähren. Ist dieser Schritt einmal geschafft, muss mehr produziert werden, um Hirse, Mais, Erdnüsse, Kaffee und Früchte auch verkaufen zu können. Dafür wird den Bauern Wissen über alte Anbautechniken, das durch den Krieg verloren gegangen ist, gelehrt, wie auch neue Techniken, um das Land optimal zu nutzen und den Boden nicht kaputt zu machen. Das bedeutet gleichzeitig Friedenssicherung, denn weiterziehende Stämme, die ihr Land verlassen, um neues zu bewirtschaften, führten in der Vergangenheit immer wieder zu großen Konflikten.

Landwirtschaft ist derzeit die einzige Einnahmequelle, und um die Kinder zur Schule schicken zu können, müssen die Eltern ihren finanziellen Beitrag leisten. Zum Beispiel umgerechnet 1 Euro Schulgeld im Jahr sind das in der St. Mary School in Tombura, für die Eltern ein unerschwinglicher Betrag. Die Lehrer verdienen umgerechnet 18 Euro im Monat, zu wenig, um davon leben zu können. Und es gibt keine Lehrer im Land! Für die Kinder ist es etwas Besonderes, zur Schule gehen zu dürfen. Sie zeigen stolz, was sie können, ihre Hefte, Stifte, die Schultasche – ein Statussymbol! Kuma ist sieben Jahre, jeden Tag muss sie zwölf

Kilometer zu Fuß zur Schule gehen, das bedeutet drei Stunden Schulweg hin und nach der Schule wieder zurück nach Hause. Busse gibt es hier nicht, wozu auch, das Land, das zu den ärmsten und wenig entwickelten der Welt zählt, hat noch keine Straßen. Lediglich hundert Kilometer geteerte Straßen gibt es derzeit – in einem Land, das größer ist als Frankreich! Es fehlt an jeglicher Infrastruktur, Strom, Wasser, Kommunikation wie Internet – es ist so viel zu tun. „Wer wird die Zukunft des Landes entscheiden?", frage ich Bischof Eduardo Hiiboro Kussala, der einige Monate seines Studiums in Wien verbracht hat und sich auch deshalb so sehr über Besuch aus Österreich freut. Die Politiker der noch jungen Regierung? Die Kirche, die hier eine ganz wichtige Säule des Lebens darstellt und der die Menschen vertrauen? Oder doch große, zum Beispiel chinesische Konzerne, die bereits vor der Tür stehen, um Bodenschätze und Ölvorkommen zu nutzen und damit das Land „enteignen"?

Doch der neue Frieden und die Unabhängigkeit des Staates geben den Menschen nicht nur Hoffnung, sondern ungeheure Antriebskraft und Lebensmut. Auch die Frau in der kleinen Hütte singt stolz die neue Hymne: „Oh motherland, we rise raising flag with the guiding star and sing songs of freedom with joy", heißt es darin.

Die Gesichter der Menschen, die ich in diesen Tagen gesehen habe, ihre Lebensfreude, ihr Mut, ihre Angst, ihre Erinnerungen, all das geht mir durch den Kopf, während ich hier am Rande des kleinen Flugfeldes warte. „Europäer haben eine Uhr, Afrikaner haben Zeit", sagt ein afrikanisches Sprichwort, das mir gerade in den Sinn kommt, als die kleine Propellermaschine schließlich mit großer Verspätung kommt. Doch während wir bereits in europäischer Hektik in den Innenraum der Maschine klettern, uns fragen, ob wir den Anschlussflug wohl noch erreichen werden, hat der Pilot ganz anderes vor: Er betet. Er betet für Regen am Horn von Afrika, für die Zukunft des Südsudan, für einen sicheren Flug durch die Gewitterfront und die Passagiere aus Österreich.

Dann heben wir ab und ich blicke von oben auf die Welt. Unter mir die bedrohlichen Gewitterwolken, die der Pilot gekonnt umfliegt. Dazwischen funkelt die Flüsse- und Seenlandschaft Nordugandas, ein faszinierendes, bezauberndes, unwirkliches Naturschauspiel. Berge, die bekanntlich den Gorillas eine Heimat geben, erheben sich unter uns wie mächtige Denkmale aus einer Zeit, die Millionen Jahre zurückliegt.

Von oben gesehen ist dieser Planet ein anderer, von oben gesehen scheint vieles klarer. Wer dieses Kunstwerk erschaffen hat, war genialer als der beste Bildhauer, besessener als der fantasievollste Komponist, genauer als der berühmteste Dirigent, bunter als der gewagteste Maler.

Flüsse ziehen wie kräftig pulsierende Adern durch die Landschaft, Felder und Wälder liegen wie samtige, weiche Decken abschattiert in grünen, gelben und braunen Pastelltönen unter uns. Irgendetwas fehlt in dieser Landschaft, ja, hier gibt es keine Straßen, die in europäischen Landschaften von oben wie mutwillige Kratzer, wie aufplatzende Wunden, wie bösartige Geschwüre ausschauen. Vor der Landung fliegen wir schon tiefer über den Victoriasee, wie ein Spiegel für den Himmel, Wolken und Nebelbänke ziehen unter uns vorbei. Und dann wieder Großstadt, wir erreichen Entebbe, Häuser, Autos, Menschen als winzig kleine Punkte – klein und überschaubar, und doch so mächtig. Von oben aus gesehen kann man kaum glauben, dass es in unserer Hand liegt, was mit dieser Erde weiterhin passieren wird.

Ich ziehe den Gurt noch einmal ganz fest, denn die Landung in der fünfsitzigen Maschine ist ein Abenteuer. Ich schaue noch einmal aus dem Fenster im Cockpit. Vor mir ein unglaublicher Regenbogen, in mir ein tiefes Gefühl von Ehrfurcht, Respekt und großer Dankbarkeit.

„Es könnte auch ganz anders sein!"
Theologe, Soziologe, Philosoph Clemens Sedmak

Im Salzburger Traditionscafé „Tomaselli" treffe ich an einem Sonntagmorgen Universitätsprofessor DDDr. Clemens Sedmak. Seine Titel und sein Werdegang flößen mir großen Respekt ein, seit ich ihn bei einem Vortrag erlebt habe, weiß ich auch seinen Humor, seine Schlagfertigkeit und seine Fähigkeit, komplizierte Sachverhalte verständlich und klug zu erklären, zu schätzen. Der quirlige Professor spricht sehr schnell, seine Augen blitzen, man erkennt bei jedem Gespräch seine Freude am Denken. Prof. Sedmak wurde 1971 in Bad Ischl geboren. Nach der Matura studierte er Theologie, Philosophie, Christliche Philosophie und Sozialwissenschaften in Innsbruck, Linz, New York und an der ETH Zürich. Im Jahr 2001 wurde Sedmak zum Professor für Erkenntnistheorie und Religionsphilosophie an die Universität Salzburg berufen, eine Position, die er von 2002 bis 2005 innehatte. 2005 erhielt er den Ruf auf den F. D. Maurice Lehrstuhl für Sozialethik am King's College London (Universität London), blieb der Universität Salzburg aber durch die Leitung des 2005 gegründeten Zentrums für Ethik und Armutsforschung verbunden.

Wenn ich nun sage, dass ich Ihnen sehr dankbar bin, dass Sie mir an diesem Sonntagmorgen Ihre Zeit und Ihr Wissen schenken, was bedeutet das?

Sie unterschätzen zunächst einmal meine Dankbarkeit Ihnen gegenüber. Ich finde es schön, dass wir uns heute hier treffen. Wenn Sie sagen, dass Sie dankbar sind, drücken Sie damit wahrscheinlich aus, dass es nicht selbstverständlich ist, dass wir hier sind, es könnte auch anders sein. Sie haben keinen Rechtsanspruch darauf. Es ist aufseiten dessen, der es schenkt – also auf meiner Seite – mit einem gewissen Aufwand verbunden. Ich komme an einem Sonntag nach Salzburg in die Altstadt. Das ist ein gewisser Aufwand. Die Dankbarkeit steht immer in Relation zu dem, was eingesetzt worden ist, was etwas „kostet". Wenn du zum Beispiel jemandem Schokolade schenkst und die beschenkte Person mag keine Schokolade und schenkt sie später weiter, dann ist das ein Fall von: Der Person kostet es wenig! Es mag mich ein wenig an Zeit kosten, heute hier zu sein, aber die Dankbarkeit liegt auf meiner Seite. Es ist nicht selbstverständlich, dass Sie heute in Salzburg sind und diesen Morgen mit mir verbringen.

Wenn man von Dankbarkeit spricht, klingt das für viele Menschen fast altmodisch. Ist Dankbarkeit ein unmoderner Begriff?

Der Begriff selbst nicht, aber die Einstellung, die dahinter steht. Und das hat gute Gründe. Manche Menschen definieren sich über Ansprüche, ganz nach dem Motto: „Ich habe ein Recht darauf" – das mag in manchen Bereichen auch stimmen – aber das führt unweigerlich zur Haltung: „Ich muss nicht dankbar dafür sein." Ein Beispiel: Wenn ich vom Staat Transferleistungen erhalte, auf die ich ein Recht habe, kann das die Haltung begründen: „Ich habe ein Recht darauf, da muss ich nicht dankbar sein!" So empfinden das viele. In Zeiten um sich greifenden Anspruchdenkens nimmt das zu. Ein weiterer Grund liegt darin, dass manche Menschen glauben, ganz alleine für ihr Leben, ihr Fortkommen, ihre Karriere verantwortlich zu sein, sich alles „selbst erarbeitet" haben. Sie glauben vielleicht an das Sprichwort „Jeder ist seines Glückes Schmied". Das dämpft auch die Dankbarkeit. Ich sehe das bei meiner Arbeit an der Universität immer wieder, aber das kommt anderswo genauso vor: Wenn jemand eine gute Stelle bekommt, vergisst die Person oft recht schnell, wie die Dinge sich entwickelt haben, dass auch Glück und Zufall und vielleicht auch die Gunst anderer eine Rolle gespielt haben. Sobald jemand einen Posten hat, denkt sie oder er häufig: „Ich war die/der Beste, ich habe es verdient!" Auch das reduziert eine dankbare Haltung. Deshalb glaube ich, dass bei uns nicht der Begriff, sondern diese Haltung der Dankbarkeit – auf die es aber ankommt – bedroht ist. Auch in der Forschung wurde sehr lange den positiven Effekten keine Bedeutung beigemessen, bis Martin Seligman und andere mit der „Positiven Psychologie" eine Trendwende eingeleitet haben. Heute wissen wir schon einiges über dieses Gebiet.

Es heißt ja: „Dank verpflichtet". Ist das so, erzeugt Dankbarkeit ein emotionales Ungleichgewicht zwischen demjenigen, der gibt, und dem, der bekommt?

Das ist unweigerlich so. Bei Thomas von Aquin heißt es, „wenn mir jemand etwas gibt, dann bin ich ihm zu Dank verpflichtet und diesen Dank muss ich auch abstatten". In dem Moment, in dem ich ein Geschenk, eine Gunst, einen Gefallen, irgendetwas annehme, ab dem Moment bin ich zu Dank verpflichtet. Thomas von Aquin sagt sogar, dass der, der zu Dank verpflichtet ist, mehr zurückgeben muss als er empfangen hat. Diese Idee stammt aus dem 13. Jahrhundert. Im 20. Jahrhundert entwickelte der Mikrosoziologe Erving Goffman den Gedanken einer „Ausgleichshandlung": Wenn du etwas annimmst, stehst du in der Schuld des Gebenden, eine Schuld, die durch eine Ausgleichshandlung wettzumachen ist. Das Wort „Danke" ist eine solche Ausgleichshandlung. Aber es geht weiter: Wenn du zum Abendessen eingeladen wirst, bringst du – eine Ausgleichshandlung – Pralinen und Wein mit und sprichst am Ende des Abends eine Gegeneinladung aus (zu der die Gastgeber, nun als Gäste, mit Pralinen und Wein auftauchen) – dann ist „Gleichstand". Zu jedem Zeitpunkt – so behauptet Goffman – haben Menschen, die miteinander zu tun haben, eine Bilanz. Ich bin also stets gegenüber jedem Menschen, mit dem ich zu tun habe, in sozial roten oder sozial schwarzen Zahlen, selten im Ausgleich. Und es ist sinnvoll und wichtig, wenn man sich darüber verständigt, wie diese Bilanz aussieht. Andernfalls kann es zu Missverständnissen kommen und so entsteht ein Ungleichgewicht. Stellen Sie sich vor, Person X meint, die Annahme der Einladung wäre ein Gnadenakt gewesen und wartet auf ein tolles Gastgeschenk, während Person Y auf Wein und Pralinen wartet, weil man schließlich eingeladen hat. Diese Sache mit den Ausgleichshandlungen ist auch im Politischen nicht unwichtig. Vielleicht kann man Kärnten ohne diese Kategorie gar nicht mehr verstehen. Jedenfalls: Der Dank ist eine Ausgleichshandlung. Sie haben mich heute hier eingeladen. Ich sage „Danke" und hoffe, dass wir damit im Ausgleich sind. So hat das Wort „Danke", wenn es richtig ausgesprochen ist, die Funktion, eine Art von sozialem und emotionalem Ungleichgewicht auszugleichen.

Ist das Wort „Danke" ein eindeutiges Signal? Was steckt da alles drinnen?

Das Signal lautet, wie auch beim Wort „Bitte": Es ist nicht selbstverständlich. Und Dankbarkeit hat sehr viel mit Kontingenzempfinden zu tun, mit dem Wissen, es könnte auch anders sein. Also, der Kellner hat uns freundlich bedient, wir haben hier einen schönen Tisch gefunden, aber: Es könnte auch anders sein. Wenn Menschen kein Gespür für Kontingenz haben, zum Beispiel wenn sie fatalistisch sind, dann wird es ihnen schwerfallen, eine Haltung der Dankbarkeit zu entwickeln. Eine junge Frau in Bhutan, wo ich meinen Zivildienst abgeleistet habe, ist bei der Geburt des Kindes verstorben, was in einem Spital in Österreich nach fachkundigem Kaiserschnitt wohl nicht passiert wäre. „Danke" impliziert das Wissen: Es könnte auch anders sein. Das hat mit Bildung auf vielen Ebenen, Lebenserfahrung und Herzensbildung zu tun. So entsteht Dankbarkeit.

Wenn ich nun erkenne, dass es nicht selbstverständlich ist, und ich dankbar bin – bin ich dann, so wie es viele Ratgeber behaupten, auch glücklich?

Sagen wir so: Nicht alles, was in Ratgebern steht, ist notwendigerweise falsch. In der beliebten TV-Serie „MA 2412" hat es in einer Szene, in der die Abteilung einen Film dreht und eine Laienschauspielerin einen laienhaften Auftritt hinlegt, geheißen: „Es war schon viel Schönes dabei". So würde ich den Hinweis auf den Zusammenhang von Dankbarkeit und Glück auch sehen. Es gibt verschiedene Formen von Glück, etwa Wohlfühlglück und Anstrengungsglück, und auch eine Form, die man „Gnadenglück" nennen könnte. Es ist die Glückserfahrung eines Menschen, der weiß, dass ihm etwas „frei zugefallen" ist. Es fällt dir etwas zu, auf das du keinen Anspruch hast – dann bist du dankbar. Menschen, die alles für selbstverständlich halten, oder immer auf das schauen, was fehlt, machen diesen Schritt nicht und bringen sich ums eigene Glück. Sagt man nun aber einfach: „Sei dankbar, dann wirst du auch glücklich", wird das bei vielen Menschen nicht sehr tief gehen. Darauf kommt es aber an: Auf tief empfundene Dankbarkeit, als Haltung im Leben. Nicht auf ständige Danksagungen. Ich kenne zum Beispiel eine Dame, die immer wieder, geradezu pflichtschuldig, betont: „Ich bin ja für alles so dankbar", aber diese Bekundung kommt nicht glaubhaft im Herzen an. Die Haltung der Dankbarkeit muss sich langsam „setzen". Aber an dieser Grundhaltung der Dankbarkeit zu arbeiten, das alleine macht vielleicht glücklich. Ich glaube schon, dass Dankbarkeit bis zu einem gewissen Grad erlernbar ist, und dann kann sie auch zu einem tiefen „Ja zum Leben" beitragen, das man „Glück" nennen kann.

Aber wie übe ich, dass meine Dankbarkeit auch das Herz erreicht?

Jede gute Übung nützt, auch wenn sie nicht gleich tief geht. Wenn Sie jeden Monat nur einmal joggen gehen, dann nützt das für die Kondition nicht sehr viel – aber es ist ein Beginn. Thomas von Aquin hat sich das etwa so vorgestellt: Dankbarkeit ist eine Tugend und eine Tugend ist eine lebensformprägende Gewohnheit, eine „Verhaltensdisposition". Und diese Gewohnheit kannst du gestalten, indem du möglichst viele entsprechende einzelne Akte setzt. Wenn du zum Beispiel ein ungeduldiger Mensch bist und du willst geduldig werden, dann musst du möglichst viele Akte der Duldsamkeit setzen, zum Beispiel einen Stau aufsuchen, die Schwiegermutter einladen, langsam Adalbert Stifter lesen, oder was immer dir Duldsamkeit abverlangt. Dann entwickelt sich schrittweise Geduld in deinem Wesen, ohne dass du das bemerkst oder steuern kannst. Es fällt dir dann immer leichter, duldsame Akte zu setzen. Sie fließen dann leicht und anmutig aus dir heraus. Es wird zu einer Gewohnheit, die lebensformprägend ist. Bei der Dankbarkeit ist es ähnlich.

In der Armutsforschung haben Sie auch wissenschaftlich mit dem Thema Spenden zu tun, auch da spielt der Begriff Dankbarkeit eine große Rolle. Ich frage mich oft: Wer muss nun wem dankbar sein? Der Bedürftige, dass ihm gegeben wird, oder der Reiche, dass er in einer Situation ist, geben zu dürfen?

Leo der Große hat einmal geschrieben, dass die reichen Menschen dafür dankbar sein müssen, die Möglichkeit zur Hilfe zu haben; da ist das Teilen Ausdruck der Dankbarkeit. Denken wir an das Gleichnis vom barmherzigen Samariter (Lukas 10). Der barmherzige Samariter hilft, aber sehr nüchtern. Er ist ein Mann auf Geschäftsreise, sieht die Not und tut etwas dagegen. Ganz klar, ganz direkt. Er sitzt dann mit dem Verletzten in der Herberge, in die er ihn zur Versorgung gebracht hat, und sagt: „Ich setze meine Reise fort, bin aber bereit, die Verantwortung zu übernehmen".

Es war klar: Dieser Mann hat nicht die Not „gesucht", um einen Menschen in die Fesseln einer Dankbarkeitserwartung zu verstricken. Er wird vielleicht dankbar sein, dass er helfen konnte, er wird vielleicht dankbar sein, dass der Verletzte ihm dankbar war. Und der Verletzte war sicher auch dankbar, dass er versorgt wurde. So zeigt sich Dank auf beiden Seiten, das soll man wohl nicht miteinander aufwiegen.

Grundsätzlich haben alle Menschen die Fähigkeit (und vielleicht auch die vom Leben an sie herangetragene Einladung) zur Dankbarkeit, egal ob arm oder reich, weil das Leben für dich als Einzelnen und für uns alle als Gesellschaft dadurch so viel leichter wird. Mein schwer kranker Vater war nach seinem Schlaganfall für die kleinen Dinge so dankbar. Diese Art von Freude am Leben, auch an kleinen Dingen, macht das Zusammenleben möglich. Die Dankbarkeit ist die Kraft aus dem Jetzt und aus der Vergangenheit, die Hoffnung hält die Erwartungen in die Zukunft lebendig. Wenn ich nun die Möglichkeit habe, etwas zu geben, sollte ich dafür dankbar sein. Die große Kunst ist es dann, so zu geben, dass sich der Beschenkte nicht erniedrigt fühlt. Dag Hammarskjöld, der UN-Generalsekretär, hat in seinem Tagebuch notiert: „Die Stellung gibt dir nie das Recht, zu befehlen. Nur die Schuldigkeit, so zu leben, dass andere deinen Befehl annehmen können, ohne erniedrigt zu werden". Das gilt gewissermaßen auch für die Dynamik der Dankbarkeit: sich in der Schuldigkeit zu wissen, so zu geben, dass der andere die Gabe annehmen kann, ohne gedemütigt zu sein.

Und niemand hat nichts zu geben, jeder kann, um es so zu sagen, Quelle von Gaben sein, die zur Dankbarkeit führen. Es gibt eine berührende Geschichte von Pedro Arrupe, dem langjährigen Generaloberen der Jesuiten: Er hatte einmal eine Messe in einem Armenviertel in Peru gefeiert. Danach kam ein alter Mann zu ihm und sagte: „Pater Arrupe, das war eine sehr schöne Messe, ich möchte Ihnen etwas schenken". Und er führte Pater Arrupe zu seiner ärmlichen Hütte, bat ihn zu warten, und brachte dann einen Stuhl heraus. Pedro Arrupe sollte sich hinsetzen und der alte Mann hatte den Stuhl so gestellt, dass Pater Arrupe einen wunderschönen Sonnenuntergang betrachten konnte. „Das wollte ich Ihnen schenken", sagte der Mann. Pedro Arrupe hat von dieser Begebenheit immer wieder erzählt, weil sie ihn tief berührt hatte. Jeder Mensch kann Quelle von einer Gabe sein, die zu Dankbarkeit führt, und sei es ein Blickkontakt am Bett eines schwer kranken Menschen.

Da ist so viel Gnade, das Leben als Ganzes ist Gabe und Quelle von Gaben. Niemand hat sich nur aus eigenen Stücken dorthin gebracht, wo er/sie jetzt ist, niemand! Du hast dir dein Leben nicht gegeben, es ist dir geschenkt! Thomas Buergenthal ist ein amerikanischer Spitzenjurist, in Den Haag am Internationalen Gerichtshof tätig, gebürtiger Slowake, der als zehnjähriges Kind ins Konzentrationslager gebracht wurde, überlebte, und auf abenteuerliche Weise nach dem Krieg seine Mutter wiederfand. In seiner Lebensgeschichte, *Ein Glückskind*, denkt er am Schluss darüber nach, wie er überlebt hat. Er hatte, so schreibt er, keine besonderen Fähigkeiten, er hatte keinen besonderen Lebenswillen, seine Antwort war: „Ich hatte das Glück, im rechten Moment die richtige Person zu treffen."

Wenn wir ganz ehrlich sind, ist das doch bei jedem von uns so, da ist so viel Hilfe und auch Gnade, dass es immer Grund gibt, dankbar zu sein. George Steiner hat einmal gesagt: „Wir sind Gäste des Lebens, niemand hat ein Recht, geboren zu sein". Du bist Gast in diesem Leben, eigentlich ist das schon ein Wunder. Undankbarkeit ist die Illusion, zu glauben, man hat es selber geschafft. Die Menschen, die das glauben, sind meist nicht sehr gut vorbereitet, mit Schwächeren umzugehen. Wir müssen erkennen und anerkennen, dass wir alle aufeinander angewiesen sind. Ohne, dass uns jemand gewickelt, gefüttert, gefördert, geliebt hat und so weiter, wären wir nicht erwachsen geworden. Realismus und Dankbarkeit gehören eng zusammen.

Vielleicht ist es ein großes Missverständnis, dass Glück unser Ziel ist und wir die Erfahrung von Leid derart ausklammern?

Daniel Gilbert hat ein Buch geschrieben: *Ins Glück stolpern.* Seine These ist, dass man Glück nur finden, aber nicht suchen könne. Das heißt, du machst etwas, das machst du gut und gern und mit Überzeugung. Und dann wird sich das Glück einstellen oder auch nicht, aber es liegt immer bei dir. Vielleicht geht es gar nicht um „Glück", sondern um „ein Leben, das dient". Mein Kollege und Freund Paul Janz hat deswegen einmal gemeint: „happiness is overrated".

Glück ist die Fähigkeit, „Ja" zum Leben zu sagen. Manche Leute tun Dankbarkeit einfach als Gefühl ab, aber Dankbarkeit ist viel mehr als das. Dankbarkeit ist eine tiefe Einstellung zum Leben, die dich wissen lässt, dass du Gaben bekommst. Du bekommst gewissermaßen Karten in die Hand und damit spielst du. Du kannst nicht sagen, du möchtest andere Karten. So funktioniert das Spiel nicht. Wer die Fähigkeit hat, auch Widrigkeiten als „Auf-Gaben" zu sehen, wird sich leichter tun. Dann wird das Leben auch großartig anspruchsvoll.

Ist Dankbarkeit vielleicht sogar die wichtigste Tugend von allen?

Die grundlegenden Tugenden hängen sehr eng miteinander zusammen, zum Beispiel Dankbarkeit, Liebe, Hoffnung kann man nicht voneinander trennen. Man könnte sagen, dass die Tugenden so miteinander verbunden sind, dass ein Mehr an der einen Tugend auch die anderen mitzieht. Es ist zum Beispiel viel leichter, Geduld und Tapferkeit zu entwickeln, wenn du eine grundsätzliche Einstellung zum Leben hast, die heißt: „Ich sage Ja zum Leben mit einem Gefühl von Mysterium, einem Gefühl, beschenkt zu sein." Daraus ergibt sich dann die Kraft, auch zu schwierigen Lebenssituationen Ja zu sagen, das nennt man dann Tapferkeit, daraus ergibt sich die Kraft, durchzuhalten, auch wenn es mühsam ist ... Der Mönch Johannes Cassian hatte einmal gesagt: „Es gibt eine Fülle von Tugenden, im Prinzip ist es egal, wo man anfängt, es kommt dann eins zum nächsten". Ein dankbarer Mensch wird auch Freude und Hoffnung ausstrahlen, und ein hoffnungsvoller Mensch wird dankbar sein.

Wie verhalten sich Dankbarkeit und Demut zueinander?

Demut nennt man manchmal die Tugend der Vernunft. Die Demut ist also die Tugend, mit den Füßen am Boden zu bleiben, die Fähigkeit, die Dinge so zu sehen, wie sie sind. Der demütige Mensch macht sich dabei keineswegs künstlich selbst klein! Das ist auch gar nicht notwendig, wir sind klein genug. Ein realistischer Blick auf dich und dein Leben, das bringt auf natürliche Weise Demut. Und damit auch die Fähigkeit zur Dankbarkeit, weil du ja erkennst, was dir geschenkt wurde, dir zugefallen ist, wo andere geholfen haben. Das sind alles Geschwister, die Dankbarkeit, die Freude, die Hoffnung und auch die Demut. Ja, es stimmt durchaus, zu sagen, die Dankbarkeit ist die wichtigste, weil sich durch sie alle anderen einstellen.

Ich habe gelesen, dass Dankbarkeit sogar psychotherapeutische Wirkung hat. Halten Sie das für möglich?

Wenn ich an meinen Schwiegervater denke, wie er langsam „Ja" sagen konnte zu seiner Krankheit und sich dadurch psychisch Kraft geholt hat ... Es gibt den Satz „Ich bin dankbar für die Krankheit". Das ist ein sehr heikler Satz, den man nur in der ersten Person Singular sagen darf. Aber dann liegt in diesem Satz Kraft. Im Evangelium (Lukas 17) gibt es die Stelle von den zehn Geheilten, wo dieses Thema anklingt. Jesus heilt zehn Aussätzige und sagt: „Geht zu den Priestern, zeigt euch denen". Und unterwegs werden sie alle geheilt. Einer von ihnen dreht auf halbem Weg um, noch bevor er bei den Priestern war, und bedankt sich bei Jesus. Da ist die Heilung erst eigentlich abgeschlossen, dadurch, dass die Haltung der Dankbarkeit hinzugekommen ist. Darum finde ich es einen schönen Gedanken, dass Dankbarkeit auch etwas Therapeutisches hat.

Sie haben gerade das Evangelium zitiert und als Theologe wissen Sie: Kann man nur als religiöser oder auch als nicht religiöser Mensch dankbar sein?

Natürlich kann man auch dankbar sein, wenn man nicht religiös ist. Man kann ja auch im Modus der Hoffnung leben. Außerdem: Wenn du die Gabe hast, im Augenblick zu leben, dann brauchst du nicht immer diesen großen Horizont. Ich möchte allerdings feststellen, dass es einem religiösen Menschen auch nicht leichtfällt, Gott „für alles" zu danken, wie es im ersten Thessalonicherbrief (5,18) heißt. Aber zu wissen, dass mein Leben von Gott kommt, macht das Leben auf ganz andere Art zu einer Gabe, als wenn ich das nicht glaube.

Wie würden Sie Dankbarkeit ganz kurz definieren?

Dankbarkeit ist die Tugend des Sich-beschenkt-Wissens.

Ich danke Ihnen.

„Die Welt des Glücklichen ist eine andere
als die des Unglücklichen."

Ludwig Wittgenstein

Glücksempfinden und Dankbarkeit – Erkenntnisse aus der Positiven Psychologie

Die Positive Psychologie ist ein noch junger Forschungszweig, der sich zum Ziel gesetzt hat, eine Psychologie zu ergänzen, die sich seit ihrer Etablierung als Wissenschaft vor mehr als hundert Jahren fast ausschließlich mit Störungen, Krankheiten und Fehlentwicklungen befasst. Rund 30 Prozent aller Menschen erkranken einmal im Leben an einer psychischen Störung. Aber auch die 70 Prozent jener Menschen, die nie unter einer psychischen Krankheit leiden, sind nicht automatisch zufrieden. Sie wollen sich entfalten, aus ihrem Leben etwas machen, sie suchen Glück und Zufriedenheit. „Die Abwesenheit von Depression ist nicht Glück, sondern Leere", sagt Martin Seligman, der als Begründer der „Positiven Psychologie" gilt. Diese Leere mit etwas Positivem zu füllen, ist eine der Aufgaben der Positiven Psychologie.

Es ist vielleicht kein Zufall, dass dieser Zweig der Psychologie in Zeiten höchsten Wohlstands erfunden wurde. Die New Economy war auf ihrem Höhepunkt, als der Depressionsforscher Martin Seligman 1999 einen aufsehenerregenden Vortrag hielt. Der damalige Präsident der *American Psychological Association* stellte auf einem Kongress das Konzept der Positiven Psychologie vor. Und stieß auf Begeisterung. In kürzester Zeit erhielt Seligman 30 Millionen Dollar für weitere Forschungen.

Dass Seligman zum Vater der Positiven Psychologie wurde, soll er seiner Tochter zu verdanken haben, jedenfalls wird diese Geschichte erzählt: Das fünfjährige Kind sollte eines Tages mit seinem Vater im Garten Unkraut jäten. Doch statt artig zu rupfen, tanzte es fröhlich im Blumenbeet herum und spielte mit Schnecken. Ihr Vater, berüchtigt für seinen kurzen Geduldsfaden, schrie sie an. Etwas altklug erklärte ihm darauf seine Tochter: Jahrelang sei sie eine Heulsuse gewesen, bis sie eines Tages beschlossen habe, von nun an nicht mehr wegen jeder Kleinigkeit loszuheulen. „Das war das Schwierigste, was ich je gemacht habe. Und wenn ich aufhören kann zu weinen, kannst du auch aufhören, zu schimpfen und zu schreien." Weine nicht, handle – die Idee gefiel Seligman.[5]

Aber ist unser Charakter angeboren oder kann man ihn tatsächlich verändern? Sind Charakterstärken Schicksal? Seligman stellte nun die Frage, ob es gewisse Charakterstärken wären, die zu Zufriedenheit führten, oder ob umgekehrt die Zufriedenheit eine Folge dieser Stärken sei.

Antworten auf beide Fragen sucht die Positive Psychologie mithilfe sogenannter positiver Interventionen: Übungen, die eine bestimmte Charakterstärke wie Humor, Freundlichkeit oder Dankbarkeit trainieren sollen und die gegen willkürlich gewählte Fantasie-Übungen (die damit einem Placebo gleichkommen) getestet werden.

So hat Martin Seligman etwa in einer Studie mit über 500 Teilnehmern verschiedene Übungen zur Steigerung der Charakterstärke „Dankbarkeit" gegeneinander getestet: Die Teilnehmer sollten zum Beispiel ihre Aufmerksamkeit für positive Ereignisse erhöhen, indem sie sechs Wochen lang jeden Tag drei Dinge notierten, die in ihrem Leben gut verlaufen waren.

Die Intervention zeigte Erfolg, indem die Lebenszufriedenheit dieser Gruppe messbar anstieg. Die „Placebo-Übung" – sie bestand darin, ein Tagebuch über frühe Erinnerungen zu führen – brachte dagegen keinerlei Veränderung.

Die Wissenschaftler arbeiteten sich durch die historische, philosophische, religiöse, ethische und psychologische Literatur und identifizierten schließlich 24 positive Charaktereigenschaften. Zuvor benannten sie drei Schlüsselkriterien, von denen menschliches Glück abhängt: Engagement, Lebenssinn und Hedonismus, also das lustvolle Erleben. Am glücklichsten sind demnach jene Menschen, die ihr Leben aktiv gestalten, die Lebensfreude kultivieren und einen höheren Sinn in ihrem Dasein finden. Doch mit welchen Mitteln erreicht man diesen Zustand?

Die Wissenschaftler entdeckten, dass in jeder Gesellschaft, ob bei den Eingeborenen in Papua-Neuguinea oder den Bürgern in Wien, sechs stark ethisch geprägte Grundtugenden hoch geschätzt werden: Wissen, Mut, Menschlichkeit, Gerechtigkeit, Mäßigung, Transzendenz. Sie sind so grundlegend für die menschliche Natur wie der aufrechte Gang, sagen die Positiven Psychologen.

Im nächsten Schritt ordneten die Forscher diesen Tugenden 24 Charakterstärken zu, die alle in einem Zusammenhang mit Lebenszufriedenheit stehen. Zum Wissen etwa gehören die Charakterstärken Kreativität, Neugier, Urteilsvermögen, Liebe zum Lernen und Weisheit. Dem Mut wurden Authentizität, Tapferkeit, Ausdauer und Enthusiasmus zugeteilt. Menschlichkeit wird geprägt durch Freundlichkeit, Bindungsfähigkeit und soziale Intelligenz, Gerechtigkeit durch Fairness, Teamwork und Führungsvermögen. Um Mäßigung zu leben, sollte man Vergebungsbereitschaft zeigen, Bescheidenheit, Vorsicht und Selbstregulation. Und zur Transzendenz gehören Charakterstärken, die Sinn stiften und uns einer höheren Macht näherbringen: Dankbarkeit, Optimismus, Humor, Spiritualität und der Sinn für das Schöne.

Wer seine Stärken ausspielt, statt immer über seine Schwachstellen zu grübeln, lebt zufriedener, ergaben die Forschungen der Psychologen. Besonders entscheidend für ein glückliches Leben sind Neugier, Bindungsfähigkeit, Dankbarkeit, Humor, Ausdauer und Enthusiasmus.

Über spezielle Fragebögen im Internet kann sich jeder und jede über die eigenen Stärken und die eigene Lebensorientierung klar werden – Teilnehmende bekommen eine individuelle Rückmeldung. (Die Fragebögen der Universität Zürich zu den eigenen Charakterstärken sind sowohl für Kinder und Jugendliche von 10 bis 17 Jahren als auch für Erwachsene zu finden auf: www.charakterstaerken.org.)

Die sechs Tugenden und ihnen zugeordnet die 24 Charakterstärken:

1. Wissen mit Kreativität, Neugier, Urteilsvermögen, Liebe zum Lernen und Weisheit
2. Mut mit Tapferkeit, Ausdauer, Authentizität und Enthusiasmus
3. Menschlichkeit mit Bindungsfähigkeit, Freundlichkeit und sozialer Intelligenz
4. Gerechtigkeit mit Teamwork, Fairness und Führungsvermögen
5. Mäßigung mit Vergebungsbereitschaft, Bescheidenheit, Vorsicht und Selbstregulation
6. Transzendenz mit Sinn für das Schöne, Dankbarkeit, Optimismus, Humor und Spiritualität

Robert Emmons, Professor für Psychologie an der UC Davis und Chefredakteur des *Journal of Positive Psychology*, hat sich zehn Jahre lang wissenschaftlich mit dem Thema „Dankbarkeit" auseinandergesetzt. In seinem Buch *Vom Glück, dankbar zu sein*[3] empfiehlt Emmons unter anderem, ein Dankbarkeitstagebuch zu führen: Einige seiner Kollegen hatten freiwillige Versuchspersonen in drei Gruppen aufgeteilt. Die erste Gruppe sollte die kleinen Freuden des Alltags sammeln, die zweite Gruppe lästige Ärgernisse aufschreiben und die dritte Gruppe neutrale Vorkommnisse in das Tagebuch notieren. Nach zwei Wochen zeigte sich: Personen, welche die „Gänseblümchen" der Freuden sammelten, waren mit ihrem Leben zufriedener, sie waren optimistischer und hoffnungsvoller, sie hatten ein spirituelleres Lebensgefühl und – weniger Kopf- und Bauchweh. Andere Forscher haben herausgefunden, dass es nichts nützt, einfach nur die schönen Dinge des

Lebens zu zählen. Man muss sich bewusst Zeit nehmen und sie am Abend erlebend nachbetrachten. Robert Emmons erklärt dies so: „Dankbarkeit hilft, die Aufmerksamkeit auf die positiven Aspekte des Lebens zu richten. Dankbarkeit gewährt einen besseren Zugang zu den positiven Erinnerungen, wodurch die Wahrnehmungen im Allgemeinen ebenfalls positiver werden. Dankbarkeit macht glücklich, weil sie den Einzelnen zwingt, die Überzeugung aufzugeben, dass es in der Welt weder Güte noch Liebe noch Freundlichkeit gibt, und dass sie von nichts anderem bestimmt wird als von Zufall und Grausamkeit. Dankbarkeit ist ein Gegenmittel gegen negative Emotionen wie Geiz, Neid und Ärger." Und weiter: „Dankbarkeit macht uns nachhaltig zu glücklicheren und gesünderen Menschen" und sei somit ein „Königsweg zu dauerhaftem Glück".

Professor Martin Seligman veranstaltet zum Beispiel mit seinen Studentinnen und Studenten Dankbarkeits-Abende. Dabei bringen diese eine Person mit, der sie viel zu verdanken haben. Die Betreffenden wissen zuvor nichts von ihrem Glück. Aber an diesem Abend erfahren sie, wie wichtig sie für jemanden sind. Die Dankenden tragen einen schönen Dankestext oder ein selbst verfasstes Lied vor. Für alle Anwesenden ist das ein äußerst berührendes Erlebnis.

Aufgrund der guten Erfahrungen empfiehlt Seligman, sich eine Person zu suchen, der man Danke sagen möchte, einen Text von maximal einer Seite zu formulieren, den anderen zu sich einzuladen und ihm eine persönliche „Dankesurkunde" zu überreichen.

Grundlos glücklich

Immer wieder treffe ich Menschen, die mit ihrem Leben irgendwie unglücklich sind. Nicht so das richtige Unglück, das große, schwere, schmerzhafte. Sondern das Unglück, das man zu spüren glaubt, wenn das Glück gerade Pause macht. Sie sind gesund, aber irgendetwas zwickt halt immer. Sie haben Kinder, die laut, lebhaft, fordernd und voll Kraft und Ideen sind – aber auch Ärger mit diesen Kindern. Sie sind schön, aber nicht so schön, wie sie gerne wären. Der Bauch zu groß, die Brust zu klein, die Hüften zu breit. Sie haben einen Beruf, aber da funktioniert auch nicht alles so, wie sie sich das vorgestellt haben. Sie werden geliebt, aber nicht genug geliebt. Ganz normale Menschen also, die grundlos unglücklich sind. Manchmal gehöre ich wohl selbst dazu.

Dann gehe ich in den letzten Tagen durch den Garten. Die Schneeglöckchen haben es längst durch die dünne Erd- und Laubschicht geschafft und blühen als strahlendes, weißes Meer vor meinem Fenster. Auch die Krokusse sind schon leuchtend bunte Tupfen, dottergelb, tiefviolett, zartlila. Die Primeln sind am Tag über die Wiese verstreut wie die Sterne am Himmel in der Nacht – als hätte sie irgendwer irgendwann dort hingemalt. Die erwachende Natur bietet ein unvergleichliches Schauspiel und hat dafür unendlich viele Nuancen an Grüntönen entworfen: hellgrün, dunkelgrün, grasgrün, apfelgrün, lindgrün, smaragdgrün, flaschengrün, tannengrün, olivgrün und Tausende mehr!

Die Vögel zwitschern, als gelte es jetzt, sich die besten Plätze für das bevorstehende Konzert zu erobern. Die Eichhörnchen wieseln geschäftig durch die Baumkronen, Winter oder nicht mehr Winter, ist die Entscheidung schon gefallen? Sogar der

Kirschbaum blüht schon, hellrosa Blüten, wie Watte. Da gehe ich also durch den Garten, Sonnenstrahlen und Regentropfen kitzeln meine Nase und ich spüre bis in die Zehenspitzen, dass ich lebe. So fühlt es sich an, das grundlose Glück!

„Wenn Dir das Herz aufgeht ...!"

Psychotherapeut Uwe Böschemeyer

Ich treffe Prof. Dr. Uwe Böschemeyer in seiner neuen Heimat Salzburg. Hoch über den Dächern der Stadt, beschützt vom umliegenden Wald und Park, oben auf dem Mönchsberg, liegt das Johannes-Schlößl mit dem Gästehaus der Pallottiner. Die Pallottiner wurden in der ersten Hälfte des 19. Jahrhunderts vom Priester Vinzenz Pallotti in Rom gegründet, eine Gemeinschaft von Männern, die ihr Leben Gott geweiht haben und sich gegenseitig versprechen, ein Leben in Armut und Ehelosigkeit zu führen, die geistigen und irdischen Güter brüderlich zu teilen und Gott und den Menschen zu dienen.

Das Johannes-Schlößl haben die Pallottiner im Jahr 1926 vom russischen Oberst Fürst Basilius Paschkoff erworben und richteten es für ihre Theologen, die in Salzburg studierten, ein. Heute ist in dem Gäste- und Seminarhaus jeder Besucher willkommen, Uwe Böschemeyer und seine Frau nächtigen gerne hier, denn noch sind sie in Salzburg auf der Suche nach einem neuen Heim. Es fällt mir jedes Mal auf, wie liebevoll dieses Paar miteinander umgeht.

Zuletzt habe ich Uwe Böschemeyer als Sendungsgast im Fernsehen begrüßen dürfen. Ich kannte damals allerdings nur einen Teil seiner Lebensgeschichte, mehr erzählte er erst später in seinem Buch *Machen Sie sich bitte frei*. Dass er als Kind und heranwachsender junger Mann viele Jahre nicht gesprochen hat, dass Interviews und Fernsehsendungen immer noch eine gewisse Herausforderung darstellen. Dies wissend, bin ich von unserem TV-Gespräch nachträglich berührt und beeindruckt. Man sollte öfter versuchen, die Welt aus den Augen seines Gegenübers zu betrachten, mit seinen Schuhen zu gehen.

Prof. Uwe Böschemeyer wurde 1939 geboren. Er studierte evangelische Theologie, Philosophie und Psychologie und wurde 1975 von Prof. Viktor E. Frankl persönlich in Wien zur Praxis und Lehre in Logotherapie und Existenzanalyse ausgebildet. Neben seinem Institut in Lüneburg ist er seit 2006 auch Rektor der „Europäischen Akademie für Wertorientierte Persönlichkeitsbildung" in Salzburg. Schwerpunkte seiner Arbeit ist die von ihm entwickelte „Wertimagination". Mit seiner Frau Christiane lebt er seit 2012 in Salzburg. In einem Extrazimmer neben den Seminarräumen des Klosters hat uns seine Frau Tee gebracht. Wir sitzen an einem Holztisch, draußen dämmert es und es beginnt zu regnen.

Welche Rolle spielt Dankbarkeit in Ihrer Arbeit als Psychotherapeut?

Eine sehr große Rolle. Deshalb kann es gut sein, sich täglich am Abend Zeit zu nehmen und zu vergegenwärtigen, was es Schönes am Tag gegeben hat. Dankbarkeit ist Ausdruck des Nachdenkens über gutes, gehaltvolles Leben. Leben wird ja oft angefochten, von innen und von außen, von unseren eigenen Emotionen einerseits und Behinderungen und Herausforderungen von außen andererseits. Da muss man die Aufmerksamkeit schon ganz konkret und konzentriert auf das Gute lenken, denn das Negative drängt sich selber auf. Das Positive nicht, das müssen wir suchen. Je mehr ich darüber klage, was ich nicht habe, und mich darüber ärgere, was ich nicht bin, je mehr ich fordere, was doch mir wie allen anderen „zusteht", je mehr ich das Leben um mich herum aus dem Blick verliere, desto mehr entferne ich mich von dem, was ich sein und wie ich leben könnte: heiter, gelassen, selbstvertrauend, liebend, dankbar.

Kann dieses Nachdenken über das Gute und Gehaltvolle das Glücksempfinden nachhaltig verändern? Oder ist das so wie mit dem Jo-Jo-Effekt beim Abnehmen, man pendelt sich immer wieder bei einem gewissen Wert ein?

Ich glaube, dass Dankbarkeit zu einer nachhaltigen Veränderung des Daseinsgefühls führen kann. Ganz einfach deshalb, weil man dann gelernt hat, den Blick auf das Schöne, Gute und Wichtige zu lenken. Ich selber, zum Beispiel, habe eine schöne Erinnerung an meine Tochter, die als Pubertierende – es liegt schon lange zurück – so richtig maulend nach Hause kam. Irgendwann ging mir das sehr auf die Nerven und ich fragte, ob nicht heute auch irgendwann etwas Gutes gewesen sei. Wir haben dann miteinander gesucht. Der Abend wurde zauberhaft. Das ist mir sehr deutlich in Erinnerung. Nur: Danken darf nicht zu einer Methode, sie sollte zu einer Daseinshaltung werden. Ein konkreter Vorschlag allerdings wäre, dass wir uns an jedem Abend diese Frage stellen: „Was war heute gut?" Lassen wir uns darauf ein, kommt uns manches in den Sinn. Ich selbst habe letzten Sommer die Diagnose Krebs gestellt bekommen. Es geht mir ausgezeichnet! Das ist ja alles andere als selbstverständlich. Darüber freue ich mich und bin sehr dankbar dafür.

Aber Ihre Dankbarkeit richtet sich doch darauf, dass es Ihnen gut geht und nicht auf die Krankheit selbst? Kann es denn auch so weit gehen, dass man für negative Erfahrungen dankbar sein kann? Für Trennungen, für Schmerzen, Leid, Katastrophen oder eben eine Krankheit?

Ja. In meinem eigenen Leben hatte ich Trennungen, die schrecklich wehgetan haben und die mir sehr zu schaffen machten. Ich habe daraus viel gelernt. Ich bemerke auch in meiner Arbeit in der Paarberatung, dass meine Erfahrungen anderen behilflich sein können. Doch es geht um mehr: Wenn ich Schweres erlebt habe, werde ich dazu herausgefordert, Verantwortung zu tragen für die Situation. Ich muss dann tiefer graben als die Not. Seit ich weiß, dass ich Krebs habe, empfinde ich meine Zeit so erfüllt wie nie zuvor. Ich habe noch am Tag der Diagnosestellung an meinem Buch *Machen Sie sich bitte frei* weitergeschrieben, denn genau das war ja jetzt mein Thema.

*Aber ist es nicht wichtig, dass diese Erkenntnis nur rück-
blickend und vor allem nur von einem selbst kommen kann?
Wenn ich oder jemand anderer zu Ihnen sagte: „Seien Sie
dankbar, dass Sie Krebs haben", dann ist das doch nur
zynisch.*

Das wäre nur zynisch. Ich hätte es mir nicht gefallen lassen. Denn
es geht um meine zutiefst eigene Deutung! Und die hängt von
meiner Lebens- und Weltanschauung ab. Dabei geht es um Fragen wie zum Beispiel: Welche Einstellung habe ich zum Leben?
Welche Erwartungen habe ich? Davon hängt ganz wesentlich ab,
ob ich ein dankbarer Mensch bin oder nicht. Ob ich wahrneh-
mungsfähig bin oder nicht. Ich würde gerne eine Sehschule
einrichten. Eine Wahrnehmungsschule. Was höre ich? Worauf
richten sich meine Gedanken? Worauf richtet sich mein Blick? Auf
das Absurde oder darauf, was Leben gelingen lässt? Auf das Starke
oder das Schwache? Und wenn ich gelernt habe, auf das zu
sehen, was Leben gelingen lässt, kann ich auch dankbar sein,
wenn es schwierig wird.

*Dankbarkeit setzt das Denken voraus. Sie setzt aber auch das
Wissen voraus, es könnte ganz anders sein!?*

Es geht um die Wahrnehmung der Wirklichkeit. Und zwar der
ganzen, der hellen und dunklen Wirklichkeit. Und die Bereit-
schaft, auch das Helle sehen zu wollen – doch da wird es oft
schwierig! Dazu muss ich mich bewusst entscheiden. Diesen
Entschluss fasse ich meist erst dann, wenn der Leidensdruck groß
ist, wenn mir aufgeht, dass ich dieses Leben, so wie ich es führe,
nicht mehr will. Es ist zu leidvoll, zu langweilig geworden, oder
auch zu anstrengend. Dann stehe ich vor der Frage: „Soll das so
weitergehen?" Wenn ich die Frage verneine, frage ich: „Was ist an
meinem Leben – auch wenn es schmerzvoll, langweilig oder anstrengend ist –, was ist daran trotzdem gut?" Deshalb würde ich

Dankbarkeit auch beschreiben als das Nachdenken darüber, wie geliebt das Leben von mir ist!

Mir selbst kann ich schwer dankbar sein. Dankbarkeit braucht also ein Gegenüber, ich bin jemandem dankbar, einem anderen Menschen, einem Gott … Ist Dankbarkeit somit auch eine wesentliche Stütze in Beziehungen?

Es ist schön zu sagen: „Ich danke dir." Ich erlebe das zum Beispiel, wenn man mir in einem Kaufhaus oder Restaurant die Tür aufhält, so wie ich es auch tun würde. Dann sage ich „Danke", denn ich freue mich darüber. Geschieht das nicht, ist das ein Stück verlorenes Leben.

Wenn es in unseren Kontakten und Beziehungen mit Menschen eine Voraussetzung gibt, die wichtiger ist als alle anderen, dann ist es die: Danach Ausschau zu halten, was ein Mensch an Liebenswertem, Gutem, Wesentlichem, was er an Begabungen in sich birgt und nach außen lebt – also gegenüber anderen über die „Fehlerfahndung" hinaus vor allem „Schatzsuche" zu betreiben.

Gibt es immer Grund zur Dankbarkeit?

Es gibt selbstverständlich auch Gründe zu resignieren oder zu verzweifeln. Ich habe auch manches Mal Grund, in das Leben hineinzubeißen, statt es zu küssen. Aber gerade deshalb wird es nicht selbstverständlich. Vor allem, wenn es dann wieder etwas gibt, mit dem ich gar nicht gerechnet habe. Das mir „zufällig" entgegenkommt, mich überrascht, dann habe ich wieder Grund, dankbar zu sein. Und wenn ich auf mein Leben zurückschaue, erkenne ich, dass vieles, was mir heute gelingt, nur gelingen konnte, weil da Menschen in meiner Nähe waren, die es mir ermöglicht haben.

Kann man das nun tatsächlich durch Übungen wie „jeden Abend hinsetzen und überlegen, was heute schön war" verändern?

Das wird kaum ausreichen. Es hängt auch davon ab, ob ich mich selbst als Autor meines Glücks verstehe. Auch davon, ob ich begriffen habe, dass meine Mitmenschen ganz viel mit meinem Daseinsgefühl zu tun haben, ob ich mich also als Solist in dieser Welt, als personale Insel, oder mich in Beziehungen zu anderen sehe. Weiter hängt es davon ab, ob ich eine Gottesbeziehung habe oder nicht. Ob ich begriffen habe, dass ich meine Fantasien Wirklichkeit werden lassen kann.

Ist ein dankbarer Mensch glücklicher oder ein glücklicher Mensch dankbarer?

Ein glücklicher Mensch ist nicht immer dankbar, aber ein dankbarer Mensch ist glücklich. Ein glücklicher Mensch ist nicht immer dankbar, weil er sich nicht immer vergegenwärtigt, dass die Gründe für Dankbarkeit nicht nur in ihm liegen, sondern sehr oft auch in anderen. Aber der dankbare Mensch ist glücklich. Weil er weniger ich-zentriert ist, seine Wahrnehmung geht auch nach außen. Er sieht über sich selbst hinaus. Er entwickelt im Laufe der Zeit eine besondere Aufmerksamkeit. Er schaut nicht nur darauf, wie es ihm geht, sondern auch darauf, was ihm wieder einmal zuteil geworden ist. Ein dankbarer Mensch entwickelt eine ihm oft gar nicht bewusste Suchhaltung nach gutem Leben.

Einem depressiven Menschen, zum Beispiel, geht diese Suchhaltung nach Positivem verloren …

… und wir dürfen sie auch nicht von ihm fordern und ihm nicht sagen: „Schau mal, der Frühling ist da oder die Sonne scheint." Das wäre zynisch. Aber er kann zu neuer Dankbarkeit gelangen. Sie ist dann kein Therapeutikum, sondern die Folge der Therapie.

Man liest ja auch in Erfahrungsberichten von KZ-Insassen, dass sie in diesem größtmöglichen Leid trotzdem noch einen Witz erzählen, doch noch eine Blume blühen sehen, doch noch kleine Momente festhalten, die in gewisser Weise zu einer Lebensstrategie geworden sind.

Während eines Besuches bei Viktor Frankl ging ich durch seine Wohnung und bemerkte viele dunkle Bilder. Plötzlich stand er hinter mir und sagte: „Schauen Sie sich alles an …", und dann beschrieb er mir, was sie darstellten: die Bilder, die im KZ gemalt worden waren. Doch er zeigte mir keineswegs nur deren dunkle Seiten …

Ein ganz anderes Beispiel: Die Schwester meines Großvaters musste zehn Jahre in einem Gipsbett liegen. Ganz ruhig, bewegungslos, eine für mich grauenvolle Vorstellung! Und doch habe ich nie einen dankbareren Menschen als sie erlebt. Wenn sie Besuch bekam, veränderte sich ihr Gesicht. Sie wirkte zufrieden, sogar fröhlich. Sagte immer: „Danke, dass ihr gekommen seid". Sie war ein gläubiger Mensch. Und sie hatte gelernt, sich konsequent auszurichten auf das Kostbare, auf das Schöne, weil das andere in ihrem Leben ja nicht zu übersehen war.

Das bedeutet, Dankbarkeit hat auch viel mit „Annehmen, so wie es ist" zu tun?

Ja, das ist sehr präzise formuliert. Annehmen, wie es ist, das Schwierige auch, das Helle besonders.

Kann man das tief empfundene Gefühl der Dankbarkeit auch körperlich wahrnehmen? Ein Herz, das überfließt … wie fühlt sich das an?

Der dankbare Mensch geht aufgerichtet. Er spürt, wie sich seine Atmung vertieft, wie sein Brustraum weiter und freier wird. Es verscheucht auch die Müdigkeit. Ich selbst habe nicht viel geschlafen in letzter Zeit, weil es einfach eine gute Zeit war. Darüber hinaus wird ein dankbarer Mensch nicht verspannt sein. Der steht gerade, ohne es zu merken. Ja, Dankbarkeit bewirkt auch eine freie Körperhaltung.

Ist Dankbarkeit ein unmoderner Begriff?

Dankbarkeit ist nur scheinbar ein unmoderner Wert, wie auch zum Beispiel die Geduld. Doch die Dankbarkeit wird in ihrer Bedeutung nicht mehr so an den Rand geschoben wie die Geduld. Sie wird wieder attraktiver. Als Sie sagten, Sie wollen darüber ein Buch schreiben, habe ich mich sehr gefreut. Aber es hat sich noch nicht ganz herumgesprochen, wie kostbar dieser Wert ist!

Wie wichtig ist das Wort „Danke"? Ist es wichtig, Kindern ein formales „Danke" beizubringen?

Ganz sicher. Nicht darauf warten, ob Kinder es selbst sagen oder nicht! Es ist allerdings wichtig, dass man sie nicht mit dem moralischen Zeigefinger darauf aufmerksam macht. Mir fällt gerade eine Dokumentation ein, die ich kürzlich im Fernsehen gesehen habe. Auf einer Müllhalde in Manila wohnen Menschen, und da wurde ein circa sechsjähriges Mädchen gezeigt. Diese Augen, dieses Lächeln, dieses nicht verhärtete Gesicht war einfach zauberhaft! Angenommen, ich hätte meinen Jungen oder meine Tochter in diesem Alter bei mir gehabt, ich hätte gesagt: „Schau dir das an, wie findest du das?" Hinführen zur Dankbarkeit durch Bilder und Geschichten, aber keine Dankbarkeit fordern.

Man weiß ja auch aus der Forschung, dass Menschen, die sehr wenig haben, ein größeres Glücksempfinden aufweisen als

Menschen, die im Überfluss leben. Gilt das auch für deren Dankbarkeit?

Ja, warum? Weil sie nicht verwöhnt sind. Ich habe die Zeit nach dem Krieg schon bewusst erlebt, da hatten Menschen wenige Güter, über die sie sich freuen konnten. Doch wenn zum Beispiel gefeiert wurde, wurden keine Einladungen verschickt. Fotografiert wurde sowieso nicht, weil es gar keinen Apparat gab. Das Essen war außerordentlich dürftig, da gab es gelegentlich Schmalzbrot. Aber die Feiern waren sensationell! Stimmung ohne Ende und ein großes Gemeinschaftsgefühl. Man könnte meinen, je weniger, desto besser.

Andererseits gibt es manche Männer und Frauen – Politiker, Künstler, Wirtschaftsleute –, von denen die Welt sagt, die haben doch alles. Aber sie sind übersättigt und geraten möglicherweise in eine „existenzielle Frustration", weil ihr Wahrnehmungsvermögen einseitig auf Äußerliches ausgerichtet ist. Sie haben scheinbar alles, können ans Ende der Welt oder wieder zurück fliegen, in den feinsten Restaurants speisen, in Luxushotels wohnen. Doch kann es sein, dass unter all dem die Seele hungert oder eintrocknet.

Aber zwischendurch darf man auch herzhaft undankbar und unglücklich sein?

Ja, man darf herzhaft unglücklich sein. Ein Mensch, der nie gelitten hat, was weiß der schon? Ich bin von meinem Naturell her kein Glückspilz. Ich habe auch kräftig an mir zu arbeiten. Ich kenne Stunden, in denen ich nicht gerade glücklich bin. Aber nicht zu resignieren, darauf kommt es an. Denn Resignation ist Beendigung der Suche nach guten Gründen für gelingendes Leben.

Sie haben viele Jahre nicht gesprochen, sind Sie heute dankbar für Ihre Sprache?

Ja, das bin ich. Mein Sprachproblem hatte keine organische Ursache. Ich hatte eine sehr schwierige Familiengeschichte zu verkraften. Ich habe erst viel später erkannt, dass das Schweigen meiner Mutter, die ich nach Gründen für ihre Traurigkeit fragte, meinem Bruder galt, den sie weggeben musste.

Wie haben Ihre Eltern auf Ihre Sprachlosigkeit reagiert?

Mein Vater ist gefallen und meine Mutter hat das versteckt. Wir konnten nicht darüber sprechen. Ich bin in einem Dorf aufgewachsen, da gab es einmal im Jahr ein Dorffest mit dem Männergesangsverein. Ich hatte eine sehr schöne Stimme. Deshalb wagte ich mich auf die Bühne und sang mit anderen gemeinsam. Das Singen war kein Problem. Trotzdem kam meine Mutter nicht Zuschauen, weil sie Angst hatte, ich würde sie blamieren.

Wie war Ihre Kindheit ohne Sprechen, als „Stotterbock" verspottet zu werden, wie haben Sie die Jugendjahre bewältigt?

Ich war ein intelligenter Bursche. Meine schriftlichen Arbeiten waren gut, die Lehrer schätzten mich. Das verschaffte mir einen gewissen inneren Schutz manchen Kindern gegenüber. Dann habe ich Theologie studiert. Ich werde nie vergessen, als ich meine erste Predigt hielt und mir der Schweiß über die Stirn rann! Dann gab es Hilfe. Sie bestand darin, dass ich von einem berühmten Theologen als wissenschaftlicher Assistent an die Universität geholt wurde. Da begann ein Aufstieg und gleichzeitig „Ausstieg" aus der Sprachlosigkeit, aus dem Stottern. Auch Viktor Frankl glaubte an mich und meine Fähigkeiten. Ein Schlüsselerlebnis war später eine TV-Sendung, obwohl mir angst und bange vor der Sendung war. Ich habe mich der Situation gestellt und es geschafft, gelassen zu bleiben! Ich war auch ziemlich findig im Auswechseln von Begriffen und konnte deshalb meinen Sprachraum gut erweitern. Seit vielen Jahren nun halte ich Vorträge, gebe

Interviews. Das war ein weiter Weg. Ich habe nie kapituliert. Ein wesentlicher Grund dafür war mein Glaube.

Dass jemand an einen glaubt, dieses „du bist es", beruflich wie privat, das brauchen wir als Antriebskraft, das wollen wir doch das ganze Leben hören?

Du bist es und du kannst es werden. Ich komme zwar immer wieder auch einmal in Dunkelheiten hinein, und doch kann ich andere Menschen mit meiner Hoffnung anstecken. Das hat mit meiner Haltung dem Leben gegenüber zu tun.

Mit Dankbarkeit?

Ja, auch mit Dankbarkeit.

Uwe Böschemeyer verweist in seinen Büchern und Gesprächen gerne auf einen Text des Theologen Jörg Zink (aus dessen Buch *Ufergedanken*). Warum ich diesen Text gerne zitiere? Ohne Dankbarkeit ist alles nichts …

Was die Partnerschaft glücklich macht*:

1. Vielleicht ist das Erste, das helfen kann, ein Gönnen. Dem anderen eigene Wege gönnen, eigene Zeit …, eigene Entscheidungen, eigene Wünsche. Eigene Freundschaften. Überhaupt ihm gönnen, dass er ein eigener Mensch ist, der sein Leben mit seinen eigenen Augen sieht.

---

2. Vielleicht ist es danach ein Lassen. Ein freilassender Respekt vor den Gedanken des anderen, die man nicht alle zu wissen braucht … Ein Wissen auch, dass eine Frau und ein Mann kaum etwas gleich empfinden werden.
3. Ein Drittes ist wohl das Dabeibleiben … auch in den Dunkelheiten, die über die Seele des anderen ziehen und die nicht vorschnell weggewischt werden wollen … Ein Bleiben an dem Lager, an dem der andere ein Leiden durchzustehen hat. Aber es dann dem anderen überlassen, zu sagen, was ihm wirklich hilft, und es nicht besser wissen wollen.
4. Etwas Viertes ist ganz sicher ein Weitergehen. Wenn eine Ungeschicklichkeit geschehen ist, ein Versäumen oder Versagen, wenn eine Verletzung zurückbleibt, weitergehen. Noch am selben Abend die Entfremdung oder den Streit beenden. In jede Nacht in Frieden gehen.
5. Möglichst nah nebeneinander gehen, aber einander nicht analysieren. So nah kann niemand einem anderen sein, dass er wissen könnte, wer der andere in einem letzten Sinn eigentlich sei. Die Augenblicke abwarten, in denen sich plötzlich oder allmählich etwas vom anderen offenbart. Und so allmählich ein Bild von der inneren Welt, in der der andere lebt, gewinnen.
6. Ein Sechstes ist ein langsames, behutsames Annähern. Ein Vertrautwerden mit der inneren Landschaft des anderen.
7. Ein Letztes noch: Es keinen Tag selbstverständlich finden, dass uns dieser Partner auf unserem Weg mitgegeben ist. Jeden Tag seine Nähe als gnadenhaftes Geschenk empfinden. Zum Geschenk aber stimmt eine lebenslange Dankbarkeit.

„Sie müssen das Geheimnis der Dankbarkeit verstehen lernen. Sie ist mehr als eine sogenannte Tugend – sie erschließt sich Ihnen als ein mysteriöses Gesetz der Existenz. Wir haben unsere Bestimmung zu erfüllen, indem wir ihm Folge leisten."

Albert Schweitzer

Kann man Dankbarkeit erlernen?

Die gute Nachricht: Ja, man kann.

Die weniger gute: Nicht jeder Mensch hat dafür die gleichen Voraussetzungen.

Die Wissenschaft weiß heute, dass das Glücksempfinden jedes Menschen von einem gewissen individuellen Festwert geprägt ist. Dieser Wert ist zu 50 Prozent genetisch bestimmt, uns also von Geburt an mitgegeben. Dieser „Ausgangswert" bleibt auch über einen langen Zeitraum stabil und entzieht sich unserer Kontrolle. Manche Menschen sind also sozusagen genetisch darauf programmiert, glücklich zu sein, während andere diese Voraussetzung nicht mitbringen. Sie haben das „Talent zum Glücklichsein" in ihrer Grundausstattung, so wie andere begabt sind für Musik, Mathematik, Sport oder Sprachen.

In der anderen Hälfte des Glücksempfindens besteht allerdings deutlicher Gestaltungsraum: Während zehn Prozent von äußeren Umständen, Lebensbedingungen, kulturellem und sozialem Umfeld, geografischen Faktoren etc. abhängen, lassen sich 40 Prozent unseres Empfindens durch bewusstes Verhalten – und somit auch durch Verhaltensveränderung – gestalten. Das ist allerdings wie bei jedem Training, ob Laufen, Schwimmen oder Geige spielen: Es braucht Anstrengung, die Überwindung des inneren Schweinehundes, Wille, Konsequenz. Es geschieht also nicht von selbst. Und ähnlich wie beim Abnehmen scheint es auch hier einen Jo-Jo-Effekt zu geben. Trotz aller Anstrengung fällt es sehr schwer, das einmal erreichte Niveau zu halten und nicht auf den – genetisch bestimmten – Wert zurückzufallen. Diesen Prozess nennt man Adaption oder „hedonistische Anpassung".

In einer Studie zum Thema „Adaption" verglichen Psychologen das Wohlbefinden zweier Gruppen miteinander[3]: Die eine Gruppe bestand aus Mitgliedern, die kurz zuvor in der Lotterie gewonnen hatten, die Mitglieder der anderen Gruppe hatten durch Unfall schwere Verletzungen erlitten. Die Wissenschaftler kamen zum Ergebnis, dass die Lottogewinner weniger glücklich waren, als man erwartet hätte, und die verletzten Personen glücklicher, weil dankbarer waren als vermutet.

Benediktinermönch Bruder David Steindl-Rast nennt konkrete Schritte, um Dankbarkeit zu erlernen: „Sich immer wieder zu erinnern, ist ein wichtiges Hilfsmittel. Erinnerungsübungen aller Art, je persönlicher, umso besser. Eine Möglichkeit ist etwa immer der Anfang, das Erste, also zum Beispiel der erste Gedanke beim Aufwachen. Der Gedanke vor dem Augenaufschlagen, der Gedanke vor dem Aus-dem-Bett-Steigen. Wenn man da nur bedenkt, dass es 42 Millionen blinder Menschen auf dieser Welt gibt, darunter viele Kinder, die aufgrund von Unterernährung erblinden, wenn ich in diesem Wissen die Augen aufschlage und sehe, auch wenn ich vielleicht nicht mehr so gut sehe, so macht das schon einen großen Unterschied aus. Das ist das Erste, der Anfang. Dann stehen wir auf. Trinken Tee, Kaffee oder Wasser. Wir drehen den Hahn auf und es kommt Wasser heraus. Wo in der Welt gibt es das noch!? Nicht an sehr vielen Orten.

Und dann: das Letzte, der letzte Gedanke, das Licht abdrehen, wenn man aus dem Büro geht, den Schlüssel umdrehen, wenn man aus dem Auto steigt, noch einmal alles ordnen. Das dauert gar nicht lange, man braucht dafür nur einige Sekunden, aber Anfang und Ende jeden Tages, jeder Begegnung, jeder Mahlzeit, das ist ein guter Weg. Deshalb ist ein Tischgebet, ein Morgengebet oder Abendgebet auch wichtig. Das ist eine sehr persönliche Art, Danke zu sagen."

Ein weiterer Schritt, Dankbarkeit zu üben, ist Reduktion, Verzicht oder Fasten.

Wer heute fastet, will oft Gewicht verlieren. Der Sinn kann aber auch ein ganz anderer sein: an Schwere zu gewinnen. Ein Verzicht auf alles Leichte, Angenehme, in allen Bereichen des Lebens, nicht nur das Fasten von Speisen. Ein Tag ohne Fernsehen, kein Radio, keine Zeitungen, das Auto einmal stehen lassen oder das Handy abschalten. Gezielte Information ist dann ein nächster Schritt, also den Fernseher nur dann einschalten, wenn etwas läuft, das ich wirklich sehen will. Das Auto nur dann benutzen, wenn ich einen Weg nicht auch zu Fuß oder mit dem Fahrrad zurücklegen kann. Fasten als Bewusstsein der Schwere. Ich kann mich nicht aus eigener Kraft über diese Welt erheben. Fasten macht mir das Gewicht bewusst. Nach der Bibel besteht Fasten wesentlich im Einsatz für andere. Auch dabei bekomme ich das Gewicht der Welt zu spüren. Fasten führt mich so zur Dankbarkeit.

Dazu gehört auch die Erfahrung von Leere und Stille, die in unserer Welt selten zu finden ist und manchmal gar als peinlich empfunden wird. Entsteht in einer Begegnung etwa Schweigen, dann wird versucht, es möglichst schnell zumindest mit Small Talk zu füllen. Die wenigen Räume der Stille, der tiefe Wald, der Gipfel eines Berges, der weite Raum einer Kirche, gewinnen an Bedeutung. Dabei ist die Stille die Voraussetzung für Überraschung. Gustav Schörghofer schreibt: „Leere und Stille machen hellhörig und hellsichtig für ein Entgegenkommen, wo immer es geschehen mag. Sie schicken mich fort. In ihnen ist nichts zu finden. Die Bedingung der Möglichkeit für ein Entgegenkommen des Fremden ist aber, dass ich Leere und Stille bewahre."

Es lebt im Menschen ein Wissen darüber, dass Stille einer der wichtigsten Zugänge zu Liebe und Dankbarkeit ist. Wer wagt, mit sich selbst allein zu sein, wird zunächst mit dem konfrontiert, was seine Seele denkt und fühlt, was er hat und was ihm fehlt. Beim Schreiben dieses Buches habe ich mich zurückgezogen und dem Alleinsein gestellt. Zunächst wird da Unruhe deutlich und Angst vor der Leere. Man spürt die Ungelöstheiten im Herzen und

111

wodurch sie entstanden sind. Doch dann kann geschehen, dass sich die dunklen Gedanken zurückziehen. Stille zieht ein. Wohltuende Leere breitet sich im Kopf aus. Nichts denkt mehr. Die Atmung wird tiefer, Körper und Seele werden eins, das Herz wird warm. Und kaum wahrgenommen, zieht das Gefühl von Liebe und Dankbarkeit ein.

Aber da ja sehr oft das Gegenteil richtig ist, möchte ich auch Genuss als Weg zur Dankbarkeit nennen. Zu erleben, was man hat, was einem guttut, eine köstliche Speise, ein gutes Glas Wein, ein frischer Obstteller, der Genuss besonderer Kunstwerke, schöner Landschaften. Ebenso wie die Reduktion kann auch das Erleben genussvoller Momente das Bewusstsein von Dankbarkeit erwachen lassen. Und wer nicht genießt, ist bekanntlich ungenießbar.

Alle diese Schritte haben aber eine wesentliche Voraussetzung: Absicht, also ein bewusstes, möglichst konkretes Vorhaben. Sich etwa vorzunehmen: „Ich will ein guter Mensch sein" oder „Ich will es besser machen", ist wenig konkret, Absichten wie: „Ich will geduldiger sein" oder „Ich will weniger Wertungen vornehmen" haben größere Chance auf Umsetzung im Alltag. Und wenn wir lernen, unsere Absicht auf unsere eigene Dankbarkeit zu richten, wird sie zu einer Lebensweise.

Benediktinermönch David Steindl-Rast hat auch Erfahrung mit außergewöhnlichen Maßnahmen: „Es ist gut, wenn man einen Lehrer hat, der einem etwas sagen kann. Einen Freund oder eine Freundin, mit dem oder der man das bespricht. Es gibt auch Gruppen, die diese Aufgabe übernehmen, in verschiedenen Orten der Welt. Sie treffen sich dann ganz unregelmäßig, manchmal einmal im Monat. Ich war schon oft bei solchen Treffen dabei und sie erzählen sich einfach, wofür sie seit dem letzten Treffen dankbar sind. Und animieren sich gegenseitig und bringen etwas mit, zum Beispiel ein Buch, aus dem sie eine Stelle gelesen haben. Sie bringen ein Gedicht mit, das sie geschrieben oder gelesen haben, oder sie bringen etwas zum Essen mit. Solche Treffen können eine wichtige Stütze sein auf dem Weg zu einem dankbaren Leben. Bei solchen Treffen ist auch alles erlaubt, was sonst komisch sein mag: zum Beispiel an Menschen denken, die sonst immer übersehen oder vergessen werden, nehmen wir etwa die Müllmänner. Das nächste Mal laden wir die Müllmänner ein und trinken mit ihnen Tee oder ein Bier. Wir sind ihnen wirklich dankbar für ihre Dienste. Wir haben sie persönlich nie gekannt und plötzlich merkst du dann, das sind ja auch Menschen. Und dann wird es sehr einfach, ihnen zu danken. Einmal ganz etwas Neues wagen!"

Gelingt es schließlich, mehr und mehr unsere Ichbezogenheit abzulegen, unser Leben mit mehr Ruhe anzugehen und das Jetzt zu würdigen, sind wir schon „Fortgeschrittene". Je mehr wir üben, desto dankbarer werden wir. Das ist wie eine Brille, die es uns ermöglicht, immer schärfer zu sehen. Je öfter wir sie tragen, umso mehr Dinge erkennen wir.

✳ Fasten und Tanzen

Ich kann mich noch gut erinnern an mein erstes Mal. An mein erstes Mal Fasten. Ganz alleine habe ich mich aufgemacht ins Waldviertel. „Fasten und Tanzen" heißt das Seminar im Kloster Pernegg. Heilfasten, das bedeutet eine Woche Verzicht auf feste Nahrung, mit dem Ziel, Ballast von Körper und Seele zu streifen, in sich zu gehen. Da schwingt auch die Hoffnung mit, sich neu zu spüren und das Leben zu genießen. Tanzen ist die Ergänzung dazu, denn wer fastet, soll sich auch bewegen, den Körper spüren, sich im besten Sinne des Wortes „anstrengen". Und weil ich in meiner Jugend den obligaten Tanzkurs beim Elmayer nicht absolviert habe, ist das eine ideale Gelegenheit, ein paar Tanzschritte zu lernen. Wenn ich schon hier bin. Eigentlich wollen alle Teilnehmer auch abnehmen, das gibt aber keiner zu, und nur Wiederholungstäter und Profis wissen, dass es überhaupt nicht darum geht.

Sonntagabend ist Treffpunkt im Seminarhaus, das heute zum Kloster gehört. Schon bei der Rezeption mustert jeder jeden. Ob die wohl auch dazugehören? Oder sind das Teilnehmer des zeitgleichen Seminars „Fasten und Golf"? Es sind hauptsächlich Frauen, die hierherkommen, ich frage mich, wie wir das beim Tanzen wohl anstellen werden, aber kommt Zeit, kommt Rat und vielleicht ja auch noch ein paar Männer! 18 Uhr ist Treffpunkt im Meditationsraum des Klosters. Ich irre durch die Klostergänge, bestaune ehrfürchtig das alte Gemäuer, alles hier ist alt und ewig, still und weit, schon die Atmosphäre stimmt mich ein auf das, was vor mir liegt. Ich treffe auf eine andere Frau, rote Haare, rundlich, fröhlich, etwa in meinem Alter. Wir irren gemeinsam, finden aber schließlich den Raum. „Die anderen" sind schon da, still und andächtig sitzen sie im Kreis, eine Kerze in der Mitte. Keiner spricht, alle warten. „Eine lustige Veranstaltung", denke ich mir, „das wird ja richtig heiter werden", bin aber weiter wild entschlossen, mich mit Disziplin und Willen auf alles hier einzulassen und den neuen Erfahrungen zu öffnen. Die Fastenleiterin Beate begrüßt uns und erzählt vom Ablauf der Woche. So weit, so gut. Dann stellt sich jeder vor, im Uhrzeigersinn. Wer bist du und warum bist du hier? Fragen, die seit Jahrtausenden Generationen von Philosophen beschäftigen, sollen wir in wenigen Sätzen beantworten. Es gibt noch eine Hürde: Jeder soll sich vorstellen, ohne seine berufliche Tätigkeit zu beschreiben. Es soll hier nicht darum gehen, WAS wir sind, sondern WER wir sind. Erst am Ende der Woche sollen wir dann unsere Tätigkeiten und Aufgaben benennen. Ein lustiges Ratespiel beginnt, was die Dame im lila Jogginganzug wohl macht? Lehrerin? Oder doch Hausfrau? Und der Typ vis-à-vis? Manager? Agenturchef? Kommunikationsberater? Was erzählt man von sich selbst, wenn man seinen Beruf ausblendet, der doch für mich identitätsstiftend ist?

Ich bin im Nachteil, einige der Teilnehmer haben mich als öffentliche Person erkannt, ich werde also offiziell als „die vom Fernsehen" geführt, während die anderen ein anonymes Dasein fristen dürfen. Zehn Frauen und zwei Männer sind mit von der Partie. Um sich die Namen einzuprägen, sucht sich jeder eine andere Person aus und versucht, sie zu beschreiben. Ich wähle die Dame mit den roten Haaren, sie ist mir durch unsere gemeinsame Suche schon vertraut, Martina, 36 Jahre (nix da mit „etwa in meinem Alter", damit muss ich leben …), alleinerziehende Mutter von zwei Kindern, ausgebrannt, sie fastet zum ersten Mal. Mehr habe ich mir nicht gemerkt. Wir erzählen uns also, WARUM wir hier sind. Bei mir waren Schmerzen im Fuß und der Rat guter Freunde, dass diese gesundheitlichen Probleme möglicherweise mit der falschen Ernährung zusammenhängen könnten, ausschlaggebend. Es soll eine Zeit der inneren Einkehr werden, des in-mich-hinein-Hörens und einmal horchen, was der Körper so zu erzählen hat! Und der hat eine ganze Menge zu erzählen, zum Beispiel, dass ihm die täglichen Süßigkeiten und Mehlspeisen gar nicht so gut schmecken, wie ich mir das immer einbilde. So habe ich vor einer Woche begonnen, Süßes vom Speiseplan zu streichen. Das war für mich lange Zeit unvorstellbar, ich liebe Süßes über alles, ich könnte mir sogar vorstellen, mich davon für den Rest meines Lebens zu ernähren. Aber jetzt heißt es: Weg damit! Keine Topfengolatsche zum Frühstück, keine Schokolade am Nachmittag, kein Eis zwischendurch, keine Torte zur Jause und auch kein Keks als Betthupferl! Die Fastenwoche soll mir dabei helfen.

Dann gehen wir schlafen. 22 Uhr ist Bettruhe, ich habe kein Problem, gleich einzuschlafen, in gespannter Erwartung und einer dem Kloster angemessenen stillen Vorfreude.

Um 6 Uhr früh geht es los. Erster Punkt der Tagesordnung: Reinigung von innen. Dafür hat jeder schon am Abend ein Glas Wasser mit Glaubersalz vorbereitet. Unerschrocken schütte ich das ganze Glas mit bitterstem Salzgehalt in einem Zug in mich hinein. Mit der wilden Frische des Ozeans. Aber muss gleich der ganze Ozean um 6 Uhr früh in meinen Magen? Besonders Trickreiche fügen ein paar Tropfen Zitronensaft dazu und glauben, so ihren Geschmackssinn täuschen zu können. Doch so sehr kann kein Geschmackssinn verkommen sein, dass er nicht registriert, was man ihm hier zumutet. Das Salz wirkt. Und wie es wirkt! Ich bleibe in meinem Zimmer, denn nur eine einzige Frage wird mein Leben in den nächsten Stunden bestimmen: Wo ist die Toilette? Auf diese Weise wird gereinigt, was es im Verdauungsapparat eines Menschen so zu reinigen gibt, jede Windung. Ich wollte mich spüren. Jetzt spüre ich mich, lerne meinen Körper – pendelnd zwischen Toilette und Bett – neu kennen. Leer und gereinigt vom Ballast der letzten Jahre wage ich mich dann zum Morgentee. So ein richtig gutes Müsli wäre jetzt fein, ein Cappuccino mit Croissant, knusprige Semmeln, saftiger Schinken, würziger Käse, ein Frühstücksei, gerne auch ein Stück Marmorgugelhupf. Doch davon können wir die nächsten Tage nur träumen. Dafür gibt es Tee. Am Morgen, am Vormittag, zu Mittag, am Nachmittag, am Abend. Für ganz Verwegene mit einem Teelöffelchen Honig, wer ganz streng mit sich selbst ist, verzichtet auch darauf. Tee, literweise, Teesorten, deren Existenz mir bisher verborgen blieben: *Zinnkrauttee, Matetee, Blasentang-Tee, Pfefferminztee,* Kamillentee, Basentee, Salbeitee, Anistee, *Zitronengras-Tee, Yogi-Tee, Brennnessel-Tee, Kapha-Tee, Oolong-Tee, Rooibos-Tee.* Dazu Wasser, in Krügen und Flaschen – so viel du trinken kannst! Nicht nur die Leber wird ganz schön auf Trab gehalten, auch die Niere weiß einmal so richtig, was sie eigentlich zu tun hat. Ja, ich wollte das so.

Am Vormittag geht es hinaus in den Wald. Frische Luft tut gut, Sauerstoff hilft beim Abtransport der Schadstoffe. Einatmen. Ausatmen. Durch das eine, dann durch das andere Nasenloch, zeigt uns die Fastenleiterin, wir schnaufen ihr unbeholfen nach. Es ist nass vom Regen in der Nacht, der Boden noch rutschig, doch schon nach wenigen Schritten tut sich eine neue Welt auf! Luft in ungewohnter Qualität strömt durch meine Nase und Lungenflügel, jedes Mal einatmen wird noch tiefer, noch besser. Licht, das durch die Baumkronen scheint und meine Nase sanft kitzelt. Die Natur als Kraftquelle, ein Segen! Auch in unserer Gruppe zeigt sich: Es gibt verschiedene Arten, zu gehen. Einfach flottes Gehen, über Stock und Stein, ohne Pulsuhr, dafür mit einer inneren Uhr ausgestattet. Spazieren gehen heißt das altmodisch, doch das reicht manchen imagemäßig nicht. Die trendigen Alternativen: Power Walking – die dynamische Variante, Nordic Walking – für die Modebewussten. Die sind auch unter uns. Selbst die Farbe des Streifens im Sportschuh ist abgestimmt auf die Farbe des Stirnbandes. Die anderen, darunter ich: Schlabberhose und ausgewaschenes T-Shirt. Ihnen gehört meine Sympathie.

Die Sport-Geher sind von den Spazieren-Gehern auch noch durch extrem schwingende Armbewegungen zu unterscheiden und tiefe, stoßweise Atmung. Jeder wie er mag und kann. Die

Gruppe teilt sich schnell auf. Die Ehrgeizigen, die noch glauben, dass es darum geht, wer zuerst ankommt, haben schnellen Schrittes einen Vorsprung geschaffen. Muss ich erwähnen, dass ich dazugehöre? Ja, immer wieder merke ich, dass mein Rhythmus einfach auf „schnell" eingestellt ist, beim Gehen, beim Reden, beim Denken, ein Verhängnis, das mich durch mein Leben begleitet. Wir stehen also da und warten auf die anderen, die gemütlichen Wanderer, und dann noch auf die Nachzügler, die aufgrund körperlicher oder konditioneller Einschränkungen nicht schneller können oder wollen. Denn jeder hat sein eigenes Tempo, es fällt mir schwer und tut doch so gut, mich im Laufe der Woche auch darauf einzulassen. Runter mit der Drehzahl, richtig ankommen.

Zurück im Kloster geht es dann wieder auf das Zimmer, ins Bett. Mit einem „Leberwickel", der den Verdauungsorganen nun helfen soll, das Geschehene zu verarbeiten. Solchermaßen ausgerüstet, schläft man gerne ein Stündchen, müde und matt, in der Hoffnung, dass die Zeit bis zum nächsten Essen schnell verfliegt. Essen? Das Mittagessen bietet auch tatsächlich einen kulinarischen Höhepunkt: Es gibt frisch gepressten Obst- oder Gemüsesaft, der, löffelweise zu sich genommen, zum unglaublichen Geschmackserlebnis wird. Löffel für Löffel, das Glas ist viel zu schnell leer! Für Schnellesser wie mich bleibt die Entdeckung der Langsamkeit eine der schwersten Übungen hier.

Da sitzen wir also, neun Damen (eine hat sich mit Kreislaufschwierigkeiten auf ihr Zimmer verabschiedet) und zwei Herren, löffeln schweigend vor uns hin, denken dabei an Blumenwiesen, Waldspaziergänge, Sonnenuntergänge, Sandstrände, an alles, was schön ist und keine Kalorien hat. In den ersten Tagen ist es schwierig, ganz aufs Essen zu verzichten, Hungergefühl plagt mich, manchen von uns wird schwindelig, sie sind müde und gereizt, manchmal kommen auch Kopfschmerzen dazu. Doch die Gruppe eint und stärkt beim gemeinsamen Vorhaben, diese Woche des Verzichts durchzuhalten. Wir sitzen alle an einem großen Tisch. Essen hat in unseren Breitengraden ja eine hohe soziale

Funktion. Das Geschäftsessen mit wichtigen Partnern, das Abendessen mit Freunden, das Familienessen mit den Liebsten. Bei all diesen Gelegenheiten braucht es schon ein großes Maß an Willenskraft, möchte man sich den gastronomischen Vorgaben nicht beugen. „Jetzt sei doch nicht so ungemütlich, iss wieder normal!" oder „Nur heute, ausnahmsweise!" – mit solchen und ähnlichen Bemerkungen wird man gerne konfrontiert, wenn man im Alltag einmal nicht essen will. Das ist hier anders. Wir sitzen nicht nur am selben Tisch, haben dasselbe Ziel, sondern auch ein gemeinsames Grundgefühl: Hunger!

Danach Mittagsruhe und dann steht der erste Teil unseres Tanzkurses am Programm. Im Festsaal des Klosters treffen wir einander und werden überrascht: Es sind tatsächlich Männer da! Trickreich wurde interessierten Menschen aus der Gegend ein kostenloser Tanzkurs angeboten. Einzige Voraussetzung: Sie müssen eine Woche lang täglich zum Kurs erscheinen, und noch wichtiger, sie müssen männlichen Geschlechts sein. So lernen wir Bürgermeister und Bundesheersoldaten, Bauern und Briefträger aus den umliegenden Dörfern kennen. Jetzt beginnt es, mir Spaß zu machen. Kleine und große Männer, junge und alte, dicke und dünne, die – ganz Kavalier – die Führung übernehmen. Sollen. Aber Führung gebe ich nur selten her. Genau genommen sehr selten. Das spürt auch mein Tanzpartner. Wir steigen einander auf die Füße, drehen und wenden uns im Cha-Cha-Cha und Paso-Doble-Schritt. Profis schweben über die Tanzfläche, während wir uns mühen, die Füße richtig, und wenn möglich im Takt der Musik, zu ordnen. Wir lachen viel, wir mühen uns, wir kämpfen um Führung, doch am Ende wird es sogar recht annehmlich aussehen.

Mag schon sein, dass das alles etwas seltsam klingt, vielleicht sogar verrückt, aber ich versichere: Nach den ersten drei Tagen geht es mir richtig gut! Trinken, tanzen und schlafen, dazwischen meditieren, einatmen, ausatmen, negative Gedanken vorbeiziehen lassen, dehnen, strecken, das ist hier der Rhythmus. Die Kraft von Ritualen und Regelmäßigkeit geben Struktur und Halt. Harmlose Gespräche über Verdauung, Darmreinigung, Urinfarbe, Hautveränderungen, Schlafqualität. Und immer wieder raus in die Natur! Nach einer Woche Fasten sind alle Sinne in unvorstellbarer Art und Weise geschärft. Gereinigt vom Alltagsmüll, sieht, hört, schmeckt, fühlt man alles einfach besser. Vor allem das Riechen gewinnt an Intensität und Qualität. Wer vergessen hat, wie frisch gebackenes Brot riecht und nach dieser Woche an einer Bäckerei vorbeigeht, wird den Duft nie wieder vergessen! Wiesenblumen, Wald oder auch der Gestank von Autos – ein Spaziergang eröffnet jetzt ein vollkommen neues Sinneserlebnis. Solchermaßen gedopt, lasse ich mich nun in ein warmes Heublumenbad fallen. Und anschließend eine Massage, danach kurz in die Sauna und dann bin ich ohnehin wieder richtig müde. Zuvor gibt es natürlich noch Abendessen. Das heißt, natürlich eine Tasse Abendtee. Sonst nichts. Der Verdauungsapparat soll sich erholen, ganz und gar.

Im Zimmer steht ein Fernseher, den man während des Fastens besser nicht einschaltet. Auch das gehört zur Erholung, zur Reduktion, zum Verzicht. Tut man es doch, bemerkt man schnell, dass in der TV-Werbung hauptsächlich für Essbares geworben wird. Braten und Soßen, Fisch und Fleisch, Käse und Topfen, Süßes in allen Variationen – jedes Bild, jeder Slogan, jede Sekunde wird aufgesogen, als hätte ich zehn Jahre Hungersnot hinter mir. Fröhliche Menschen, die gut gelaunt, von flotter Musik untermalt, ständig essen, genießen, reinbeißen, knabbern, trinken, schlürfen, als hätte man just diese Werbespots als einzige Provokation für Fastende produziert. Deprimiert und gleichzeitig motiviert, diesen Verlockungen zu widersagen, entschließe ich mich, die Verführer erst gar nicht mehr in mein Leben zu lassen. Den Fernseher also ausschalten und NICHT an Essen zu denken. NICHT an Sachertorte, NICHT an knusprigen Schweinsbraten, NICHT an eine Packung Chips. Vor meinem geistigen Auge entsteht in der Sekunde das Bild einer extragroßen Portion Sachertorte mit Marillenmarmelade, Schokoglasur und Schlagobers. Schweinsbraten, fett durchzogen, gut gewürzt, so richtig zum Hineinbeißen. Chips hauchdünn, knusprig, genau so wie ich sie mag. Unser Vorstellungsvermögen kennt das kleine Wörtchen NICHT eben: nicht! Aus KEINER Sachertorte wird also im Kopf EINE Sachertorte, aus KEINEM Schweinsbraten EIN Schweinsbraten, aus KEINER Packung Chips wird EINE Packung Chips. Versuchen wir also im Kopf zu streichen, was wir alles nicht essen wollen, passiert genau das Gegenteil, und wir werden ständig in Versuchung geführt. Die Vorhaben und Bilder im Kopf müssen also stets die „Positivliste" darstellen! Der Hirnforschung sei Dank, so einfach funktioniert es, es geht also für mein Leben danach nicht um VERZICHT, sondern um VERÄNDERUNG. Und es gibt jeden Tag die Möglichkeit, das eigene Leben auf wunderbare Weise zu verändern. Ich kann auf meinen Körper hören. Ich kann meinem Leben eine andere Richtung geben, einen neuen Rhythmus. Ich kann aufhören, zu jammern und mir leidzutun. Ich habe die Möglichkeit.

Die Gedanken drehen sich hier oft ums Essen, man weiß ganz genau, was alles zu Hause im Kühlschrank liegt und man hat das leise Gefühl, genau dieser ruft nun minütlich. Hier hilft Akupressur und ein eiserner Wille. Zwei Minuten auf den Punkt zwischen Nase und Oberlippe gedrückt und der Heißhunger ist weg. Ich drücke. Und warte. Und bleibe hungrig. In der griechischen Philosophie gibt es das schöne Wort „Akrasia", das heißt „Willensschwäche". Aristoteles beschreibt die Willensschwäche als das Problem eines Menschen, der an sich gut ist, denn er hat erkannt, worin das Gute besteht (im Unterschied zu denen also, die saufen und rauchen und fressen und sich nicht bewegen), aber er ist noch nicht richtig gefestigt im Guten und spürt die Versuchung.

Doch nach dem dritten Tag ist man im neuen Leben angekommen. Alles wird leicht, sogar das Hungergefühl verschwindet zunehmend. Ich brauche nur mehr wenig Schlaf, Körper und Seele wissen scheinbar nicht, wohin mit so viel neuer Energie! Reduktion und Verzicht machen mich sensibel für das Zuviel in meinem Leben. Zu viel Druck. Zu viel Verantwortung. Zu viele Abhängigkeiten. Die Fülle an Aufgaben kann den Mut zum Handeln nehmen und uns daran hindern, einen ersten Schritt zu tun. Der Zauber des Loslassens, Sich-Zeit-Lassens, Weglassens gibt mir neue Kraft und Selbstvertrauen. Vertrau dir selbst, darauf, dass du alles hast, was du brauchst.

Wie im Urlaub vergeht die zweite Hälfte der Woche im Flug. Fasten und Tanzen, wie Fred Astaire und Ginger Rogers gleite ich mit meinem Tanzpartner, dem Waldviertler Biobauern Walter, über die Holzdielen des alten Saales. Ich erfahre aus seinem Leben, dass er den Tanzkurs für den Besuch am Feuerwehrball macht, in der Hoffnung, eine Frau zu finden, die mit ihm Haus, Hof und Arbeit teilt. Einblicke in ein anderes Leben sind immer hilfreich, um Abstand und neue Impulse für das eigene zu bekommen. Kurze Zeit überlasse ich ihm die Führung und auch das tut richtig gut.

Am Ende der Woche steht der ultimative kulinarische Höhepunkt, den alle schon so innig herbeisehnen: Es gibt einen Apfel! „Fastenbrechen" ist angesagt, so heißt das in der Fachsprache, also: Schluss mit Stille und Einkehr, jetzt lassen wir es wieder krachen! Ein richtiger Apfel, der riecht wie Apfel, der sich anfühlt wie Apfel, der aussieht wie Apfel. Und der in all seiner Pracht auf dem Teller vor mir liegt. Doch die Spannung wird noch gesteigert, es gilt noch auszuhalten, zuzuwarten. Zunächst erzählen alle Fastenteilnehmer von ihren beruflichen Aufgaben, die nun am Ende dieser Auszeit im Kloster wieder auf sie warten. Der Typ, den ich in der Werbebranche vermutet habe, Gerhard, ist übrigens von Beruf Mechaniker. Die Dame, die am Beginn der Woche für mich wie eine Lehrerin aussah, ist auch Lehrerin. Und die alleinerziehende Mutter Martina schupft auch noch als Ärztin eine Ordination.

Ja, das Leben ist eben oft anders als erwartet. In diesem Moment steckt es im Apfel vor mir. Ein siebengängiges Menü könnte jetzt nicht schöner sein, nicht besser schmecken. In den Apfel beißen, langsam, sorgfältig kauen. „Sorgfältig", das ist hier mein liebstes Wort, ich will es noch eine Weile bewahren. Es liegt so viel Ruhe, Liebe und Zeit darin. Mit Sorgfalt zurück ins Leben.

„Danke für jede Gelegenheit!"
Benediktinermönch Bruder David Steindl-Rast

Wir haben lange gemailt, bis dieser Termin zustande kam. Bruder David Steindl-Rast ist ein weltweit gefragter Mann, sein Lebensthema „Dankbarkeit". Er ist nur selten in seiner Geburtsstadt Wien zu Gast, und wenn, dann ist sein Tag angefüllt mit Terminen und Vorträgen. Auch heute wird er am Abend einen Vortrag halten, so hat er einen kurzen Mittagsschlaf zur Erholung gemacht, bevor wir uns treffen. Er wohnt während seines Kurzaufenthalts in Wien bei langjährigen Freunden. Es ist kurz nach Weihnachten, die Hausfrau hat uns Tee und Weihnachtsgebäck gebracht, bevor sie uns zum Gespräch alleine lässt.

Der weise alte Mann trägt wie immer seine braune Mönchskutte, nimmt neben mir im Lederfauteuil Platz, rückt ein Stück näher, damit er mich besser hört.

Bruder David Steindl-Rast, O.S.B., wurde am 12.7.1926 in Wien geboren, wo er Kunst, Anthropologie und Psychologie studierte. Nach seiner Promotion in Psychologie wurde er 1953 in den USA Benediktinermönch. Zwölf Jahre nach seinem Klostereintritt nimmt er am buddhistisch-christlichen Dialog teil und absolviert ein intensives Zen-Studium. Zwischen weltweiten Vortragsreisen und Lehraufträgen lebt Bruder David einen Teil des Jahres als Einsiedler und widmet sich dem *Netzwerk Dankbares Leben* (Gratefulness.org und Dankbarkeit.org). Er beschäftigt sich intensiv mit den mystischen Traditionen des Christentums und engagiert sich weltweit für den Dialog der Religionen.

Wann und wie ist Ihnen das Thema Dankbarkeit begegnet?

Ich bin einfach dankbar aufgewachsen, weil wir zu wenig gehabt haben und je weniger man hat, umso leichter fällt es einem, dankbar zu sein. Was es vielen Leuten heutzutage erschwert, dankbar zu sein, ist, dass wir mit Gaben überwältigt werden. Wir können die Menge der Dinge und Informationen, die auf uns einströmen, nicht mehr bewältigen. Es ist zu viel. Da ich im von den Nazis besetzten Österreich aufwuchs, gehörten Luftangriffe zu meiner täglichen Erfahrung. Und ein Luftangriff kann einem die Augen öffnen. Ich erinnere mich an einen Tag, als die Bomben zu fallen begannen, unmittelbar nachdem die Warnsirenen abgeschaltet waren. Ich befand mich auf der Straße. Da es mir nicht gelang, schnell genug einen Luftschutzbunker zu erreichen, rannte ich in eine nahe Kirche. Unter einer Kirchenbank erlebte ich die Explosion der Bomben, verbarg mein Gesicht in den Händen. Als es vorbei war, kroch ich hervor, reckte mich, klopfte den Staub aus meiner Kleidung und trat heraus in einen herrlichen Maimorgen. Ich lebte. Welch eine Überraschung! Die Gebäude, die dort vorher standen, waren Schuttberge. Was mich aber auf überwältigende Art und Weise überraschte, war, dass es dort überhaupt noch irgendetwas gab. Meine Augen fielen auf wenige Quadratmeter Rasen inmitten all dieser Zerstörung. Es war, als hätte mir ein Freund auf seiner Handfläche einen Smaragd angeboten. Niemals, weder vorher noch hinterher, habe ich Gras so überraschend grün gesehen! Und Überraschung ist der Anfang der Dankbarkeit.

Die Lebenssituationen, die Sie schildern, Krieg, Armut, Hunger, und damit auch das Bewusstsein, dass es anderen besser geht, lassen manche Menschen undankbar werden. Ist Dankbarkeit eine bewusste Entscheidung, die man auch treffen muss?

Ich glaube, es ist fast eine Urentscheidung des Glaubens. Der einzige Glaube, um den es wirklich im Leben geht, ist ja nicht „an etwas" zu glauben, sondern ein gläubiges Vertrauen in das Leben zu haben. Das verbindet letztlich alle Menschen. Diesen Glauben kann man als Mensch verweigern und dann hat nichts mehr Sinn. Entweder man findet Sinn, wenn man sich gläubig verlässt auf das Leben, oder man findet keinen Sinn. Das gibt es heutzutage sehr oft. Manche Menschen treffen diese Entscheidung sehr bewusst.

Als Benediktiner ist bewusstes Leben im Mittelpunkt des mönchischen Lebens, ich habe das aber auch bei Buddhisten und Hindus kennengelernt: Wo immer es spirituelles Leben gibt, ist bewusstes Leben im Zentrum, und das lässt sich übersetzen mit Dankbarkeit. Dankbar zu sein heißt, bewusst zu leben und umgekehrt. Weil uns eben alles geschenkt ist. Jeder Augenblick ist ein gegebener Augenblick in einer gegebenen Welt zu einer gegebenen Zeit unter gegebenen Umständen. Alles ist gegeben. Da ist Dankbarkeit die einzige richtige Antwort. Aber es bleibt immer deine Entscheidung.

Der Begriff Dankbarkeit ist heute sehr unmodern geworden. Wie können wir sie wieder „modern" machen?

Das Wort „Dankbarkeit" ist vielleicht ein bisschen altmodisch, abgegriffen, weil Menschen sofort an „Danksagung" denken und sie wollen doch niemandem verpflichtet sein, sich nur ja nicht abhängig fühlen! Aber „Dankbarkeit" und „Danksagung" ist nicht dasselbe. Dankbarkeit ist eine Lebenshaltung. Mir war das selbst lange nicht so klar. Als Mönch habe ich dann begonnen, auf der ganzen Welt viele Vorträge zu halten. Einige junge Leute wollten für mich dann eine Website machen. Von den Jungen kam dann der Vorschlag, diese Website „Dankbarkeit.org" zu nennen. Das ist jetzt schon viele Jahre her, und wir waren sehr erstaunt, dass sich das wie ein Lauffeuer entwickelt hat! Tausende Leute kommen täglich auf diese Website. Ein Forschungsinstitut hat einmal das Alter der Besucher dieser Seite untersucht: Es sind Menschen um die 50 Jahre. Das scheint ein Wendepunkt für dieses Thema zu sein.

Wenn Dankbarkeit mit den Lebensjahren an Bedeutung ge-
winnt, hilft sie dann auch in der letzten Lebensphase, wenn
man sich mit der Endlichkeit des Lebens und mit dem Sterben
befasst?

Das Altwerden ist schwer und stellt einen immer wieder vor diese Entscheidung, ob man wirklich dem Leben vertraut oder ob man es nicht tut. Die Tugend der Gläubigkeit, des Vertrauens hilft. Aber es ist nicht so, dass das Älterwerden die Dankbarkeit leichter macht. Das Älterwerden stellt uns immer wieder vor die Entscheidung, werde ich das Leben jetzt dankbar annehmen oder werde ich meutern. Und wir kennen viele Meuterer, beispielsweise in Altersheimen, und sehr viele dankbare Menschen. Die Dankbaren sind freudig mitten im Unglück und die Meuterer sind unglücklich, auch wenn sie alles haben, was man eigentlich brauchen kann.

Kann ich Dankbarkeit überhaupt ohne Schmerz, Trauer oder
Kummer entwickeln?

Man kann ja gar nicht leben, nicht überleben, ohne diese Erfahrungen zu machen. Sie kommen in jedem Menschenleben vor. Aber wie wir mit den Schicksalsschlägen umgehen, ist immer wieder eine Glaubensfrage. Nicht WAS wir glauben, sondern OB wir uns dem Leben gläubig anvertrauen. Im Großen gesehen geht es immer darum, dass das Leben eine Gegebenheit ist. Es ist uns gegeben, geschenkt. Wir leben in einer gegebenen Welt. Wir sind uns selbst gegeben. Wir haben uns nicht gemacht. Wenn man nur rein biologisch schaut: Wir stammen ab von Generationen von Menschen, die in einer gewissen Kultur gelebt haben, die gesund waren oder nicht so gesund waren. Wir sind davon bestimmt. Wenn wir eben bedenken, dass wir in einer gegebenen Welt, zu einer gegebenen Zeit, unter gegebenen Umständen leben, werden wir dankbar.

Aber wir können doch nicht für alles dankbar sein?

Nein, das können wir nicht. Wir können nicht für Völkermord dankbar sein oder für Terrorismus oder das Elend in den Straßen vor unserer eigenen Haustür! Oder für die Zerstörung unserer Umwelt oder für die Tierquälerei. Über diese Dinge an und für sich können wir uns keinesfalls freuen, doch dafür, dass sie uns Gelegenheit geben, etwas dagegen zu unternehmen, können wir dankbar sein. Wenn genügend Menschen fragen: „Was können wir tun?", dann werden wir schließlich Lösungen für unsere dringendsten Probleme finden.

Wenn ich Dank sage, entsteht dann ein emotionales Ungleichgewicht zwischen dem, der dankt, und dem, der die Dankbarkeit bekommt? Entsteht eine Schuld?

Eine gewisse Abhängigkeit ist immer dabei, wenn ein Geschenk gegeben und empfangen wird. Das läuft unserem Wunsch nach Unabhängigkeit zuwider. Wir wollen selbst für uns sorgen. Wir wollen es alleine schaffen. Ein Mensch, der zu einem anderen sagt: „Ich danke dir", sagt eigentlich: „Wir gehören zusammen". Im selben Moment, da ich das Geschenk als solches anerkenne, und damit meine Abhängigkeit, bin ich frei, auch frei, meine Dankbarkeit auszudrücken. Es braucht Intellekt, Wille und Emotion, alle drei sind gefordert, einer alleine ist zu wenig.

Wenn ein reicher Mensch einem armen etwas gibt, wer muss sich nun bei wem bedanken? Muss ich mich nicht als Helfender bedanken, dass ich die Möglichkeit habe, helfen zu können?

Das ausdrücklich zu sagen, wäre wahrscheinlich übertrieben. Aber es zu fühlen: „Ich bin dankbar, dass ich dir helfen kann" – das wäre schon gut! Ja, was auch immer wir für jemand anderen tun dürfen, man sollte dankbar sein, dass wir die Gelegenheit dazu haben. Manchmal drücken wir unsere zwanghafte Unabhängigkeit dadurch aus, dass wir ständig bemüht sind, anderen zu helfen, während wir selbst jede Hilfe ablehnen, die wir gut gebrauchen könnten. Da sollten wir uns fragen: „Was täte ich, wenn es niemanden gäbe, der meine Hilfe benötigt?" Der Helfer benötigt den Hilflosen ebenso, wie der Hilflose des Helfers bedarf. Hilfe ist keine Einbahnstraße, sondern ein Geben und Nehmen. Erwachsen zu werden heißt, beides zu lernen, uns selbst helfen zu können, aber auch Hilfe annehmen zu können, wenn wir sie brauchen.

Der Weg der Dankbarkeit gilt als ein Weg zum Glück. Gilt auch umgekehrt, dass undankbare Menschen unglücklich sind?

Wir kennen alle Menschen, die alles haben, was man brauchen würde, um sich zu freuen, die sich aber nie so wirklich recht freuen können, weil sie nicht dankbar sind. Und dann kennen wir Leute, die sehr viele Schwierigkeiten haben und doch freudig leben inmitten dieser Sorgen und Probleme, weil sie eben dankbar sind. Manchmal führt uns die Gelegenheit dazu, daran zu wachsen oder etwas zu lernen, zumindest dankbar für die kleinen Freuden des Lebens zu sein. Dankbarkeit führt nicht zum Glück, aber Dankbarkeit führt zur Freude auch mitten im Unglück. Die Freude ist das Glück, das nicht davon abhängt, ob uns etwas glückt.

Wie und wo kann man diese Achtsamkeit besonders deutlich spüren, die uns zur Dankbarkeit führt? Wie fühlt es sich an, dankbar zu sein?

Ich vergleiche das gerne mit der Besteigung eines Gipfels. Wir erfahren ja unser Leben als eine Reihe relativ langer An- und Abstiege, die hier und da in kurzen Augenblicken einen Höhepunkt erreichen, eben einen Gipfel. Wenn Sie jetzt die Augen schließen, gelingt es Ihnen vielleicht, einen jener größeren oder kleineren Gipfel aus Ihrer Vergangenheit in Erinnerung zu rufen und ihn erneut zu durchleben. Versuchen Sie, sich auf einen Augenblick zu konzentrieren, von dem Sie wahrhaftig sagen können, dass er Ihr Leben lebenswert gemacht hat, und zwar für Sie selbst, nicht für andere. Von einem solchen Gipfel aus gesehen erschienen die langen Anstiege plötzlich sinnvoll, die Abstiege erträglich: das Leben erschien lebenswert.

Das Gipfelerlebnis ist deshalb so befreiend, weil wir endlich einmal nicht fühlen, dass wir fühlen, und nicht wissen, dass wir wissen, sondern einfach nur fühlen und wissen, weiter nichts. Erst später können wir darüber nachdenken und so davon sprechen. Wir sagen dann: „Es hat mich einfach überwältigt!" oder: „Ich war völlig weg". Auch wenn es nur für den Bruchteil einer Sekunde der Fall war: „Ich hatte mich ganz vergessen". Und so finde ich mich mit dem merkwürdigsten Widerspruch konfrontiert, dass ich am wahrhaftigsten ich selbst bin, wenn ich mich vergesse. Wenn ich mich verliere, finde ich mich selbst.

In dem bewussten Augenblick waren Sie, in einem tieferen Sinn, allein, selbst wenn Sie sich inmitten einer Menschenmenge befanden. In einem gewissen Sinn waren Sie „der oder die Einzige". Im Sinne von wirklich dort sein, wo Sie sind, aus einem Stück: „all-eins". Selbst auf einer einsamen Insel, weit entfernt von anderen menschlichen Wesen, könnten Sie vom Bewusstsein tiefer Verbundenheit überwältigt worden sein. Sie waren allein, all-eins, eins mit allem.

Kann Dankbarkeit sogar therapeutische Wirkung haben, ist sie ein „Medikament"?

Ich leide mein ganzes Leben an Depressionen. Wenn ich deprimiert bin, hilft mir die Dankbarkeit nicht. Es hängt aber auch von der Tiefe der Depression ab. Für eine Verstimmung mag das gelten. Wenn ich mich über jemanden ärgere, kann das schon helfen. Wenn ich zum Beispiel ungeduldig werde, dann sage ich mir: „Jetzt redest du so viel über Dankbarkeit, jetzt wende das einmal bei dir an". Das wirkt sofort!

Was mir auch ein bisschen hilft, wenn mich eine Depression überkommt, ist, an meinem üblichen Tages-Ablaufplan festzuhalten. Spaziergänge zu machen, auch wenn ich mich nicht danach fühle. Aber es wird nicht gehen, Gefühle von Dankbarkeit zu erzwingen. Das wird nicht funktionieren! Mich daran zu erinnern, dass „auch das vorbeigehen wird". Mich selbst freundlich zu behandeln, so wie ich es mit einem leidenden Freund tun würde. Ich kann etwas für jemand anderen tun – egal wie wenig das sein mag, bereits ein Lächeln oder ein freundlicher Gruß wird helfen, die Gefängnisgitter der Depression zu lockern.

Es ist die Gelegenheit, etwas Neues zu lernen, wofür man dankbar sein kann. Ich leide unter Depressionen. Also weiß ich, wie es sich anfühlt, nicht für Depressionen dankbar sein zu können. Du kannst kaum etwas tun, aber wenn du spirituell geübt bist, kannst du wenigstens denken, dass dies eine Gelegenheit ist, um Geduld zu lernen. Das ist wunderbar. Danke für die Gelegenheit. Wenn mich die Situation nicht so ungeduldig machen würde, hätte ich ja gar nicht die Möglichkeit, Geduld zu lernen.

„Dankbarkeit und Liebe sind Geschwister", diesen Satz von Christian Morgenstern habe ich diesem Buch vorangestellt. Sind sie das?

Unsere Liebe wächst mit unserer Dankbarkeit. Ebenso wächst unsere Dankbarkeit mit unserer Liebe. Die Verbindung zwischen den beiden ist einfach: Dankbarkeit setzt voraus, dass wir bereit sind, über unsere Unabhängigkeit hinauszuwachsen und in das Geben und Nehmen von Geber und Dankendem einzutreten. Das „Ja" aber, das diese gegenseitige Abhängigkeit anerkennt, ist eben das „Ja" zur Zugehörigkeit, das „Ja" der Liebe. Wir wissen, dass unsere tiefste Freude dem Leben in Liebe entspringt. Der

Schlüssel zu jener Freude ist das „Ja", das Liebe und Dankbarkeit gemein ist. Mit jedem „Ja" wird irgendeine Beziehung tiefer und umfassender. Wenn Dankbarkeit in ihrer ganzen Fülle jemals erreicht werden kann, dann muss sie erfüllte Liebe und Fülle des Lebens sein.

Ich bedanke mich für das Gespräch.

Bruder David Steindl-Rast:
Fünf Schritte, um Dankbarkeit zu leben*

Jede Dankbarkeit ist ein Ausdruck von Vertrauen. Jedes Misstrauen führt dazu, noch nicht einmal ein Geschenk als solches zu erkennen – wer könnte denn sicherstellen, dass es nicht ein Köder, ein Bestechungsversuch, eine Falle ist? Dankbarkeit hat den Mut zu vertrauen und überwindet so die Angst. Die Atmosphäre ist in diesen Tagen mit Furcht aufgeladen, mit einer Furcht, die von Politikern und den Medien genährt und manipuliert wurde. Hier liegt die größte Gefahr für uns: Furcht lässt Gewalt fortbestehen. Mobilisiere den Mut deines Herzens, wie es die wahrhaft Erwachten tun. Sage heute ein Wort, das einer ängstlichen Person Mut gibt.

Da Dankbarkeit Mut ausdrückt, verbreitet sie Ruhe. Diese Art von Ruhe ist durchaus mit tiefen Gefühlen vereinbar. In Wahrheit verrät die grassierende Massenhysterie eher Verwirrtheit als tiefes Fühlen, eher oberflächliche Betriebsamkeit als einen tiefen Strom von Mitgefühl. Schließe dich den wahrhaft Mitfühlenden an, die ruhig und stark sind. Aus der Stille im Zentrum deines Herzens wende dich nach außen. Halte heute ganz ruhig jemandes Hand und verbreite Ruhe.

* © 2002 Droemersche Verlagsanstalt Th. Knaur Nachf. GmbH & Co. KG, München.

Wenn du dankbar bist, ist dein Herz offen – offen gegenüber anderen, offen für Überraschung. In den Tagen seit dem Weckruf haben wir bemerkenswerte Beispiele für diese Offenheit erlebt: Fremde helfen Fremden oft in heldenhafter Weise. Andere wenden sich jedoch ab, isolieren sich, trauen sich sogar weniger als sonst, einander anzublicken. Gewalt beginnt mit Abgetrenntheit. Brich dieses Muster auf. Knüpfe Kontakt, zumindest Augenkontakt, zu Menschen, die du normalerweise nicht beachtest: mit dem Angestellten am Schalter, mit dem Parkwächter, mit jemandem im Lift. Blicke heute einem Fremden in die Augen und erkenne, dass es keine Fremden gibt.

Du kannst entweder Dankbarkeit oder Abneigung fühlen, aber nicht beides zur selben Zeit. Dankbarkeit vertreibt Abneigung; es gibt keinen Raum für beides im selben Herzen. Wenn du dankbar bist, weißt du, dass du zu einem Geflecht von Geben und Nehmen gehörst, und du bejahst diese Zugehörigkeit. Dieses Ja ist das Wesentliche der Liebe. Du brauchst keine Worte, um es auszudrücken; ein Lächeln genügt, um dein Ja wirksam werden zu lassen. Lass es für dich unwichtig sein, ob der andere zurücklächelt. Schenke heute jemandem ein unerwartetes Lächeln und trage so deinen Teil zum Frieden auf Erden bei.

Was deine Dankbarkeit für dich bewirkt, ist genauso wichtig wie das, was sie für andere bewirkt. Dankbarkeit stärkt dein Zugehörigkeitsgefühl. Dein Zugehörigkeitsgefühl stärkt wiederum deinen gesunden Menschenverstand, den Common Sense. Dein Ja stimmt dich auf die allen Menschen gemeinsamen Interessen ein. Nach dem Weckruf macht nichts anderes Sinn als Common Sense. Wir haben nur einen einzigen Feind, unseren gemeinsamen Feind: Gewalt. Der gesunde Menschenverstand lehrt uns, dass wir Gewalt nur stoppen können, indem wir aufhören, gewalttätig zu handeln. Krieg ist kein Weg zum Frieden. Höre heute die Nachrichten und prüfe bei zumindest einer Meldung, was der gesunde Menschenverstand dazu sagt.

Die fünf Schritte, die ich hier vorschlage, sind klein, aber wirkungsvoll. Dass sie klein sind, ist hilfreich: Jeder kann sie tun. Stell dir ein Land vor, dessen Bürger – vielleicht sogar dessen Führungspersönlichkeiten – unerschrocken, ruhig und offen füreinander sind; ein Land, dessen Bewohner erkennen, dass alle Menschen als eine Familie zusammengehören und so auch handeln müssen; ein Land, das von Common Sense regiert wird. In dem Maß, wie wir uns nicht hasserfüllt, sondern dankbar zeigen, wird diese Vorstellung wahr. Wer hätte vorhersehen können, dass in diesen dunklen Tagen die Dankbarkeit in solch neuem Glanz erstrahlen würde? Möge sie unseren Weg erhellen.

„Die meisten Menschen wissen gar nicht,
wie schön die Welt ist, und wie viel Pracht in den
kleinsten Dingen, in irgendeiner Blume, einem Stein,
einer Baumrinde oder einem Birkenblatt sich offenbart."

Rainer Maria Rilke

Lebe jetzt – Achtsamkeit, ein Weg zu einem dankbaren Leben

Immer wieder bemerke ich in meinem Kalender Termine und Eintragungen, bei deren Anblick ich mir wünsche, „dass dieser Tag möglichst bald vorbei ist". Und da bin ich nicht alleine, viele Menschen leben ihr Leben mit Blick auf die Zukunft:

Wenn ich einmal mein eigenes Geld verdiene, …
Wenn ich mit der Schule nur endlich fertig bin, …
Wenn ich endlich ein eigenes Auto habe, …
Wenn nur schon endlich Urlaub ist, …
Wenn ich mehr Geld verdient habe, …
Wenn die Kinder groß sind, …
Wenn ich in Pension gehe, … aber dann!

Ja, was dann? Wenn wir endlich groß sind und nicht mehr um acht ins Bett müssen, gäben wir etwas darum, noch einmal um acht ins Bett gehen zu dürfen. Das Verheiratetsein haben wir uns schöner vorgestellt und bei den Kindern wiederholen wir die Fehler, die unsere Eltern bei uns gemacht haben. Und Geld? Wann ist es genug? Weiß das jemand? Was die Pension betrifft: Wer es in seinem ganzen Leben nicht gelernt hat, seine eigenen Wünsche und Bedürfnisse zu befriedigen, der lernt es auch dann nicht mehr, wenn alle Aufgaben wegfallen und der Tag mit 24 Stunden vor einem liegt und man sich fragt: So, was jetzt? Du wolltest doch so viel Neues und Schönes tun, was ist jetzt damit? Die Kraft ist weg, aufgezehrt, weggebröselt. Zu lange aufgeschobene Wünsche brennen nicht mehr, zu tief weggeräumte Träume sind von den Motten zerfressen. Wir schieben nicht nur Träume und Wünsche auf. Wir drücken uns auch vor fälligen Entschuldigungen, Anrufen, Umarmungen oder Küssen, bis es zu spät ist. Es ist einfacher, sich irgendwie durchzuschwindeln, als im Jetzt zu leben. Es ist leichter, zu träumen als zu handeln. Für sein Glück muss man etwas riskieren und nicht alles auf die lange Bank schieben. Faust, der an kein Glück und keine Wunscherfüllung mehr glaubt, verlangt Mephisto immer neue Tricks und Zauberkunststücke ab, und nichts davon stellt ihn zufrieden. Erst als er Philemon und Baucis, die beiden zufriedenen Alten, vor ihrer Hütte sieht, da ruft er aus: „Werd ich zum Augenblicke sagen: Verweile doch! du bist so schön! Dann magst du mich in Fesseln schlagen, dann will ich gern zugrunde gehen!"

„Wer nie jetzt lebt, lebt nie", sagt ein Sprichwort.

Bruder David schreibt: „Einer der Gründe für ein Gefühl des Unbehagens in unserem Alltagsleben liegt darin, dass wir entweder über die Vergangenheit grübeln oder uns Sorgen über die Zukunft machen und deshalb nicht im Hier und Jetzt sind, wo unser wirkliches Selbst weilt. Wenn wir uns die Zeit als Linie vorstellen, die von der Zukunft in die Vergangenheit reicht, dann frisst die Vergangenheit die Zukunft ständig und ohne den geringsten Rest auf. Solange wir uns ‚jetzt' als eine ganz kurze Zeitstrecke vorstellen, hält uns nichts davon ab, diese Strecke zu halbieren und dann nochmals in zwei zu teilen. Weil sich die chronologische Zeit immer weiter teilen lässt, gibt es kein ‚jetzt' auf unseren Uhren, und in der Uhrzeit lässt sich keine ‚stille Mitte' finden. Es ist ein Gedankenexperiment, das uns klar machen kann, wie wir im Jetzt etwas erfahren, das in der Zeit gar nicht enthalten ist, sondern weit über sie hinausgeht: die Ewigkeit. Die Ewigkeit ist nicht eine lange, lange Zeit. Sie ist, wie Augustin sagte: ‚Das Jetzt, das nicht vergeht.' Von solchen Momenten sagen wir etwa: ‚Die Zeit stand still' oder ‚So viel hatte in einem einzigen winzigen Augenblick Platz'. Unser Zeitgefühl verändert sich in solchen Momenten der tiefen und intensiven Erfahrung, und dann wissen wir, was Jetzt bedeutet."[6]

„Das Leben des Unvernünftigen ist undankbar und ängstlich", sagt der griechische Philosoph Epikur, „denn es ist ganz auf die Zukunft ausgerichtet!"

Deshalb verpassen wir das Leben, wir können nie satt, nie zufrieden, nie glücklich sein. Und so trauern wir dem nach, was wir erlebt oder was wir noch nicht erlebt haben, die Vergangenheit fehlt genauso wie die Zukunft.

Der Weise hingegen freut sich, dass er lebt, aber auch, dass er gelebt hat. Die Dankbarkeit ist Freude des Gedächtnisses, Liebe der Vergangenheit, nicht Schmerz, dass etwas nicht mehr ist, nicht Bedauern, dass etwas nicht war, sondern freudiges Erinnern an das, was gewesen ist. Sie ist „wiedergefundene Zeit".

Der wichtigste Weg, jetzt zu leben, ist Achtsamkeit. Ohne Achtsamkeit ist Dankbarkeit unmöglich. Achtsamkeit, das bedeutet, ganz bewusst wahrzunehmen, was im Augenblick passiert, jetzt, nicht später. Achtsamkeit ist etwas anderes als „Acht geben", „Acht haben" oder sich „in Acht nehmen". Achtsamkeit bringt uns in einen lebendigen Kontakt mit der Wirklichkeit, mit der Welt, die uns umgibt, schreibt Ursula Richard *(Die drei Pfeiler des Glücks: Achtsamkeit, Freude, Dankbarkeit)*.

Ein Mann wurde einmal gefragt, warum er trotz seiner vielen Beschäftigungen immer so glücklich und gesammelt sein könne.
Er sagte:
„Wenn ich stehe, dann stehe ich,
wenn ich gehe, dann gehe ich,
wenn ich sitze, dann sitze ich,
wenn ich esse, dann esse ich,
wenn ich liebe, dann liebe ich …"
Da fielen ihm die anderen ins Wort und sagten: „Das tun wir doch auch, aber was machst du sonst noch?"
Er antwortete:
„Wenn ich stehe, dann stehe ich,
wenn ich gehe, dann gehe ich,

wenn ich sitze, dann sitze ich,
wenn ich esse, dann esse ich,
wenn ich liebe, dann liebe ich ..."
Und wieder entgegneten die anderen: „Aber das tun wir doch
auch!"
Da sagte er zu ihnen:
„Nein,
wenn ihr sitzt, dann steht ihr schon,
wenn ihr steht, dann lauft ihr schon,
wenn ihr lauft, dann seid ihr schon am Ziel."
(Von einem unbekannten Zen-Mönch)

Der Weg, es diesem Mann gleichzutun, heißt Achtsamkeit. Die
beinhaltet die Fähigkeit unseres Geistes wahrzunehmen, was
gerade geschieht. Ohne die Fähigkeit zum bewussten Wahrnehmen dessen, was geschieht, was wir denken, fühlen, sehen,
riechen, hören oder schmecken, könnten wir nicht überleben.
Oft verlieren wir aber diese Fähigkeit und dann gilt es, sie wieder
zu trainieren.

Bruder David Steindl-Rast erzählt vom Leben im Kloster: „Im
Kloster wird Zeit und Raum so eingeteilt, dass die Achtsamkeit
gefördert wird. Mit Bewusstsein und im Gefühl des Segens Nahrung zuzubereiten und zu essen ist eine grundlegende Tätigkeit,
um die Achtsamkeit in unseren Alltag einzufügen. In buddhistischen Klöstern singen Mönche: ‚Unzählige Arbeiten waren nötig,
um uns dieses Essen zu bescheren. Wir sollten wissen, wodurch
es uns geschenkt wurde. Wir wollen uns fragen, ob unsere Tugend
und Übung diese Nahrung verdienen. Wir essen, um dienen zu
können. Wir ernähren uns, um anderen zu Diensten zu sein und
in irgendeiner Form weiterzugeben, was wir bekommen haben.'

Das ist auch etwas, was wir in jeder Lebenslage üben können.
Das eine bedingt und fördert das andere: Wenn wir uns liebevoll
um Einzelheiten kümmern, die uns so leicht entfallen, während
wir uns auf die scheinbar großen Dinge konzentrieren, dann ent-

steht eine Haltung der Sorgsamkeit und Zärtlichkeit. Wir müssen ohnehin kochen und putzen. Also können wir es genauso gut liebevoll und sorgsam tun."

Achtsamkeit ist wie der Lichtkegel eines Scheinwerfers, wie ein Mikroskop: Sie hilft uns, Dinge besser zu sehen, deutlich zu erkennen, ohne sie zu verändern, zu vergleichen, zu bewerten[7]. In einer Zeit des Multitasking, in der wir gewohnt sind, viele Dinge gleichzeitig zu tun – E-Mails im Computer checken, mit einem Freund telefonieren, im Fernsehen Nachrichten anschauen und gleichzeitig eine Wurstsemmel essen –, zeigt sie uns, wie wichtig, erholsam und beruhigend es sein kann, wenn wir, ohne zu werten und zu urteilen, Dinge einfach wahrnehmen. Dafür brauchen wir zunächst einmal unsere Sinne.

Unsere Sinne führen uns immer in die Gegenwart, keiner kann den Sonnenaufgang von morgen jetzt sehen, das Kind, das wir morgen treffen, jetzt umarmen, den Duft der Rose, die in ein paar Tagen aufblüht, heute riechen, das Konzert von übermorgen heute hören, das Festmahl, das morgen auf den Tisch kommt, jetzt schmecken.

Unsere Sinne leben jetzt und verführen uns gerade dazu, ihnen dabei zu vertrauen.

Rund 80 Prozent der Sinneseindrücke nehmen wir dabei mit dem Auge wahr, der Sehsinn hat sich im Laufe der Zeit zum wichtigsten aller Sinne entwickelt. So hat das Auge als Sinnbild des Geistes auch einen bedeutenden Stellenwert in allen Religionen. Das Auge ist der „Außenposten des Gehirns", Licht gelangt auf Zellen der Netzhaut, von dort gehen Informationen über den Sehnerv in das Gehirn, werden interpretiert und zu optischen Wahrnehmungen gedeutet. Es ist eine lohnende Übung, dem oft überstrapazierten Sehsinn einmal andere Aufgaben zu geben als beispielsweise in den Computerbildschirm oder auf das Handy-Display zu schauen: einfach einmal nur die Wolken am Himmel beobachten, eine Blume in der Wiese betrachten, sehen, wie sich das Licht der untergehenden Sonne verändert, das Bild, das seit Jahrzehnten an der Wand hängt, einmal ganz genau betrachten, jedes Detail, den Lauf der Ameise verfolgen, wie wir es nur als Kinder taten. Heute haben wir dazu keine Zeit. Und eine besondere Übung: einem anderen Menschen in die Augen zu schauen. Oder die Augen schließen, entspannen, sie auch einmal ruhen lassen.

Der Hörsinn wird in unserer Welt ständig strapaziert, oft unbemerkt und jedenfalls unbewusst. Die Musik, die uns im Kaufhaus berieselt, der Lärm der Motoren im Straßenverkehr, Flugzeuge, Baustellen, Industrie, Stimmengewirr, Geräusche, elektrische Geräte: ständige Lärmquellen, die zu den größten Stressfaktoren zählen. Wie traurig, dass viele Menschen heute Kinderstimmen und Kinderlachen als störende Lärmquelle empfinden! Und dass manche Vögel aussterben, weil sie auf ihre Lockrufe keine Antwort mehr bekommen, da diese im Verkehrslärm der Straßen in „ihrem Revier" ungehört bleiben. Diesen Sinn achtsam zu nutzen, ist gar nicht so einfach. Manche Menschen ziehen sich deshalb ins Kloster zurück oder auf Berggipfel, um den Klang der Stille zu hören. Hörst du, wie still es ist? Will man etwas nicht sehen, so kann man die Augen schließen. Aber versuchen Sie einmal, Ihre Ohren abzuschalten. Es wird Ihnen nicht gelingen!

In Linz gibt es dazu das beeindruckende Projekt „Hörstadt", ein Labor für Akustik, Raum und Gesellschaft mit dem Ziel, die akustische Umwelt menschengerecht zu gestalten. Dazu gibt es Beratungen von Unternehmen und öffentlichen Einrichtungen, politische, kulturelle und künstlerische Projekte, beispielhafte Maßnahmen, bewusstseinsbildende Kampagnen (www.hoerstadt.at). Hörstadt versteht akustische Fragen explizit als gesellschaftliche, ökonomische und politische, denn hörend sind wir unablässig mit der Welt verbunden, ob wir dies nun bewusst wahrnehmen oder nicht.

In unserer Welt, in der wir so stark auf den Seh- und den Hörsinn setzen, wird die Bedeutung des Geruchssinnes zurückgedrängt. Und das, obwohl der Geruchssinn der differenzierteste unserer Sinne ist. Der Mensch verfügt über circa 400 unterschiedliche Duftstoffrezeptoren. Doch da wir unsere Nahrung nicht mehr „erschnüffeln", setzen wir oft nur mehr wenige davon ein. In den entscheidenden Momenten unseres Lebens aber trügt uns unsere Nase nicht: Schon in den ersten Sekunden des Kennenlernens stellen wir fest, ob wir unser Gegenüber „gut riechen" können, und wissen sofort, ob Annäherung möglich ist. Ein Besuch bei exotischen Gewürzhändlern, in Parfümerien, aber auch verrauchten Lokalen lässt uns direkt und bewusst wahrnehmen, was wir gut und was wir gar nicht riechen können. So weiß jeder ehemalige Raucher, dass sich mit dem Verzicht auf Zigaretten neue Duftwelten auftun. Die große Bedeutung des Geruchssinns zeigt sich auch im engen Zusammenhang von Gerüchen und Kindheitserinnerungen: Wir wissen noch im Erwachsenenalter, wie Mama riecht, wie die Bettwäsche duftet, wie Omas Küche riecht, wenn sie Apfelkuchen bäckt, der stechende Geruch des feuchten Tuches, mit dem es galt, in der Schule die mit Kreide beschriebene Tafel zu löschen. Wir kennen das Rasierwasser des Vaters aus hundert Gerüchen heraus. Den Geruch von Desinfektionsmittel im Krankenhaus, die pflegende Creme für den geliebten Patienten im Tiefschlaf werde ich nie vergessen. Nicht nur die Gerüche der Kindheit begleiten und prägen uns ein Leben lang.

Das Schmecken ist ein dem Geruchssinn verwandter Sinn. Rund 3.000 Geschmacksknospen erheben sich auf der Zunge, jede mit über 50 Sinneszellen ausgestattet. Wir erinnern uns noch gut an das beliebte Kinderspiel, bei dem mit verbundenen Augen verschiedene Nahrungsmittel erraten werden sollen. Ist Honig noch süß, wenn man ihn nicht sieht? Wie schmeckt bitter, was ist salzig? Auch bei der erfolgreichen „Dialog im Dunkeln"-Aktion, einem Ausflug in die Welt blinder Menschen, bei der man in totaler Dunkelheit auf alle anderen Sinne als den Sehsinn vertrauen muss, bemerkt man sehr schnell, wie schwierig das Schmecken von Speisen ist. Dieser Ausflug ist jedem zu empfehlen. Auch das Schmecken führt uns unweigerlich in die Kindheit. Jeder Geschmack ist mit besonderen Erinnerungen verbunden. Nichts schmeckt genauso wie der Schokopudding von unserer Oma, der auf der Veranda des Stammersdorfer Hauses ins kühle Fenster gestellt wurde. Nichts kommt an den Geschmack der Walderdbeeren heran, die beim Zaun nur manchmal zu ernten waren. Und Mamas Palatschinken schmecken eben ... wie Mamas Palatschinken! Achtsam zu essen, und dabei zu schmecken, was man gerade isst, zählt in unserer schnelllebigen Welt zu den großen Herausforderungen. Ebenso wie unsere Geschmacksnerven nicht ständig durch Geschmacksverstärker zu manipulieren und schließlich ganz abzutöten. Wie „bitter" es doch ist, dass geschmacksverwöhnte Kinder heute verschiedene Gemüsesorten nicht mehr am Geschmack erkennen.

Ja, und schließlich der Tastsinn, oft „die Mutter aller Sinne" bezeichnet. Die Haut ist das größte Sinnesorgan. Was berührt mich? Die Bedeutung dieses Satzes reicht weit über die oberflächliche Bezeichnung hinaus. Wir berühren und werden berührt, nur bei diesem Sinn herrscht eine Wechselwirkung. Auch damit unterscheidet er sich von allen anderen Sinnen. Ohne Berührung würden wir nicht existieren, erst durch sie lernen wir, uns selbst wahrzunehmen. Die Haut umhüllt uns, ist unsere Grenze zur Außenwelt, gibt Schutz und ist emotionales Zentrum unserer Entwicklung. Störungen bei Kindern, die als Babys nicht berührt, nie gestreichelt wurden, zeigen, wie wichtig die Berührung für uns ist. In seinem Buch *Der unberührte Mensch: Warum wir mehr Körperkontakt brauchen* hält der Physiologe Cem Ekmekcioglu ein Plädoyer fürs Kuscheln, für mehr Berührung in Alltag und Therapie. Denn wir nutzen unseren taktilen Sinn immer weniger. Das englische Wort für Berührung, „touch", kommt uns heute vor allem mit dem Zusatz „Screen" über die Lippen. Ausgerechnet der Computer hat unseren Tastsinn verkümmern lassen. Paradox – denn online geht alles, aber berühren können wir uns nicht. Im Bett checken wir E-Mails, schicken per SMS Bussis, Umarmungen als Grußformel, während wir darauf vergessen, sie in unserem Leben wirklich zu verteilen. Mit dem Tastsinn nehmen wir Temperatur, Struktur, Beschaffenheit, Druck, Schmerz, aber auch Lust wahr. Berührungen lassen uns Halt im Leben finden. Depression, Einsamkeit und soziale Ängste können mit Berührungsarmut zusammenhängen. Während Kinder einen natürlichen Zugang zu Berührung haben, wachsen mit dem Alter die Barrieren. Der Sinn verkümmert, Berührungen beschränken sich oft auf Sexualität. Besonders alte Menschen werden zu Unberührten, wir scheuen vor der faltigen Haut zurück. Wissenschaftliche Untersuchungen zeigen – so Ekmekcioglu – einen deutlichen Effekt therapeutischer Berührungen auf den Gesundheitszustand, etwa bei Demenzpatienten. Massagen lösen psychische Blockaden, Körperkontakt hilft gegen Depression. Auch die Sterblichkeitsrate von Frühchen ist gesunken, seit die „Minimum Touch"-Strategie aufgegeben wurde und Frühchen auf der Brust ihrer Mutter liegen dürfen. Ebenso kann die Qualität von Partnerschaften durch Berührungen verbessert werden. Berührungsarmut sei oft ein Begleiter bei Trennungen.

Der Tastsinn ist in gewisser Weise auch unser „verlässlichster" Sinn. Während uns im Alter alle anderen Sinne nach und nach im Stich lassen – wir sehen nicht mehr so gut, hören schlecht, auch Geschmacks- und Geruchssinn verlieren an Kraft –, spüren wir eine Berührung bis zu unserer letzten Stunde. Berühren und sich berühren lassen zählt somit zu den wichtigsten Übungen der Achtsamkeit.

Wenn wir uns ganz und gar auf unsere Sinneswahrnehmungen einlassen, wenn wir sehen, was wir noch nie gesehen, hören, was wir noch nie gehört, riechen, was wir noch nie gerochen, schmecken, was wir noch nie geschmeckt, und spüren, was wir noch nie zuvor gespürt haben, wird sich eine neue Welt auftun. Eine Welt, in der wir erkennen, was alles ist. Wofür wir dankbar sein können.

Versuchen Sie es einfach!

- Beschreiben Sie mit geschlossenen Augen alle Details Ihres Wohnzimmers.
- Schalten Sie alle Geräte in Ihrer Wohnung ab, Fernseher, Radio, Computer, Küchengeräte: Welche Geräusche können Sie wahrnehmen?
- Besuchen Sie einen Ort, an dem totale Stille herrscht.
- Versuchen Sie in einer Tischgesellschaft jede einzelne Stimme wahrzunehmen.
- Gehen Sie in eine Gärtnerei oder ein Blumengeschäft und versuchen Sie Namen für alle Farbnuancen zu finden, die Sie sehen können!
- Wenn Sie schon dort sind, dann riechen Sie an den schönsten Blüten. Welchen Duft mögen Sie besonders?
- Wie hat die Küche Ihrer Großmutter gerochen?
- Beschreiben Sie den Duft, den Geschmack Ihrer Kindheit.
- Kosten Sie bewusst drei Geschmacksrichtungen, die Sie sonst immer ablehnen.
- Wenn Sie Erfahrung mit Heilfasten haben, wie schmeckt ein Apfel nach einer Woche des Fastens?
- Berühren Sie Ihre Handinnenfläche.
- Ertasten Sie Natur-Materialien: die Rinde eines Baumes, Gras, Erde, lassen Sie Wasser über Ihre Hände fließen.
- Umarmen Sie einen Menschen, den Sie schon immer umarmen wollten.

Ein ganz wichtiger Anker der Achtsamkeit – neben den Sinneswahrnehmungen – ist unser Atem. Meist ziemlich unbeachtet, weil automatisch und verlässlich, lohnt es, die Atmung zu beobachten und zu trainieren. Spüren Sie Ihren Atem durch die Nasenlöcher, spüren Sie, wie sich Ihre Bauchdecke hebt und senkt. Lassen Sie die Gedanken weiterziehen und konzentrieren Sie sich auf Ihren Atem. Eine einfache, aber effektive Methode, um Ruhe in den eigenen Geist einkehren zu lassen.

Einen Begriff, den ich in diesem Zusammenhang sehr liebe, ist „Langeweile". Ein so schönes Wort. Wo ist sie hin in unserer Welt? Wir hetzen genervt, gestresst bis zum Umfallen durch unser Leben und wollen nur keine Zeit verlieren. Lange-weile. Das ist die Zeit, in der nichts passiert. Oder vielleicht alles. Nichts planen oder organisieren. Sommertage, an denen man einfach nichts tut, außer dasitzen und Löcher in den Himmel schauen. Zeit haben zum Zeitverschwenden. Ohne Uhr, kein Termin. Und irgendwann, wenn das gelingt, wird aus Langeweile dann vielleicht ein Abenteuer. Weil man sich selbst ertragen muss. Wer Langeweile hat, kommt auf tolle Ideen. Den schönsten Augenblicken des Lebens geht Langeweile voraus. Es ist die Zeit, die nicht vergeht.

Eine gute Schule der Wahrnehmung ist es, gewohnte Blickwinkel einmal bewusst zu verändern und eine neue Perspektive zu wagen. Seit vielen Jahren habe ich auf den Steinhofgründen in Wien meine liebste „Laufstrecke". Das ist eine ganz wunderbare Wiesen- und Parkanlage im 16. Bezirk und hier drehe ich meine Runden. Ich bin ein Gewohnheitsmensch, auch beim Sport mag ich gewisse Rituale: So laufe ich meine Runden immer gegen den Uhrzeigersinn. Wenn ich in meine Richtung laufe, kenne ich jedes Teilstück, jeden Blickwinkel, jede Biegung – ich weiß, wo ein Baum ganz große Wurzeln in die Erde gräbt, welcher Stein bei Regen besonders rutschig ist, in welcher Kurve ich achtgeben muss, bei welcher Steigung mein Herz beginnt, besonders schnell zu pochen. Wahrscheinlich könnte ich diese Strecke sogar mit verbundenen Augen laufen. So gut kenne ich sie – in diese eine Richtung. Als Herausforderung für meine Sinne habe ich nun einmal ganz bewusst die Laufrichtung verändert. Ich entdeckte eine völlig neue Gegend! Nichts, aber auch gar nichts, war mehr so, wie ich es kannte. Ich musste mich völlig neu orientieren, denn bei meinen Steigungen ging es ja jetzt bergab, jede Rechtskurve neigt sich nach links, und Bäume und Wiesen sehen aus der anderen Richtung völlig anders aus.

Das Leben einfach einmal umdrehen und es sich von einer anderen Seite anschauen. Das beschert völlig neue Eindrücke, bringt Überraschungen – vielleicht tut sich sogar eine neue Welt auf!

Mit diesen „Werkzeugen" ausgestattet – unseren Sinnen – und der Möglichkeit, eine neue Perspektive zu wagen, Dinge also auch anders zu sehen, können wir uns nun aufmachen, Positives wahrzunehmen. In den Medien ist das gar nicht so einfach. Ich war vor einigen Jahren eingeladen, an der „Kinderuniversität" in Wien eine Vorlesung für Volksschüler zu halten. Ich wählte das Thema „Gute Nachrichten" für diese Stunden und gab den sechs- bis zehnjährigen Kindern die Aufgabe, aus Tageszeitungen und bunten Magazinen positive Nachrichten auszuschneiden. Eine harte Aufgabe! Im Sportteil wurden wir fündig, dort gab es einige Erfolgsmeldungen von siegreichen Sportlern. Schließlich fanden wir noch ein paar kleine Meldungen von Lebensrettern und eine erfolgreiche Fünflingsgeburt. Das war es dann aber auch schon. Only bad news is good news. Die Kinder hatten aber ihre ganz eigene Art, die Aufgabe zu lösen, und brachten, fein säuberlich ausgeschnitten, zahlreiche Werbeinserate. Zunächst war ich darüber sehr erstaunt, doch sie erklärten mir dann ganz logisch, dass die Nachricht „Minus 10 Prozent" oder „Bestpreis" doch eindeutig eine gute Nachricht sei! Ja, jede Zeit hat ihre Kinder, und die haben ihre eigene Weise, auf diese Welt zu blicken!

Kleine Philosophie

Jeder, der Kinder hat oder mit Kindern zu tun hat, weiß, dass es nichts Direkteres, Verblüffenderes, Überraschenderes, Weiseres und Wahrhaftigeres gibt als Erkenntnisse aus Kindermund. Einmal ausgesprochen, ist das Gesagte auch schon unwiederbringlich weg, deshalb ist es so wichtig, die Weisheiten der Sprösslinge festzuhalten und später nachzulesen, um erneut zu staunen. So erinnere ich mich gerne an diese Begebenheit mit meinem damals achtjährigen Neffen und Patenkind Raffael. Es war ein heißer Sommernachmittag, meine Schwester Susi – Raffaels Mama – mittendrin im Umzugsstress. Eine Übersiedlung in eine neue Wohnung bedeutet auch immer, das ganze bisherige Leben in Kartons zu verstauen. Kisten mit Büchern, Geschirr, Kleidung, Decken, Handtüchern, Gläsern und all den Sachen, die man nicht braucht, aber die das Leben schön und lebenswert machen. Erinnerungen, Zeichnungen der Kinder, Fotos aus längst vergangenen Tagen, gepinnt an die Wand, bleiben sie immer ganz nah.

Nun der Umzug der fünfköpfigen Familie in ein Mietshaus am Stadtrand. Um der Arbeit zu entkommen und den fleißigen Menschen doch ein wenig Erleichterung zu verschaffen, lade ich Raffael zu einem Ausflug ein. Wir besuchen den Tiergarten in Schönbrunn, Raffael liebt Tiere. Auf dem Rückweg zum Auto gönnen wir uns noch ein Eis im Eissalon in Hietzing. Erdbeere, Zitrone, Banane für mich, Raffael nimmt Schokolade, Heidelbeere und Vanille. Ich krame in der Handtasche, um meine Geldbörse herauszunehmen und zu bezahlen, da fragt mich der kleine Mann aus dem Nichts: „Bist du eigentlich reich?" Ich verschlucke mich an der Eiswaffel, hüstele, nach Luft und Fassung ringend. Bin ich reich? Als erfahrene Tante setze ich zum pädagogischen Rundumschlag an. Ich erzähle Raffael von meinem Beruf, und dass man für Arbeit Geld bekommt. Ja, dass es mir sehr gut geht, ich schön wohne, für mich sorgen kann, aber dass es doch viel wichtiger ist, dass man gesund ist, es der Familie gut geht, man Freunde hat. Und versuche schließlich, mich aus der Affäre zu ziehen, indem ich ihm die Gegenfrage stelle: „Wann ist man denn reich?" Raffael muss nicht lange nachdenken. Der kleine Philosoph hat über die grundlegenden Fragen des Seins offensichtlich besser nachgedacht als ich, und so antwortet er knapp, präzise, eindeutig: „Wenn man einen Swimmingpool hat!" Die Antwort erheitert mich. Schnell ist mir auch der Hintergrund der Frage klar. Ich habe keinen Swimmingpool, zum neuen Heim seiner Familie aber gehört auch ein kleiner Pool, die Pumpe ist zwar noch kaputt und die Folie muss erneuert werden, aber es ist ein tief türkisfarbener Swimmingpool, in den Augen des Kindes das untrügliche Symbol unermesslichen Reichtums!

Ich bringe Raffael zurück ins neue Haus. Hier werden gerade Regale aufgestellt, Möbel gezimmert, Kisten geschleppt. Übersiedeln bedeutet totale Anstrengung, man trägt sein bisheriges Leben auch körperlich auf seinen eigenen Schultern und spürt es im Kreuz. „Wie wäre es, wenn du mir euer neues Zuhause zeigst?", frage ich Raffael. Er führt mich durch das Haus, zeigt mir sein Zimmer, das er, mit Spielsachen markiert, wohl schon beim ersten Betreten zu seinem Reich gemacht hat. „Die Wände sind grün!", erwähnt er stolz. Wir marschieren weiter und erreichen schließlich das Dachzimmer. Es ist mittlerweile früher Abend, draußen beginnt es zu dämmern, die letzten Sonnenstrahlen tauchen die Stadt in ein orangefarbenes, blau-violettes Licht. Ein Licht, das traurig und froh zugleich ist. Traurig, dass der Tag zu Ende geht, und froh, dass die Nacht anbricht. Der Lärm der Stadt ist nicht zu hören, aber zu fühlen, so als würde er die Stadt irgendwie zusammenhalten. Wir stehen da, Umzugskartons um uns herum, und schauen auf ganz Wien. Ich erkläre Raffael die Sehenswürdigkeiten, zeige ihm Stephansdom und Votivkirche, Karlskirche, die

Türme des Allgemeinen Krankenhauses, den Gasometer, die Museen, bis hin zur goldenen Kuppel der nahen Kirche am Steinhof, von den Wienern liebevoll „Lemoniberg" genannt (weil die goldene Kuppel so hell leuchtet wie eine Zitrone). Doch Raffael hört mir gar nicht richtig zu. Er steht da in einer kindlichen Harmlosigkeit, schaut über die Stadt und sagt in sich versunken: „Ich wusste gar nicht, wie schön die Welt ist!"

❈ Geburtstagsgeschenk

Nina ist meine kleine Freundin. Ein Kind, so offen für alles, was da noch vor ihr liegt, strahlt sie in diese Welt hinaus, sensibel, kreativ und mit großem Herz. Ihr Vater Peter hat Geburtstag, und die Zehnjährige hat für ihn ein besonders ausgeklügeltes Gutscheinsystem als Geburtstagsgeschenk kreiert. Künstlerisch gestaltet, von Kinderhand gezeichnet, wird das fantasievolle Geschenk präsentiert. Nichts, was man um Geld kaufen kann, vielmehr eine ganz besondere Idee: Er soll jeden Monat ein schönes Erlebnis haben, eine Erleichterung im Leben oder auch einfach nur weniger Ärger mit seiner Tochter. Spezieller Bonus: Ein Monatsgutschein darf sogar zweimal eingelöst werden!

Gutschein 1:   „Mit mir Mathematik lernen ohne Gegenwehr."
Gutschein 2:   „Ich räume freiwillig mein Zimmer auf."
Gutschein 3:   „Ich beteilige mich fröhlich am Abwasch."
Gutschein 4:   „Ich massiere dir nach einem anstrengenden Tag
                deinen Nacken."
Und so weiter bis zum letzten Gutschein.
Gutschein 12: „Du darfst mit mir spielen."

Als mir Nina von dieser Geschenkidee erzählt, runzle ich bei Gutschein 12 skeptisch die Stirn. Ich stelle dem Mädchen erstaunt eine Frage, die wahrscheinlich nur sehr erwachsene Menschen stellen können: „Wenn du deinem Papa schenkst, dass er mit dir spielen darf, dann ist das doch eher ein Geschenk für dich und nicht für ihn, oder!?" Nina schaut mich verständnislos an und antwortet erstaunt: „Aber wenn er mit mir spielen darf, dann ist das ja gut für ihn, da hat doch ER etwas davon!"
Das hat er.

„Lasst uns dankbar sein gegenüber Menschen, die uns glücklich machen. Sie sind die liebenswerten Gärtner, die unsere Seele zum Blühen bringen."

Marcel Proust

Naikan

Naikan ist japanisch und bedeutet „nach innen schauen". Es handelt sich um eine strukturierte Methode der Selbstbeobachtung, die uns hilft, uns selbst, unsere Beziehungen und die grundlegende Natur des menschlichen Daseins zu verstehen.

Die Praxis der Selbstbeobachtung oder Selbstreflexion ist viele Jahrhunderte alt und hat ihre Wurzeln in spirituellen Traditionen der Welt, zum Beispiel bei christlichen Wüsteneinsiedlern oder japanischen Samurai. Zu den bekannten Persönlichkeiten, die diese Methode praktizierten, gehören Albert Schweitzer oder Benjamin Franklin, von dem bekannt ist, dass er eine Liste von 13 Tugenden entwickelte, nach denen er Tag für Tag sein Verhalten bewertete.

Naikan wurde in den 40er-Jahren von Ishin Yoshimoto (1916–1988) in Japan entwickelt, einem gläubigen Anhänger des Buddhismus des „Reinen Landes". Diese Form des Buddhismus misst dem Glauben mehr Gewicht bei als dem eigenen Bemühen und basiert auf zwei Grundlagen:

• Wir werden gesteuert von Gedanken der Selbstbezogenheit.
• Das Leben schenkt uns grenzenloses Mitgefühl.

Die Quelle des Mitgefühls ist nicht Buddha (oder Gott), sondern liegt in den alltäglichen Bemühungen anderer, uns zu unterstützen und für uns zu sorgen. Der Weg des Naikan soll Wertschätzung, Freude und Dankbarkeit bringen.

In den 80er-Jahren machte Naikan seinen Weg von Japan – wo es eine Standardmethode der Psychotherapie darstellt – nach Europa und Amerika.

Naikan erweitert unseren Blick auf die Wirklichkeit. Es ist so, als ob wir auf einem Berggipfel stünden und unser Zoom-Objektiv mit einem Weitwinkel austauschten. Wir freuen uns auf das breitere Panorama, in dem unsere bisherige Sicht noch vorhanden ist, jetzt aber von Vielem ergänzt wird, das uns vorher verborgen war. Und das, was uns verborgen war, macht die Sicht so außergewöhnlich.

Im Naikan wird mittels einer sehr einfachen, aber doch herausfordernden Methode geprüft, in welcher Beziehung wir zur Welt stehen. Alles, was Naikan in uns bewirkt – Dankbarkeit, Versöhnung oder eine neue Kraft – all das entsteht durch die Betrachtung unserer Beziehungen. Grundlage der Überprüfung: Wir müssen bereit sein, mit jeder Veränderung bei uns selbst zu beginnen!

Die Selbstbeobachtung im Naikan basiert auf drei Fragen:

- Was habe ich von jemand anderem bekommen?
- Was habe ich dieser Person gegeben?
- Welche Schwierigkeiten habe ich ihr bereitet?

Diese Fragen schaffen die Grundlage, um alle Beziehungen zu prüfen, zu den Eltern, Freunden und Freundinnen, Lehrern, Geschwistern, Kollegen, Kindern, Partnern und Partnerinnen, Vorgesetzten, Wegbegleitern, aber auch zu Tieren und sogar zu Gegenständen.

Naikan ist eine Selbstprüfung, wir untersuchen unser eigenes Leben, nicht das Handeln anderer. Wie oft beurteilen, kritisieren oder korrigieren wir andere? Wir können die Erfahrungswelten anderer niemals ganz verstehen, wir sind nur mit unserer eigenen Innenwelt vertraut. Wir besitzen kaum Einfluss darauf, wie andere uns begegnen, sondern nur, wie wir uns anderen gegenüber verhalten. Und wenn wir andere drängen, unsere Ratschläge zu befolgen, funktioniert das nur sehr selten. Nur das, was wir tun, wie wir leben, unterliegt in jedem Augenblick unseres Lebens unserer

Entscheidung. Die Prüfung des eigenen Lebens ist nicht immer angenehm, doch sie ist sinnvoll.

Die Überprüfung erfolgt dabei immer auf Grundlage der Naikan-Fragen:

Frage 1: Was habe ich von … bekommen?

Zum Beispiel: Was haben Sie von Ihrer Partnerin bekommen?

Das können Kleinigkeiten sein, eine Tasse Kaffee in der Früh, sie hat die Zeitungen gekauft, die Wohnung geputzt, die Wäsche gebügelt etc. Im Laufe eines Tages, eines Jahres, eines Lebens halten wir diese kleinen Dinge für selbstverständlich. Wir widmen ihnen keine Aufmerksamkeit mehr. Erst wenn sie einmal nicht mehr da sind, nicht funktionieren, versagen, bemerken wir ihre Bedeutung in unserem alltäglichen Leben. Wenn Sie also auflisten, was Sie von einer Person bekommen haben, werden Sie sich diesen scheinbar unwichtigen Kleinigkeiten widmen. Sie werden bemerken, welche Fürsorge und Unterstützung Ihnen widerfährt, und vielleicht erleben Sie als Folge tiefe Gefühle von Dankbarkeit und Wertschätzung.

Frage 2: Was habe ich … gegeben?

Was habe ich heute für meinen Partner getan? Diese Frage zu beantworten, fällt oft viel schwerer, weil wir das eigene Tun als selbstverständlich betrachten. „Ich habe ja nur Kaffee gemacht." Wenn Sie Ihr Geben und Ihr Nehmen überprüfen, können Sie Bilanz ziehen. Schulde ich der Welt etwas? Oder schuldet die Welt mir etwas? Oft leben wir so, als ob uns die Welt etwas schuldet. Warum bekomme ich keine Gehaltserhöhung? Warum kommt das Essen nicht? Wieso bekomme ich kein Lob? Wenn unsere Erwartungen nicht erfüllt werden, sind wir verärgert, denn wir glauben, dass uns all das zusteht, wir haben es uns verdient. Vielleicht ergibt die Selbstprüfung aber, dass Sie derjenige sind, der der Welt etwas schuldet. Diese Erkenntnis vertieft den Wunsch, etwas zu geben, andere zu unterstützen und verhilft zu wachsender Dankbarkeit und Demut.

Frage 3: Welche Probleme habe ich ... bereitet?
Wenn wir selbst die Ursache von Schwierigkeiten sind, bemerken wir das oft gar nicht. Wenn doch, waren es „unglückliche Umstände" oder wir haben es nicht so gemeint ...
Yoshimoto empfahl, dass wir dieser Frage 60 Prozent der Zeit widmen sollen, weil sie die wichtigste auf dem Weg zur Dankbarkeit darstellt. Dabei ist es nicht von Bedeutung, unsere Handlungen zu bewerten, wir stellen lediglich fest, wo anderen durch uns Probleme, Schaden, Schwierigkeiten, Leid oder Unannehmlichkeiten entstanden sind. Durch die dritte Frage wird uns klar, dass wir uns nicht unmittelbar sehen können, so wie das Auge sich nicht selbst sehen kann. Wir brauchen einen Spiegel. Diesen Spiegel finden wir in der Erfahrung der Menschen, mit denen wir zusammen sind. Durch sie entdecken wir den Weg zu uns selbst.

Zu dieser letzten Frage gibt es eine Anekdote, in der ein Attentäter mit verborgener Waffe zu einer von Gandhis öffentlichen Reden kommt, um ihn zu töten. Nach Gandhis Ansprache beginnt er zu weinen, lässt die Waffe fallen und läuft zu Gandhi. Er fällt auf die Knie und gesteht, dass er beauftragt war, ihn zu ermorden, aber nach seinen Worten diesen Auftrag nicht mehr ausführen kann. Gandhi fragt ihn, was nun mit ihm passieren werde, nachdem er beim Attentatsversuch versagt hatte. Gandhis Sorge gilt sogar unmittelbar nachdem er erfahren hat, getötet zu werden, den Problemen des Attentäters. Er fragt: „Was wird nun mit Ihnen geschehen?", was der dritten Naikan-Frage entspricht: „Welche Schwierigkeiten bereite ich anderen?" Er ist nicht mit sich selbst, mit seiner eigenen Angst befasst, er ist auch nicht um sein Leben besorgt – er macht sich Gedanken um den anderen, ein Ausdruck von vollkommenem Mitgefühl!

Dankbarkeit erfordert Aufmerksamkeit und Reflexion. Ohne Aufmerksamkeit können wir die Ereignisse und Menschen, die uns Gutes tun, von denen wir profitieren, nicht wahrnehmen. Und wenn wir uns nicht besinnen, bleibt die Weisheit, die aus der Reflexion erwächst, versagt.

„Schau, wie du bisher gelebt hast!"
Naikan-Begleiterin Johanna Schuh

Nach eingehender Lektüre habe ich die Personen gefunden, die sich in Österreich mit Naikan beschäftigen und es praktizieren. Dazu zählt Johanna Schuh, die nach einigen beruflichen Umwegen heute als Naikan-Begleiterin arbeitet. Zunächst verfolgte sie ihren Jugendtraum, Französisch/Spanisch-Dolmetsch zu studieren, bemerkte aber bald, dass Realität und Traum nicht viel miteinander zu tun haben. Über einen Massagekurs und einen Shiatsu-Lehrer erfuhr sie erstmals von Naikan. Die Idee, sich einmal ganz in sich, mit sich zurückzuziehen und zu schauen, wo man steht, ließ sie nicht mehr los.

Johanna Schuh wurde 1968 geboren und ist in der Steiermark aufgewachsen. Nach ihrer Ausbildung zur Diplomierten Sozialarbeiterin beschäftigte sie sich intensiv mit Gesang, Stimme, Wahrnehmung und Zen-Praxis. Schließlich folgte die Ausbildung zur Naikan-Leiterin.

2005 gründete sie das *Insightvoice Naikan Center Vienna*.

Ich darf sie in ihrer Wohnung im 14. Bezirk in Wien besuchen. Durch die Küche geht es ins Wohnzimmer, ein kleiner Tisch dient uns als Unterlage für Tee, die Kerze wird noch angezündet, bevor wir mit dem Gespräch beginnen.

Was ist das Besondere an Naikan?

Naikan ist eine Selbstprüfung, wir untersuchen unser eigenes Leben, nicht das Handeln anderer. Naikan ist also eine Methode, mit der man sich sehr intensiv mit sich selber befasst. Ich nenne es gerne meditative Selbsterforschung. Das Meditative daran ist, dass man sich wirklich in die Stille zurückzieht. Im idealen Fall, wenn man ein Seminar macht, dann ist es wirklich still. Kloster ohne Religion sozusagen. In dieses Schweigen während der Zeit des Naikan spricht man nur mit dem Naikan-Begleiter oder der Naikan-Begleiterin. Es sind zwar mehrere Leute im Raum, aber diese sind optisch voneinander abgetrennt. Jeder hat eine fixe Koje, man merkt, dass andere da sind, aber es geht nicht um Interaktion.

Basis sind die drei Naikan-Grundfragen: Was habe ich von dieser Person bekommen? Was habe ich dieser Person gegeben? Welche Schwierigkeiten habe ich ihr bereitet?

Diese drei Fragen helfen beim strukturierten Durchgehen der Vergangenheit. Man kann Naikan auch als Coaching-Technik sehen. Ich kann also in meinem Alltag die drei Fragen jederzeit als „Technik" einsetzen. Bei einem Seminar geht man sehr strukturiert vor, schaut das eigene Leben vom Anfang bis heute an, und zwar mehrmals, schrittweise. Man nimmt sich in etwa eine Stunde Zeit, um auf die jeweilige Lebensphase zu blicken.

Der Vorschlag ist, bei der Mutter zu beginnen, weil sie der erste Mensch im eigenen Leben war. Ab dem Zeitpunkt, von dem an man sich bewusst erinnert, bis zur Schulzeit. Das ist dann der erste Abschnitt. Damit es übersichtlich wird, damit man sich zurechtfindet in der Fülle des Erlebens.

Man sitzt schließlich da und überlegt: Wie war das damals? Es ist ein Nachdenken, Nachfühlen, zu Beginn wohl mehr Denken. Daher dauert ein Naikan-Seminar in der Regel eine Woche, damit man auch wirklich Zeit hat, sich aus dem Trubel, dem inneren und äußeren Lärm und allen Ablenkungen zu lösen. Meine Mutter ... was war da alles in dieser Zeitphase? Was hat meine Mutter für mich gemacht? Sie hat mir die Wäsche gemacht, das tägliche Frühstück, sie hat meine Sachen aufgeräumt, meine Pullover geflickt und vieles mehr. Beim Naikan sagen wir: Wir schauen Tatsachen. Das können natürlich auch große Tatsachen sein, groß und bedeutsam in der Erinnerung, aber es beschränkt sich nicht darauf. Es geht auch um vermeintliche Kleinigkeiten. Und wenn mir nichts eingefallen ist zu einer Frage, dann eben nicht. Auch das ist möglich. Es gibt keinen Leistungsstress, sondern es geht wirklich um dieses bewusste Hinschauen. Die Struktur hilft dabei, weil wir ja oft nachdenken, aber es ist immer wieder dieselbe Gedankenspirale, aus der wir uns nicht lösen können. Und beim Naikan habe ich durch dieses einfache Werkzeug der Fragen die Möglichkeit, Dinge, die ich erlebt habe, noch aus einem anderen Blickwinkel anzuschauen. Ich mache damit grundsätzlich einmal nichts, sondern ich stelle es fest.

Dann stelle ich die anderen zwei Fragen, wieder zu diesem Zeitraum und zu dieser Person. Und so gehe ich, gestützt durch die drei Fragen, alle Lebensphasen und wichtige Bezugspersonen durch?

Zuerst Mutter, dann Vater, dann schlägt man meist Personen aus der Herkunftsfamilie vor, zum Beispiel Großeltern, Geschwister, Menschen, die in der Kindheit eine Rolle gespielt haben, jeweils vom Erstkontakt bis zum Zeitpunkt, an dem sie aus meinem Leben verschwunden sind. Dann kommt häufig noch einmal die Mutter, weil sich oft später neue Antworten ergeben. Danach ist alles offen, da kann man dann noch weitere Familienmitglieder aus der Herkunftsfamilie oder eben den Partner oder die Partnerin anschauen. Auch eigene Kinder, Arbeitskollegen, Themen kann man mit dieser Methode anschauen. Das ist sehr individuell, je nachdem welche Themen die Teilnehmer auch mitbringen.

Lassen Sie uns über die drei Fragen sprechen, zunächst über die ersten zwei. Warum sind die wichtig?

Das liegt in der Entstehungsgeschichte von Naikan begründet. Der Begründer war eine Zeit lang sehr religiös und hat sich vielen

Methoden und Techniken unterzogen. Er wollte etwas entwickeln, was für alle Menschen machbar ist. Sein Wunsch war die Klärung der spirituellen Frage: Wohin geht dein Geist, wenn du stirbst? Er hat aus seiner eigenen Übung bemerkt, dass diese Art von Lebensbilanz auch sehr stark von den sozialen Beziehungen abhängig ist. Das war seine Erfahrung und daraus hat er diese Fragen entwickelt. Er war ein Geschäftsmann, war wirtschaftlich sehr erfolgreich, hat eine Kunstlederwarenfabrik aufgebaut, ein gewinnbringendes Unternehmen. Das heißt, er kannte aus seinem Beruf dieses Bilanzieren, und hat diese Einnahmen-Ausgaben-Rechnung auf die sozialen Kontakte umgelegt. Das war der Beginn, die ersten beiden Fragen. Also die Einnahmen, was hat der andere für mich gemacht, und die Ausgaben, was habe ich für den anderen gemacht. Die soziale Bilanz, sehr einfach, logisch und nachvollziehbar.

Und jetzt zur wichtigen dritten Frage: Was habe ich gemacht, dass Person X durch mein Verhalten Schwierigkeiten hatte?

Leider weiß niemand genau, wie es zu dieser Frage kam. Die heutige Erklärung ist, wenn man sich nur auf Einnahmen und Ausgaben beschränkt, dann blendet man sehr viele Unbequemlichkeiten aus und es ist irgendwann einfach alles nur gut. Vor allem in der spirituellen Praxis geht es ja sehr darum, die Schattenseiten, die unbequemen Seiten, die störenden Seiten des Lebens anzuschauen. Da muss also noch etwas sein, und dafür ist die dritte Frage.

… der man ja sogar das größte Gewicht in der Betrachtung schenken soll!
In dieser Frage liegt allerdings auch eine starke Bewertung. Ich kann etwas sehr gut gemeint haben und es kann zu Problemen führen oder auch umgekehrt. Ein schmerzvoller Schritt ist erst der Beginn einer wertvollen, positiven Weiterentwick-

lung. Das heißt: Was sind nun genau Schwierigkeiten, die ich jemand anderem bereitet habe?

Es geht genau darum, das genauer anzuschauen und zu unterscheiden, um ein wirkliches Verständnis dafür zu bekommen. Wir sagen so leicht: Ein anderer ist anders als ich! Aber beim Naikan wird das eine echte Erfahrung. Von mir war es gut gemeint und für den anderen war es hart, der hat fünf Jahre lang gelitten. Die Herausforderung ist, dass beides da ist. Normalerweise denken wir schwarz oder weiß. Entweder ist es gut, dann muss es für alle gut sein. Oder es ist schlecht, dann muss es für alle schlecht sein. Aber wir differenzieren wenig und genau das ist die Herausforderung dieser dritten Frage.

Aber kann ich überhaupt aus meinem Blickwinkel feststellen, was gut und schlecht für einen anderen Menschen ist? Kann ich überhaupt bewerten, was für einen anderen Schwierigkeiten sind?

Da kann man sich immer nur annähern, weil ich niemals wissen kann, was im anderen vorgeht. Aber ich kann mein Bewusstsein dafür schulen. Wie funktionieren Interaktionen? Indem ich etwas sage und ich sehe eine Reaktion. Anhand der Reaktion können wir sehr realitätsnah einschätzen, wie es tatsächlich für den anderen war. Naikan lädt dazu ein, sich überhaupt damit zu beschäftigen. „Das habe ich nicht gemerkt", ist oft eine Blanko-Entschuldigung dafür, dass ich einfach weitermache wie bisher. Beim Naikan lernt man, Signale noch anders wahrzunehmen, eventuell sogar zu entschlüsseln. Weil ich mich damit sehr intensiv befasse. Es kann aber immer nur eine Annäherung sein und niemals die komplette Wahrheit des anderen.

Aber ist diese dritte Frage nicht sehr dazu angetan, schlechtes Gewissen zu erzeugen und sich schuldig zu fühlen?

Es ist oft notwendig, Verantwortung und den eigenen Anteil wirklich anzuerkennen. Das ist etwas ganz anderes als unser normales Schuldgefühl. Wenn ich ein Schuldgefühl habe, dann heißt das, dass ich noch immer nicht Ja dazu gesagt habe. Es ist, wie es ist.

Warum erfolgt nicht auch die Umkehrung der Frage? Warum ist nicht auch wichtig zu fragen, welche Schwierigkeiten mir ein anderer bereitet hat?

Weil wir das so gewohnt sind. Das ist auch wichtig, allerdings hat diese Frage in unserem Leben ohnehin große Bedeutung. Wir müssen immer wieder erkennen und wahrnehmen: Ist da etwas, was mich angreift, verletzt, wo ich mich schützen oder verteidigen muss? In Naikan nennen wir es die ungestellte vierte Frage: Ich muss erkennen, wo mir jemand Probleme und Schwierigkeiten macht. Aber Menschen neigen sehr dazu, dort stehen zu bleiben und zu sagen: „Mein Kollege hat mir eine Information nicht weitergeleitet und dann habe ich das ganze Projekt vermasselt, weil ich die Kalkulation völlig falsch gemacht habe". Aber ich verursache eben auch Schwierigkeiten, indem ich sage: „Du bist schuld, du hast das verbockt". Wir unterstellen dem Kollegen, dass er das immer wieder macht, wir erzählen allen anderen davon, wir denken jahrelang darüber nach, wir kommen nicht weiter. Deshalb stellen wir die dritte Frage. Einen anderen können wir nie ändern, uns selbst schon.

Wie verändert Naikan mein Leben?

Das ist eine große Frage. Meine persönliche Antwort ist, man lebt achtsamer und aufmerksamer, dadurch dankbarer. Man bekommt eine andere Wahrnehmung, auch für die Vielfältigkeit.

Aus Ihrer Erfahrung als Naikan-Begleiterin: Was fällt uns leichter zu erinnern: die Dinge, die ich für jemand anderen getan habe? Oder die Dinge, die jemand für mich getan hat?

Das, was jemand anderer für mich getan hat. Das zeigt sich sehr deutlich. Es ist manches Mal sogar so, dass Leute verzweifelt sind, weil ihnen zu der Frage „Was habe ich für jemanden gemacht?" nichts einfällt. Das hat auch einen einfachen Grund. Es ist für uns sehr selbstverständlich, es liegt in unserer Natur zu geben. Nicht zu geben ist anstrengend. Oder ich befinde mich in einer außergewöhnlichen Situation, mit Einschränkungen, Behinderungen, Krankheiten. Und deshalb ist es so normal, dass es mir gar nicht einfällt. Einfach weil ich da bin, bin ich eine Bereicherung der Welt. Aber das muss man sich erarbeiten. Das führt einen zur Dankbarkeit, für scheinbare Kleinigkeiten, aber auch für größere Dinge.

In welchem Alter beginnt man die Naikan-Fragen zu stellen? Können das auch schon Kinder?

Es gibt in Wien sogar eine Schule, in der die Naikan-Fragen im Schulunterricht eingesetzt werden. Auch ein Buch Naikan in der Schule beschäftigt sich mit einem Schulprojekt. Mit einfachen Beispielen aus der Lebenswelt der Kinder, „Was hat meine Mama heute für mich gemacht?", kann man Kindern diesen Blickwinkel zeigen. Es geht nicht darum, die Biografie aufzuarbeiten, das wird erst im Erwachsenenalter relevant. Ich hatte einmal eine 14-Jährige, die Naikan machen wollte, aus eigenem Interesse, um Erlebtes anzuschauen!

Was mir schwerfällt, ist der Gedanke, alles als Tatsache zu akzeptieren und nicht zu werten. Wir sind darin geübt, Dinge zu bewerten. Wie führt mich Naikan dann vom Anschauen der Vergangenheit in die Zukunft?

Geschehenes nicht zu werten, das ist eine hohe Anforderung und jahrelanges Training. Nur durch den Blick in die Vergangenheit kann ich herausfinden, wie ich bin. Die Meditation sagt uns, lebe im Hier und Jetzt. Naikan sagt: Schau, wie du bisher gelebt hast, wie du schon gehandelt hast, um überhaupt einmal ein Verständnis dafür zu bekommen, wie du handelst – wie du bist! Und damit bin ich schon in der Gegenwart. Obwohl ich das alles mit der Mutter, mit dem Vater, dem Partner und so weiter in der Vergangenheit ansehe, bekomme ich ein ganz klares Bild von der Art, wie ich handle, auch für die Zukunft. Nicht nur im Kopf, sondern das durchdringt mich komplett. Und dann kann ich Verhaltensweisen ändern. Vielleicht nicht sofort. Aber einmal zu akzeptieren und zu sehen, was ist, das ist die Basis.

So gesehen könnte Naikan ja in Situationen wichtig sein, in denen man sich in der Vergangenheit etwas zuschulden kommen hat lassen, zum Beispiel auch im Gefängnis?

In Niedersachsen im Strafvollzug hat sich das mittlerweile etabliert. In Japan, wo als erstes Naikan betrieben wurde, war das Gefängnis eines der ersten Einsatzgebiete der Methode. Der Naikan-Gründer Yoshimoto hat sich gefragt: Wo gibt es bessere Bedingungen? Du hast etwas falsch gemacht, du hast Grund zu reflektieren. Die Straftat wird dann auch Thema im Laufe einer Naikan-Woche. Weil es einfach ein ziemlich wichtiger oder folgenschwerer Teil des eigenen Lebens war. Ebenso wie die Fragen: Was habe ich verursacht? Wie geht es den Angehörigen eines Opfers?

Naikan verhilft mir zu Eigenverantwortung, zu größerer Achtsamkeit. Wie führt mich Naikan zur Dankbarkeit?

Im Buch *Die Kraft der Dankbarkeit* stellt der Autor Greg Kreech sehr stark diesen Zusammenhang her, und das ist sehr schön; er hat Naikan auch bekannt gemacht. Es darf aber nicht zum Druckmittel werden. Ich erlebe Leute, die kommen und meinen: „Jetzt soll ich dankbar auch noch sein, ich bin nicht dankbar genug". Es geht so schnell, egal ob es Dankbarkeit ist oder Versöhnung, dass eine große Erwartung entsteht, und die soll nicht sein! Die Einstellung zur Dankbarkeit ist doch die logische Folge: Wenn du dir anschaust, was du bekommen hast, wer etwas für dich gemacht hat, dann kannst du nur sagen: Danke! Ich sage auch Danke dafür, dass die Sonne scheint. Auch wenn die Wolken davor sind. Ich bemerke, was ich bekommen habe. Also kann ich nur dankbar sein. Das entsteht ganz von selbst. Ich kann sogar dankbar sein für die Schwierigkeiten, dritte Frage, die mir andere Leute bereitet haben.

Wenn ich aus mir heraus, durch Schmerz und Leid hindurch – was Bestandteil dieser Erfahrung war – schauen kann, dann kann ich eben auch diese Aspekte annehmen. Natürlich bin ich nicht dankbar dafür, dass mich meine Mutter geohrfeigt hat, oder all die grauenvollen Dinge, die Menschen erleben. Dafür ist man klarerweise nicht dankbar, wir sind ja nicht sadistisch veranlagt. Aber man hat das erlebt. Ich muss mich irgendwie damit arrangieren. Abgesehen davon, dass ich es überlebt habe und dass ich dann bemerke, wie ich trotzdem erfolgreich mein Leben mit dieser Erfahrung geführt habe. Und oft gelingt es im Naikan, dass es aus dem Betrachten wirklich schrecklicher Erfahrungen gelingt, etwas daraus zu machen, darauf aufzubauen. Man hat ein ganz anderes Verständnis, wenn man erlebte Dinge annimmt. Auch die schrecklichen. Eine echtere, ehrlichere Versöhnung gibt es gar nicht.

Fehlt uns die Dankbarkeit heute?

Da sage ich ganz klar Ja. Zwei Gründe. „Danke" ist verkommen zu einer Floskel und wir meinen damit nicht, was wir sagen. Wir sagen zwar „Danke", aber wir überlegen uns nicht, wofür. Naikan ist da sehr genau, wenn ich mich bedanke, dann sage ich, „Danke für…", weil das eine Genauigkeit und Wertschätzung für das Leben ausdrückt. Und zweitens: Wir leben in einer Überflussgesellschaft, mit der Haltung „Es steht mir zu". Aus spiritueller Sicht –

ich glaube, egal in welcher Religion – steht mir gar nichts zu. Sondern es ist ganz natürlich, dass ich ein Teil dieser Welt bin. Im Gegenteil, es ist meine Aufgabe in diesem Leben, mein Leben auszufüllen. Und wenn mir dabei Umstände helfen, dann ist das umso besser.

Ich bedanke mich für das Gespräch.

Knastmond

Ich muss aufs Klo. Ein komisches Gefühl, vor den Augen eines anderen, noch dazu fremden Menschen, auf die Toilette zu gehen. Zellengenossin Anke tröstet mich: „Daran kann sich niemand gewöhnen!" Mein erster Tag im Gefängnis. Plötzlich habe ich Angst vor meiner eigenen Courage. Obwohl ich weiß, dass ich ja wieder herauskomme. Ich bin zwei Wochen im Gefängnis, recherchiere und drehe für das ZDF eine Reportage über zwei junge Insassinnen. Was es tatsächlich heißt, eingesperrt zu sein, kann ich in dieser Zeit wohl kaum erfahren. Es ist der Versuch, die Atmosphäre, das Leben, die Zwischentöne hinter Gefängnismauern aufzuspüren.

Die Räumlichkeiten wirken zunächst nicht abschreckend auf mich. Die Frauenvollzugsanstalt im norddeutschen Vechta ist ein altes Gebäude, so wie man ein Gefängnis in vielen Filmen sieht.

Den Großteil des Tages verbringen die Frauen „auf Hütte", so nennen sie hier ihre Zelle. Die sind sechs Quadratmeter groß, Toilette inklusive. In der Kleiderkammer bekomme ich Bettwäsche, ein Handtuch und in der Zelle die untere Hälfte des Stockbettes. Über mir liegt Anke, sie war drogensüchtig, jetzt ist sie clean. Um an Drogen zu kommen, hat sie gestohlen, sie weiß nicht, wie weit sie noch gegangen wäre. Das Gefängnis hat sie gerettet, sagt sie.

Die wichtigsten Dinge hier drinnen werden mir sehr schnell klar: der Schlüssel, ständig präsent, immer zu hören. Das Symbol derjenigen, die hier Macht haben. Justizvollzugsbeamtinnen heißen sie offiziell, „Schließerinnen" oder „Wachteln" werden sie von den inhaftierten Frauen genannt. Ohne Schlüssel geht hier gar nichts. Der Schlüssel gibt auch das Tempo vor. Es fällt mir schwer, mein Leben auf die extrem langsame Gangart hier zu reduzieren. „Komm runter", werde ich deshalb des Öfteren aufgefordert. Meine Maßstäbe muss ich ohnehin draußen lassen. Ich will diese Frauen kennenlernen, eine andere Welt für mich. Fast die Hälfte der Frauen hier drinnen ist drogensüchtig. Sie sitzen wegen Diebstahl und ähnlichen Delikten, sechs Wochen Gefängnis mit Entzug, dann geht es so weiter wie immer: Alles, was sie wollen: den nächsten Schuss. Es ist auch kein Problem, hier an Gift zu kommen. Heute gibt es welches, das weiß jeder. Auch die Beamten. Aber was sollen sie denn tun? Solange die Frauen „breit" sind, sind sie wenigstens friedlich. Was alles abläuft, um an Drogen zu kommen? Gewalt ist hier kein Fremdwort. Zwei gegen eine. Die Zellentür wird von innen zugehalten, bis sie den Stoff herausrückt. Wenn nötig, wird nachgeholfen. Hier ist jede sich selbst die Nächste. Die Probleme, die die Frauen draußen zu Drogen greifen ließen, werden hier drinnen nicht kleiner. Im Gegenteil. Und was erwartet sie schon danach? Kein Job, weil sie im Gefängnis waren, keine Wohnung, kein Kontakt zur Familie. Deshalb ... einfach „zudröhnen". Maria hat Shampoo gestohlen, Wert: damals noch 8,90 Mark. Acht Monate hat sie dafür bekommen, es war schließlich nicht das erste Mal. „Eine Kindsmörderin geht nach zwei Jahren wieder raus." Den Glauben an Gerechtigkeit hat sie hier drinnen endgültig verloren. „Gerechtigkeit gibt's für mich nicht!"

Sie würde ja so gerne wegkommen von den Drogen, sagt mir eine Frau. Aber sie weiß nicht, wie sie das Loch in der Seele anders stopfen soll. Ein Satz, der mich bis heute beschäftigt. Das Einzige, was Frauen meinen, hier im Gefängnis zu lernen: „Du stellst dich das nächste Mal etwas gescheiter an, damit du nicht mehr so schnell erwischt wirst!" Tricks werden ausgetauscht und weitergegeben, ich erfahre, wie man ohne einen einzigen Kratzer, ausgerüstet lediglich mit einem Tischtennisball, ein Auto aufbricht. Das anfängliche Misstrauen mir gegenüber ist einer Mischung aus Neugier und Verwunderung gewichen. Die Frauen können nicht fassen, dass jemand freiwillig ins Gefängnis kommt. Sie bieten mir ihren Kaffee an, ihren Zucker, ihren Tabak – ich bin akzeptiert. Kaffee, Tabak und Zucker sind hier die wichtigsten Lebensmittel. Vor allem Zucker. Bis zu drei Kilogramm im Monat (!), die Wochenration an Marmelade ist meist schon am Wochenende aufgegessen. Zucker statt Liebe. Eine glatte Rechnung.

Doris hält das Eingesperrtsein nicht aus. Von Zeit zu Zeit richtet sie ihre aufgestauten Aggressionen gegen sich selbst. Sie zerlegt die Zelle, rennt mit dem Kopf gegen die Wand, bis er blutet. Sie „schnippelt" an sich herum, wie sie es nennt. Hunderte Narben an beiden Unterarmen legen Zeugnis ab von ihren Problemen. Sie wollte sich dabei nie umbringen, sie will nur um Hilfe schreien. Sie will, dass ihre Familie sie nach diesen Narben fragt. Und genau das hat noch niemand getan. Ihr Vater, ihre Großmutter, die ich später kennenlerne: „Darüber wollen wir nichts wissen. Die will doch in den Knast!"

Ein schreckliches Gefühl, wenn die Türe nicht mehr aufgeht. Ich bin alleine in der Zelle mit Anke, die eine Zigarette nach der anderen raucht. Mitten in der Nacht wacht sie auf und dreht sich eine. Von draußen scheint der „Knastmond" (die Innenhofbeleuchtung) herein und projiziert die Eisenstäbe, die vor dem Fenster sind, auf die ganze Wand. Du kannst hier nie vergessen, dass du hinter Gittern bist! Durch Klopfzeichen verständigt sich Anke mit ihrer Zellennachbarin, das Wichtigste vom Tag wird in aller Kürze weitergegeben. Schritte auf dem Gang, Schlüssel, leise Stimmen, dann Stille. Ich überlege, wie lange ich das wohl aushalten würde. Ein Jahr scheint mir die magische Grenze. Nach 14 Tagen hier drinnen bin ich müde. Matt vom Nichtstun, Herumhängen, Warten. Mit wie viel Jahren Gefängnis wird wohl Zeit totschlagen bestraft?

Ich verabschiede mich von den Frauen, bekomme meine persönlichen Sachen zurück, werde noch einmal durch die Sicherheitstür geschleust. Ich verlasse die Justizvollzugsanstalt und bemerke auf einmal, was mir drinnen am meisten gefehlt hat: der

Himmel! Ich stehe da, der Himmel ist so weit wie nie zuvor. Den Horizont kannst du drinnen nicht sehen. Nicht in der Zelle, nicht im Innenhof, du siehst immer nur ein Stück vom Himmel. Freiheit heißt, den Horizont sehen zu können.

„Die letzte der menschlichen Freiheiten besteht in der Wahl der Einstellung zu den Dingen."

Viktor E. Frankl,
Begründer der Logotherapie, war einige Jahre interniert
in verschiedenen Konzentrationslagern, baute seine
Lebensphilosophie auf dem Prinzip Dankbarkeit auf.
Wenn der Mensch seine Aufgaben dankend annimmt,
kann er Sinn und Erfüllung finden.

Kann man auch für Schmerz und Leid dankbar sein?

Es mag nicht so schwer sein, für manche sogar selbstverständlich, dass wir dankbar sind, solange alles gut läuft in unserem Leben. Wer würde nicht Dankbarkeit empfinden nach der Geburt eines gesunden Kindes, dem Kennenlernen der großen Liebe, der Besteigung eines Berggipfels oder wenn man sich unter vielen Bewerbern für ihn entscheidet? Viel schwieriger ist es da schon, dankbar zu sein, nach negativen Ereignissen, einer Trennung nach langer Ehe, dem Verlust des Arbeitsplatzes oder noch viel tragischeren Ereignissen wie schwerer Krankheit, Behinderung nach einem Unfall, sogar dem Verlust eines geliebten Menschen.

Kann man nach solchen Lebenskrisen überhaupt dankbar sein?

Ja, man kann.

Aber, und das haben alle Gespräche, die ich dazu geführt habe, übereinstimmend ergeben, die Dankbarkeit für schmerzvolle Lebenssituationen muss:

- aus eigenem Entschluss erfolgen, aus einem selbst heraus entstehen, eine höchstpersönliche Erkenntnis sein, kein anderer kann jemanden zur Dankbarkeit für und nach Leid auffordern oder ermahnen (etwa ein tröstend gemeintes „Sei dankbar, dass du ihn los bist" nach einer Trennung),
- mit zeitlichem Abstand zu den Geschehnissen, also rückblickend erfolgen.

Man kann zweifellos auch nicht für alles im Leben dankbar sein, das wäre zynisch oder dumm. Elend, Ausbeutung, ungerechte

Verteilung der Güter in der Welt, Krieg, Terrorismus, Krankheit, früher Tod, Unfälle, Untreue und vieles mehr – aber in jeder erwähnten Situation hat man dennoch die Möglichkeit, etwas zu finden, wofür man dankbar sein kann.

„Das Elend, das Millionen Menschen auf der Welt erleben, ist nicht Grund zu jammern, sondern Grund, Mitgefühl zu entwickeln", sagt der Dalai Lama.

Ähnlich auch David Steindl-Rast: „Jede Situation bietet mir diese Gelegenheit. Oft wird die Gelegenheit dann zur Freude. Wir haben eine Gelegenheit nach der anderen, um uns zu freuen über tausend Dinge, die wir völlig übersehen. Das Positive auch in diesen schwierigen Lebenssituationen zu sehen, ist vielleicht hilfreich, denn es wird mich zunächst einmal ablenken. Wenn ich Liebeskummer habe, weil der Partner mich betrügt, muss ich mich fragen: Wozu gibt mir die Konfrontation mit diesem Treuebruch jetzt die Gelegenheit? Gelegenheit etwa, auf die Probleme in unserer Beziehung zu schauen, Gelegenheit, neue Eigenschaften an meinem Partner zu erkennen, Gelegenheit, mein Beziehungsglück unter die Lupe zu nehmen, Gelegenheit, einen neuen, meinen Weg zu gehen. Nur jeder Mensch kann selbst in diesem Moment die Antwort auf die Fragen hören, die zu seinen speziellen Bedürfnissen passt.

Unsere Schwierigkeiten erzeugen eine Menge Lärm. Inmitten dieses Lärms ist es nicht einfach, die leise Stimme der Gelegenheit zu hören. Wir brauchen geübte Ohren. Darum müssen wir unsere Ohren lange vorab auf Dankbarkeit trainieren, bevor Schwierigkeiten uns überfallen. Das ist meistens die Gelegenheit, etwas zu lernen und daran zu wachsen. Das ist nicht leicht und oft gar nicht angenehm."

Apple-Gründer Steve Jobs erzählte am 14. Juni 2005 in einer mittlerweile berühmt gewordenen Rede bei der Abschlussfeier der Stanford University den Studenten von Geschichten aus seinem Leben, die als herbe Schicksalsschläge und Widrigkeiten in sein Leben kamen, rückblickend aber zu ganz entscheidenden

Weichenstellungen seiner Erfolgsgeschichte wurden, zu Wendungen, für die er sich zutiefst dankbar zeigte, auch als er von seiner schweren Krebserkrankung wusste.

„Als ich 17 war, las ich ein Zitat, das ungefähr so lautete: ‚Lebt man jeden Tag, als wär's der letzte, liegt man eines Tages damit richtig.' Das ist hängen geblieben. Seitdem frage ich jeden Morgen mein Spiegelbild: ‚Wenn heute der letzte Tag meines Lebens ist, würde ich dann gerne das tun, was ich heute tun werde?' Und wenn die Antwort an zu vielen Tagen hintereinander Nein lautet, weiß ich, dass ich etwas ändern muss. Mir ins Gedächtnis zu rufen, dass ich bald sterbe, ist mein wichtigstes Hilfsmittel, um weitreichende Entscheidungen zu treffen. Fast alles – alle Erwartungen von außen, aller Stolz, alle Angst vor Peinlichkeit oder Versagen – das alles fällt im Angesicht des Todes einfach ab. Nur das, was wirklich zählt, bleibt. Sich daran zu erinnern, dass man eines Tages sterben wird, ist in meinen Augen der beste Weg, um nicht zu denken, man hätte etwas zu verlieren. Man ist bereits nackt. Es gibt keinen Grund, nicht dem Ruf des Herzens zu folgen. Niemand will sterben. Sogar die Menschen, die in den Himmel kommen wollen, wollen dafür nicht sterben. Und doch ist der Tod das Schicksal, das wir alle teilen. Niemand ist ihm jemals entronnen. Und so soll es auch sein: Denn der Tod ist wohl die mit Abstand beste Erfindung des Lebens. Er ist der Katalysator des Wandels. Er räumt das Alte weg, damit Platz für Neues geschaffen wird.

Jetzt sind Sie das Neue. Doch eines Tages, in nicht allzu ferner Zukunft, werden Sie das Alte sein und aus dem Weg geräumt werden. Ihre Zeit ist begrenzt, verschwenden Sie sie nicht damit, das Leben eines anderen zu leben. Bleiben Sie hungrig, bleiben Sie verrückt. Ich danke Ihnen."

Die Bibelstelle, in der es heißt: „Sei dankbar für alles" (Timotheusbrief), oder auch die Geschichte des Hiob, der – obwohl „rechtschaffen und redlich und gottesfürchtig" und das Böse meidend (Hiob 1,1) – vom Satan provoziert und von Gott mit Leid überhäuft wird, um seine tiefe Dankbarkeit auf die Probe zu stellen, diese Geschichten sind nicht nur für religiöse Menschen eine große Herausforderung. Hiob bleibt auch nach allem Unglück dankbar, obwohl er mehrmals dazu gedrängt wird, Gott zu verfluchen und sich abzuwenden. Doch er bleibt in seiner Haltung der Dankbarkeit und sagt: „Das Gute nehmen wir von Gott, sollten wir das Böse nicht auch annehmen?" (Hiob 2,10)

Theologe Clemens Sedmak erklärt es so: „Ich glaube, dass die wenigsten Menschen wissen, was Gott mit ihnen machen würde, wenn sie ihr Leben ganz in Gottes Hände legen würden! Und wenn man diesen Willensakt setzt, ich übergebe jetzt mein Leben dem lieben Gott, egal was kommen möge, ob das jetzt ein Unfall, eine Krankheit oder andere Widrigkeiten sind, wenn ich das als etwas sehe, das Gott mir gibt und das mir langfristig zum Guten dient, dann ist die Grundeinstellung zum Leben eine andere, als wenn ich damit hadere und verzweifle. Das Leben wird dadurch auch schwieriger und anspruchsvoller, denn du musst ja trotzdem deine Urteilskraft behalten! Du kannst jetzt nicht sagen: ‚Es ist super, dass Menschen verhungern oder von Naturkatastrophen heimgesucht werden, lieber Gott, ich danke dir dafür'. So funktioniert das nicht! Aber eine Grundeinstellung: Was das Leben dir bringt, ist grundsätzlich eine Gabe, auch eine Aufgabe, kann dir schon auch in schwierigen Situationen weiterhelfen!"

Der Blick auf das Positive im Schlimmen als Bewältigung der Krise.

Václav Havel wurde 1979 zu einer viereinhalbjährigen Haftstrafe verurteilt. Und er hat den festen Entschluss gefasst, sich durch diese Haftstrafe das Leben nicht zerstören zu lassen. In seinen Briefen an Olga (er durfte einmal pro Woche einen Brief von vier A5-Seiten an seine Ehefrau schreiben) legt er Olga nahe: „Denk dir. Ich bin auf einem Ausflug. Leb dein Leben so weiter und genieße es, als ob ich nur auf einem Ausflug bin. Ich versuche diesen Gefängnisaufenthalt auch als Ausflug zu sehen." Und dann stellte sich Havel für diese viereinhalb Jahre ein Programm auf: Er möchte erstens seine körperliche und zweitens seine geistige Gesundheit erhalten (und sich deshalb jedem Anflug von Selbstmitleid verweigern, denn das raubt Energie). Er beschreibt Mithäftlinge, die „draußen große Manager und Macher sind und hier im Gefängnis zu ‚alten Weibern' werden": Sie baden in Selbstmitleid, jammern und klagen ständig. Er fasst den dezidierten Entschluss, es ihnen nicht gleichzutun. Drittens will Václav Havel im Gefängnis Deutsch und Englisch lernen, viertens will er produktiv sein und zwei Stücke schreiben. Fünftens will er sich große Fragen stellen und deshalb gründlich die Bibel lesen. Ein beeindruckendes Programm, das er am Beginn seiner Haft festlegt.[8]

Immer wieder treffe ich auf Menschen, die unfassbares Leid erlebt und schmerzvolle Schicksalsschläge zu bewältigen haben. Manche brechen unter dieser Last zusammen, wenden sich verbittert vom Leben ab, verharren in der Suche nach Schuldigen, resignieren. Wie groß ist mein Respekt denen gegenüber, die es schaffen, selbst in schwierigsten Situationen, und sei es nur für kurze Augenblicke, das Schöne im Leben zu sehen.

Viktor Frankl sagt, das Leben stellt uns Fragen, die wir beantworten müssen. Daraus könnte man ableiten, alles, was uns widerfährt, ist eine Gabe, mit der wir umgehen müssen. Auch eine Nuss, die es zu knacken gilt, ist grundsätzlich eine Gabe. Sieht man jede Gabe als Botin von etwas an, aus dem Gutes wachsen kann, dann hat man ein stabiles Fundament für Dankbarkeit. Khalil Gibran schreibt in *Der Prophet*: „Schmerz bedeutet das Brechen der Schale, die euer Verstehen umschließt. Genau wie der Obstkern brechen muss, auf dass sein Herz der Sonne ausgesetzt sei, ebenso müsst auch ihr den Schmerz erleben."

Sobald wir den Schmerz als natürlichen Teil des Lebens akzeptieren, öffnen wir einer tiefen Dankbarkeit die Türe.

Literatur und Geschichte sind voll von besonderen Menschen, die es geschafft haben, auch unter größten Schmerzen ihr Leid zu überwinden und ein Gefühl der Dankbarkeit zu kultivieren.

„Hätte ich die Hoffnung nicht, dass auch aus dieser Erfahrung etwas Gutes wachsen kann, ich hätte keine Kraft mehr zu leben", sagt Elie Wiesel über die Zeit im Konzentrationslager. Was geschehen ist, war schrecklich und ist unwiderruflich geschehen. Es ist also nicht die Frage, wie ich das ungeschehen machen kann, sondern was ich jetzt mit dem Erlebten mache. Als 16-Jähriger in Auschwitz – später schrieb er Bücher, hielt Vorträge und erinnert und rüttelt Menschen auf, etwas, das er nur durch diese schrecklichen Erfahrungen machen kann. Deshalb muss er nicht dankbar sein dafür. Aber er hat eine Grundhaltung dem Leben gegenüber gewonnen, sodass er sagen kann, diese Erfahrung ist mir aufgedrängt worden und jetzt kann auch diese Erfahrung Boden von etwas zukünftig Gutem sein. Eine wahrhaftige Grundeinstellung der Dankbarkeit.

In seinem berühmten Buch … *trotzdem Ja zum Leben sagen* beschreibt der Psychologe Viktor E. Frankl, wie er das Konzentrationslager überlebt hat und kommt zu dem Schluss: „… dass man dem Menschen im Konzentrationslager alles nehmen kann, nur nicht: die letzte menschliche Freiheit, sich zu den gegebenen Verhältnissen so oder so einzustellen. Und es gab ein ‚So oder so'!"[9] „Die geistige Freiheit des Menschen, die man ihm bis zum letzten Atemzug nicht nehmen kann, lässt ihn auch noch bis zum letzten Atemzug Gelegenheit finden, sein Leben sinnvoll zu gestalten … Aber auch wenn es kaum noch eine Chance gibt, schöpferisch oder erlebend Werte zu verwirklichen, gibt es diesen Sinn: wenn Leben überhaupt einen Sinn hat, dann muss auch Leiden einen Sinn haben. Gehört doch das Leiden zum Leben irgendwie dazu … Kein Mensch und kein Schicksal lässt sich mit einem anderen vergleichen; keine Situation wiederholt sich. Sofern nun das konkrete Schicksal dem Menschen ein Leid auferlegt, wird er auch in diesem Leid eine einmalige Aufgabe sehen müssen. Niemand kann es ihm abnehmen, niemand kann an seiner Stelle dieses Leid durchleiden. Darin aber, wie er selbst dieses Leid trägt, darin liegt auch die einmalige Möglichkeit zu einer einzigartigen Leistung."

„Wer ein WARUM zum Leben hat, erträgt fast jedes WIE!"
(Friedrich Nietzsche)

Deshalb ist es auch so wichtig, die Geschichten dieser Menschen weiterzuerzählen, an Schulen, in Familien, Büchern, Dokumentationen. Projekte wie „A Letter to the Stars" haben es sich zur Aufgabe gemacht, den Kontakt zwischen den Generationen herzustellen, damit solch wichtige Geschichten nicht verloren gehen.

Ebenso bedeutend ist das, was wir salopp „Integration" nennen, also Menschen, die aufgrund körperlicher oder geistiger Besonderheiten auch ganz besondere Herausforderungen haben, nicht an den Rand der Gesellschaft zu „versorgen". Meine Freundin Marianne Hengl, von Geburt an schwer behindert, ist mir da eine liebevolle und auch strenge Lehrmeisterin. „Das Dianei", hat ihr Vater immer gesagt, „hat a' gscheites Köpferl, aus der Marianni wird schon noch einmal was, wartet's nur" – nachdem der Schock über die Geburt der erstgeborenen Tochter, die mit versteiften Gliedmaßen zur Welt kam, überwunden war. Ihre Familie und nahe Freunde glauben an sie und prägen ihr Grundverständnis: Ja, sie wird immer auf die Hilfe anderer angewiesen sein. Aber sie wird daran wachsen, lernen und ihre Erfahrungen weitergeben! Manchmal frage ich mich, ob sie so viel Kraft und Mut hätte ohne ihr Handicap. Oder ob der liebe Gott ihr diese Herausforderung gegeben hat, weil sie ein so „großer" Mensch ist. Einer, der etwas daraus macht: der uns ständig darauf hinweist, wie wir mit Schwächeren, Kranken, Behinderten umgehen. Was wir für „perfekt" halten, was wirklich „wichtig" ist, was wir aus Krisen, aus Situationen des Scheiterns im Leben lernen können. An einem Tag voll Unzufriedenheit und Ärgernissen ermahnte mich Marianne: „Weißt du, was echte Sorgen sind? Wenn man sich sein ganzes Leben lang mit seinen eigenen Händen nicht einmal den Hintern auswischen kann." Das hat gesessen. Ja, es gibt Lebenssituationen, deren Intensität wir nicht einmal erahnen.

187

Helen Keller, die von frühester Kindheit an taubblind war, hat ihre schwierige Situation angenommen, indem sie die Gebärdensprache, lesen und schreiben lernte. So schrieb sie: „Charakter entwickelt sich nicht mühelos und in der Stille! Nur durch die Erfahrung von Versuchung und Leiden kann die Seele gestärkt, der Ehrgeiz beflügelt und Erfolg erzielt werden." Und weiter: „Die Welt ist voller Leid und gleichzeitig voller Möglichkeit, dieses Leid zu überwinden!"[3]

Axel Corti hat zu diesem Thema etwas in seiner letzten Radiosendung „Schalldämpfer" (Dezember 1993), kurz vor seinem Tod, gesagt: „Wir wissen's ja oft nicht, dass wir im Schweren sind, bis über die Knie, bis an die Brust, bis ans Kinn – sagt Rainer Maria Rilke. Aber sind wir denn im Leichten froh? Sind wir nicht fast verlegen im Leichten? Unser Herz ist tief. Aber wenn wir nicht hineingedrückt werden, gehen wir nie auf den Grund. Und doch, man muss auf dem Grunde gewesen sein, darum handelt sich's."[4]

Warum nicht „im Leichten" verweilen? Wozu tauchen, wühlen, das Unterste heraufholen und immer wieder unter Schmerzen bohren, hinterfragen? Ja, warum eigentlich nicht an der glatten, geschmeidigen, sanften Oberfläche bleiben? Manche Menschen können das, so wie Schlittschuhlaufen auf brüchigem Eis. Doch keiner entkommt den Situationen, wenn das Leben dich „hineindrückt". Erst im Rückblick können wir begreifen, was die Zeiten „am Grunde" für unser Leben bedeutet haben.

Barbara Fredrickson, Vertreterin der Positiven Psychologie, untersuchte die Häufigkeit positiver und negativer Gefühle vor und nach dem 11. September 2001, durch den wissenschaftlichen Zufall, dass sie bereits vier Monate vor diesem Ereignis eine Gruppe von Personen mit Fragebögen begleitete. Die Probanden sollten sich an den Tag, das Ereignis und die Zeit seither erinnern und berichten, wie häufig sie eines von 20 verschiedenen Gefühlen empfunden hätten. Dankbarkeit wurde am zweithäufigsten genannt, nur übertroffen von Mitgefühl[3].

Kein Mensch möchte freiwillig leiden, um auf diese Weise tiefe Dankbarkeit zu empfinden oder an dieser schmerzvollen Situation charakterlich zu wachsen. Die Forschung auf diesem Gebiet zeigt aber, dass Widrigkeiten im Leben positive Veränderungen der Persönlichkeit zur Folge haben können.

Die „Resilienzforschung" etwa beschäftigt sich mit der Frage, von welchen Faktoren es abhängt, ob es jemand schafft, auch einer schwierigen Situation Positives abzugewinnen. Unter Resilienz versteht man die Fähigkeit, sich schnell von Widrigkeiten zu erholen und sich den neuen Umständen anzupassen. Einer dieser Faktoren ist die optimistische Grundhaltung dem Leben gegenüber. Optimisten können sich besser auf eine veränderte Situation einstellen. Ein weiterer Faktor, so haben Studien gezeigt, ist die Religiosität eines Menschen wie auch soziale Unterstützung, Humor und so weiter. Auch Dankbarkeit ist für die Resilienz von Bedeutung. Noch nicht untersucht wurde die Frage, ob Dankbarkeit sogar zum „psychologischen Immunsystem" eines Menschen gehört: eine dankbare Grundhaltung als Basis für die Bewältigung von Schicksalsschlägen.

Vielleicht braucht es aber einfach auch den Kontrast im Leben, um tief empfundene Dankbarkeit kultivieren zu können. Manche positiven Dinge erkennt man erst dann, wenn man sie verloren hat, die eigene Gesundheit zum Beispiel, Wert und Bedeutung einer Beziehung, einer Arbeitsstelle. Wenn wir sie nicht mehr haben, wissen wir, was wir daran hatten. Psychologen bezeichnen das als das „Gesetz des Mangels".

Es ist immer wieder verblüffend, wenn Menschen in wirklich schweren Lebenssituationen ihre Dankbarkeit ausdrücken. Ich erinnere mich da zum Beispiel an Rennrollstuhlfahrer und Olympiasieger Thomas Geierspichler, der seit einem selbst verschuldeten Unfall in jungen Jahren querschnittgelähmt ist und heute sagt, dass er für seine Behinderung dankbar ist. Das mag auf den ersten Blick unglaublich wirken. Diese Äußerung heißt für mich nicht, dass er ein nicht behindertes Leben dem Leben im Rollstuhl nicht vorziehen würde, wenn er vor die Wahl gestellt würde. Es heißt, dass er das Leben als Geschenk sehen kann und dass ihn sein „Schicksal" empfindsam gemacht hat für viele Dinge im Leben, die er vorher nicht kannte. Oder der blinde Bergsteiger Andy Holzer, der ohne auch nur einen Schritt zu sehen die höchsten Berge der Welt bestiegen hat: „Ich möchte mit niemandem tauschen. Blind sein ist leiwand!" Bis zu dieser Erkenntnis hatte der Osttiroler auch die tiefsten Täler menschlichen Lebens durchwandert.

Solche Menschen sind nicht naiv optimistisch. Diejenigen, die dieses Geschenk erkennen, sind besser in der Lage, sich für ihre Lebensziele zu engagieren, Fortschritte zu machen, das Gute auch in schlechten Lebensumständen zu sehen.

Philippe Pozzo di Borgo, der französische Adelsspross und Manager der Champagnermarke „Pommery", der seit einem Unfall beim Gleitschirmfliegen vom Hals abwärts gelähmt ist, und dessen wahre Lebensgeschichte im Bestseller und Kinohit *Ziemlich beste Freunde* beschrieben wird, sagt über seine Situation: „Ich bin in einem ziemlich unkomfortablen Zustand, das ist so. Aber jedes Mal, wenn ich mich freue, tue ich das voll und ganz. Weil Zeit für mich sehr begrenzt ist, versuche ich jede Minute auszukosten, mit anderen zu verbringen, zu genießen. Gleichzeitig ist die Stille die Gelegenheit, sich mit sich selbst zu befassen, nachzudenken über Werte, über das, was wirklich wichtig ist!"

Was ist für ihn heute wichtig?

Pozzo di Borgo: „Ich finde es extrem befreiend, nicht mehr zu dominieren, nicht mehr zu geben – Geben ist ja oft weniger altruistisch als es den Geber befriedigt –, sondern zu empfangen und zu nehmen. Die Menschen vergessen vor lauter Dominanz, was sie zu empfangen versäumen. Nehmen Sie meine kleine Tochter: Ich schaue sie einfach an, ich höre ihr zu, sie sendet entzückende Botschaften – früher hatte ich für so etwas keine Zeit. Jetzt bin ich verfügbar für Empfang. Das macht mich reich!"

Empfangen können, Hilfe auch anzunehmen, ist gar nicht so leicht, wie viele „Gebende" sich das vorstellen. Diese Fähigkeit macht den Schwächeren aber erst stark. Dank wird in dieser Situation zum Ausgleich der Kräfte.

Der Hinweis Außenstehender – „Sei dankbar, auch für leidvolle Erfahrungen" – ist jedoch wenig hilfreich und auch widersinnig. „Wenn ich sage, dass du dankbar sein sollst, das ist so ähnlich, als ob du sagtest, dass du mich lieben musst!", meint Jesuitenpater Georg Sporschill in unserem Gespräch. Dankbarkeit ist etwas, das nur frei entstehen und wachsen kann. Sicher darf man warten, erwarten, aber erst wenn du so weit bist, dass du den anderen frei lässt, dann kann er zu dir zurückkommen, kann er dich lieben, kann er dir danken!

Ich danke allen, die meine Träume belächelt haben;
Sie haben meine Fantasie beflügelt.

Ich danke allen, die mich in ein Schema pressen wollten;
Sie haben mich den Wert der Freiheit gelehrt.

Ich danke allen, die mich belogen haben;
Sie haben mir die Kraft der Wahrheit gezeigt.

Ich danke allen, die nicht an mich geglaubt haben;
Sie haben mir zugemutet, Berge zu versetzen.

Ich danke allen, die mich abgeschrieben haben;
Sie haben meinen Mut geweckt.

Ich danke allen, die mich verlassen haben;
Sie haben mir Raum gegeben für Neues.

Ich danke allen, die mich verraten und missbraucht haben;
Sie haben mich wachsam werden lassen.

Ich danke allen, die mich verletzt haben;
Sie haben mich gelehrt, im Schmerz zu wachsen.

Ich danke allen, die meinen Frieden gestört haben;
Sie haben mich stark gemacht, dafür einzutreten.

Vor allem aber danke ich all jenen, die mich lieben, so wie ich bin;
Sie geben mir die Kraft zum Leben!

Karin E. Leiter*

---

* © „Dankbrief" von Karin E. Leiter aus: *Die Bibel atmet*, Tyrolia-Verlag, Innsbruck, 4. Auflage 1997, S. 121; gekürzte Fassung.

�֎ Sonnenaufgang

Es war als ganz besonderes Erlebnis für uns alle geplant. Freunde, Familie, und unser Bergführer wollten sich an diesem Tag im Stubaital treffen. Und nun stand die Wanderung vor der Absage. Denn Heidi wollte ja dabei sein, mit uns zum Gipfel aufsteigen. Dürfen wir nun ohne sie gehen? Nachdem vor vier Wochen das Unglück geschehen ist …?

Rückblende. Es war ein strahlend schöner Sommertag, der Himmel so blau, der Schnee am Gletscher so griffig, die Lebensfreude so groß, die Bedingungen einfach perfekt für einen Snowboard-Tag. Sie waren an diesem Tag sicher nicht die Ersten am Berg, aber die Wildesten, die Fröhlichsten. Und Heidi war mittendrin. Mit ihren 24 Jahren war sie der Inbegriff der Lebensfreude, jung, attraktiv, sportlich, optimistisch, mit einem Lächeln konnte sie die ganze Welt umarmen, die ihr zu Füßen lag, das ganze pralle Leben lag vor ihr. Verliebt ins Leben. „Es war ein perfekter Tag!", das war dann auch ihre letzte SMS-Nachricht. Mit der letzten Gondel hinunter, ins einfache Quartier, wo die sparsamen Freundinnen während dieser Sportwoche wohnten. Müde und glücklich waren sie zu diesem Zeitpunkt. Hunger, Durst oder einfach faul im Bett liegen bleiben? Kochst du, koche ich, oder gehen wir essen? Ein Apfel, ein Butterbrot, nein, heute gibt es Spaghetti, ich habe ja einen Campingkocher im Auto, genau für solche Zwecke. Ein paar Handgriffe, der Kocher am Balkon, die Nudeln im Topf, in ein paar Minuten können wir essen. Nur noch den Gaskocher anzünden, die Gaspatrone ist leer, macht nichts, ich habe noch eine neue im Auto. Einfach austauschen. Ganz einfach.

Die Explosion der Gaspatrone war so heftig, dass Heidi vom Balkon auf den Parkplatz vor dem Haus stürzte. Sie hatte keine Chance.

Vier Wochen später, wir starten zur geplanten Wanderung. Es sollte eine besondere Wanderung werden, 3 Uhr morgens Tagwache, mit Stirnlampen ausgerüstet, wollen wir in den Sonnenaufgang hineinwandern. Es sind alle gekommen, Familie, Freunde, auch Heidis Vater Peter ist da. Das Herz ist schwer und wund, voll Schmerz und Trauer um seine Tochter. Doch Heidi wäre auch in so einer Situation mitgewandert, sie hätte nicht klein beigegeben, jedes Abenteuer auskosten, jede Faser Leben spüren, sie liebte die Berge so sehr! Unser Bergführer Paul hat alles vorbereitet, mit dem Jeep geht es zur Alm, die der Ausgangspunkt unserer Wanderung ist. Wie finster die Nacht in den Bergen ist, wie müde die Schritte, der Atem sichtbar an diesem kühlen Morgen Anfang August in den Stubaier Alpen. Der Tross setzt sich in Bewegung. Ein Schritt. Ausatmen. Der nächste Schritt. Einatmen. Der Puls rast auf den ersten Metern in die Höhe, bevor er sich langsam beruhigt und den gleichmäßigen Rhythmus vorgibt. Einatmen, ausatmen. Noch ein Schritt. Die Gedanken kommen und gehen. Nach etwa zwei Stunden Gehzeit haben wir die Anhöhe erreicht. Mir ist kalt und warm zugleich. Die Augen sind immer noch schwer, aber voll Freude auf den bevorstehenden Sonnenaufgang. Ich habe schon einige Sonnenaufgänge erlebt, meist nach durcharbeiteten Nächten, diese eigenartige Stimmung, wenn du in das Auto steigst, nach Hause fährst, während für alle anderen gerade der Tag erwacht. Sonnenaufgänge tauchen die Stadt in ein besonderes Licht, schaffen eine besondere Stimmung. Aber das hier ist etwas ganz anderes. Rund um mich die Dreitausender der Stubaier Bergwelt, bis nach Südtirol wird man heute sehen.

Gespanntes Warten auf den Moment, wo sich Tag und Nacht berühren. Am Bergkamm kann man das helle Leuchten, den Versuch der Sonne, sich ihr Reich zu erobern, schon erahnen.

Orangefarbenes Licht, rot, rosa, blau, violett, alle Farben glitzern in diesen Minuten. Und dann sticht ein Sonnenstrahl über den Berg, so scharf, so klar, so fein wie ein Diamant. Dann geht es ganz schnell, der satte, volle Ball erhebt sich am Horizont und wird so kräftig, dass wir die Augen schließen müssen.

„Der Sonnenaufgang kommt unaufgefordert und kann uns daran erinnern, dass jeder Tag ein Geschenk ist. Nicht wir führen ihn herbei. Das Licht wird uns gegeben. Jeden Morgen wird die Welt neu geboren und bringt uns eine Zeit voll neuer Gelegenheiten. Auch wenn die Schwierigkeiten dieselben sind wie gestern, so können wir sie doch ganz neu anpacken." (David Steindl-Rast)

Heidi ist bei uns. Der Tag beginnt. Das Herz ist voll. Danke.

„Wem soll man denn Danke sagen?"

Holocaust-Zeitzeugin, Kulturjournalistin Angelica Bäumer

Auf der Suche nach interessanten Gesprächspartnern zum Thema Dankbarkeit habe ich auch die Organisation „A Letter to the Stars" kontaktiert, die es sich zur Aufgabe gemacht hat, Geschichten jüdischer Zeitzeugen zu dokumentieren und weiterzuerzählen, damit diese nie verloren gehen. So stoße ich auf Angelica Bäumer, Kulturjournalistin und Autorin. Erst im Alter von 60 Jahren begann sie ihre Geschichte – die Geschichte einer jüdischen Familie im Salzburg der Nazizeit – zu erzählen und sich damit schmerzvollen Erinnerungen zu stellen, die bis dahin gut verborgen schienen. Das Vermögen der wohlhabenden Familie, zu dem eine Lebensmittelfabrik in Deutschland gehörte, wurde nach dem „Anschluss" 1938 beschlagnahmt, der Onkel von der Gestapo verhaftet und nach Dachau deportiert. Das Malerehepaar Valerie und Eduard Bäumer war mit der 1932 geborenen Tochter Angelica bereits 1933, als Hitler an die Macht kam, aus Frankfurt weggezogen und lebte nun in Salzburg. Als im Laufe der Kriegsjahre die Situation für die Familie immer gefährlicher wurde, ist es schließlich ein Pfarrer, der die jüdische Familie zu sich nimmt und versteckt. Welche Form der Dankbarkeit empfindet Angelica Bäumer ihrem Retter gegenüber? Wie wichtig ist dieser Wert in einem Leben, das so viel Gräuel erlebt hat?

Angelica Bäumer hat zunächst in Salzburg am Mozarteum, ab 1949 dann in Wien Musik studiert und als außerordentliche Hörerin auch Architektur und Kunstgeschichte. Nach Ehe und Familie (3 Kinder) arbeitete sie als Redakteurin im Salzburger Landesstudio des ORF. Nach einem Intermezzo als Ministersekretärin im Ministerium für Unterricht, Kunst und Sport konzentrierte sich Angelica Bäumer immer mehr auf die Organisation von Symposien und Ausstellungen. International bedeutend waren vor allem die Symposien „Von der Erkenntnis des Leides", 1988, und ein Symposion für internationale Kunstkritiker und Kuratoren, „Zentrum und Peripherie", im Jahr 1992. Außerdem arbeitete sie an der Organisation und Pressearbeit für die Theodor-Herzl-Symposien in Wien mit und organisierte eine weltweite Wanderausstellung mit Kunstwerken geistig und/oder psychisch behinderter Künstlerinnen und Künstler („Art Brut").

Ich besuche Angelica Bäumer in ihrer Wohnung in der Wiener Innenstadt, eine liebevoll eingerichtete Altbauwohnung mit Blick in den Innenhof. Angelica Bäumer ist eine Dame, an Haltung, Stil und Ausdruck merkt man, dass sie mit viel Disziplin versucht, das beschwerlicher werdende Leben im fortgeschrittenen Alter zu meistern. Bücher und Kunstwerke geben dabei Halt.

1987 schrieb Angelica Bäumer für das Dokumentationsarchiv des Widerstandes ihre eigene Geschichte während des Krieges auf, darin erzählt sie:

„Es war 1942, als ein Pfarrer aus Weißbach bei Lofer nach Salzburg kam, auf der Suche nach einem Maler, der das Deckengemälde in seiner Wallfahrtskirche erneuern könnte. Für ein Vergelt's Gott, Geld gab es keines. Meinen Vater, Eduard Bäumer, lockte die Aufgabe. Das Zusammentreffen mit dem Pfarrer, Balthasar Linsinger, sollte aber darüber hinaus über-lebens-wichtig werden."

Wie sie dann weiter schreibt:

„Ich ging noch ins Gymnasium, als eines Tages mitten im Unterricht die Türe aufging und zwei Gestapo-Männer hereinkamen, die mit ihren Stiefeln furchtbaren Lärm machten. Sie grüßten das übliche ‚Heil Hitler' mit erhobenem Arm, die Klasse stand automatisch auf, dann schrie der eine: ‚der Bastard Bäumer soll mitkommen'. Ich verstand sofort, packte meine Schulsachen und ging zur Türe. Die Zwei schrien wieder ihr ‚Heil Hitler', die Lehrerin starrte entsetzt und war zu keiner Reaktion fähig – die zwei Riesen nahmen mich in die Mitte, hielten mich mit festem Griff an den Oberarmen und führten mich brutal durch die langen Gänge, die Stiegen hinunter. Und als hätte die ganze Schule darauf gewartet, kamen aus allen Türen die Schülerinnen, liefen hinter und neben uns her, spuckten mich an, schrien und johlten: Bastard, Saujud, umbringen. Ich weiß heute noch mein damaliges Gefühl, ich hatte nur eine Wahl, entweder lasse ich mich fallen oder ich strecke mich, und so ging ich hochaufgerichtet durch den Hass. In diesem Moment wurde ich Jüdin. Auch wenn ich bisher nichts, oder nur wenig wusste von unserer Familiengeschichte, wenn ich bis heute nicht weiß, wie viel Jüdisches auch von meinem Vater in mir ist, ich bin seit diesem Schulmorgen Jüdin und ich wurde in einer Minute Tausende Jahre alt. Ich lief nach Hause und nun erzählten mir meine Eltern alles über unsere Situation. Das Vermögen war beschlagnahmt, der Vater hatte als ‚entarteter' Maler Berufsverbot, dafür aber beide Eltern Zwangsarbeit, der Befehl, dass sich mein Vater von seiner jüdischen Frau scheiden lassen soll, was er nicht tat, setzte weitere Repressalien frei. Es war ein absoluter Tiefpunkt für die Familie. Und das war für mich der Moment, wo ich die Verantwortung für die Familie übernahm. Ich war 12 Jahre alt.

Schließlich erfuhren wir, dass wir auf einer Deportationsliste standen. So flohen wir im Sommer 1944 nach Großarl – wo Pfarrer Linsinger inzwischen die Pfarre übernommen hatte. Wir überlebten den Krieg, durch den Mut und die Zivilcourage dieses Mannes, der uns bis Kriegsende versteckte und beschützte.

Es gab Schlimmeres in der Nazizeit als unser, als mein Schicksal. Ich erfuhr es von meiner Großmutter aus Theresienstadt, von meinem Onkel aus Dachau, von einem Freund meiner Eltern aus Mauthausen. Ich sah kurz nach dem Krieg im Salzburger Festspielhaus die Filme über Auschwitz und Buchenwald. Ich wusste, wie viele unserer Verwandten die Lager nicht überlebt hatten und trotzdem, dieses Erleben war das meine und es lässt mich nicht los.

Ich war ein Kind damals und heute bin ich Großmutter. Aber nichts, was ich damals erlebte, ist vergessen, zu tief prägen sich derartige Erfahrungen in Geist und Seele eines Menschen ein. Ich bin nicht religiös erzogen worden, obwohl mich meine Eltern 1938 taufen ließen, in der Hoffnung, das würde die Nazis besänftigen, wir sind ja nicht mehr ‚jüdisch'. Wir wissen heute, und auch meine Eltern erfuhren es bald, dass das nichts nützte. Jude bleibt Jude, auch über die Taufe hinaus, so wollten es die Rassengesetze der braunen Arier.

Mein großes Erlebnis erfuhr ich durch die wahrhaft menschliche Tat des katholischen Pfarrers Linsinger. Er, ein einfacher, tiefgläubiger Christ, hat mich die Achtung vor dem Christentum gelehrt, auch wenn mir die Gnade des Glaubens nicht gegeben ist. Das Barocke, Christliche, Bäuerliche ist für mich zu einer wunderbaren Einheit geworden, der ich mich dankbar verbunden weiß, auch wenn mir meine jüdischen Quellen immer mehr bewusst werden, je älter ich werde und ich auch längst Mitglied der Israelitischen Kultusgemeinde bin.

Meine Schwester besuchte den alt gewordenen Balthasar Linsinger in seinem Alterssitz im Lungau und als er sich bedankte für ihren Besuch, sagte meine Schwester: ‚Aber Sie haben uns ja auch das Leben gerettet.' ‚So', sagte er, ‚habe ich das?'"

Wie präsent ist Ihre Geschichte während der Nazi-Zeit heute noch? Kommen neue Erinnerungen, die schon vergessen schienen?

Es gibt ein Phänomen, das nennt sich Holocaust-Syndrom. Das betrifft nicht nur ehemalige KZ-Insassen, Holocaust-Überlebende, sondern auch deren Angehörige. Nach der Befreiung herrscht zunächst einmal Euphorie – ich habe überlebt, ich bin wieder an der freien Luft! Dann beschäftigt man sich natürlich irgendwie mit dem alltäglichen Leben und Überleben, der Karriere, wenn Sie so wollen, und eines Tages, meist erst viel später, kommt das Entsetzen wieder – das nennt sich Holocaust-Syndrom. Jahrzehnte später bringen sich Leute um, Jean Amery beispielsweise oder Primo Levi, und alle reagieren erstaunt und verständnislos: was, jetzt?

Ich habe wie jeder normale Mensch erst einmal verdrängt, ich war doch erst zwölf Jahre alt, als ich aus einem mehr oder weniger heilen Leben plötzlich ins Nichts geworfen wurde. Das ist schon ein Schock für ein Kind, dass da zwei riesige Männer kommen, es aus der Schule holen und die anderen Mädchen alle hinterherrufen „Saujud". Woher sie das plötzlich alle wussten? Ich weiß es nicht.

Was wussten Sie damals als Kind?

Zunächst wusste ich nichts. Ich weinte oft auf dem Heimweg, lernte schweigen und erzählte meinen Kummer meinen vielen Puppen. Meine Eltern waren mit ihren Sorgen zu beschäftigt, sie nahmen meine Not, glaube ich, nicht wirklich wahr. Und ich verstand die Welt nicht mehr. Nach der Erfahrung mit den Gestapo-Männern habe ich die Verantwortung für die Familie übernommen. Das klingt so komisch, aber es ist die Wahrheit. Zum Beispiel habe ich gemerkt, dass mein Vater jeden Tag BBC hört, so habe ich immer, wenn ich in die Nähe des Radios gekommen bin, sofort den „Feindsender" weggedreht. Auch musste sich meine Mutter jeden Tag bei der Gestapo melden, was sie längst nicht immer tat, und eines Tages hat ein Gestapo-Beamter sie angebrüllt: „Sie werden sich noch wundern, was mit Ihren Kindern passiert!" Meine Mutter war natürlich voller Entsetzten, was mit ihren Kindern sein könnte. Darauf sagte er: „Na, die werden nicht heiraten dürfen!" Da hat meine Mutter einen Lachkrampf bekommen und gemeint: „Sie glauben doch nicht, dass Sie dann noch da sind". Solche Geschichten habe ich mitbekommen und versucht, meinen Eltern klarzumachen, dass es wirklich ernst ist und immer gefährlicher wird. Vor allem für meine kleineren Geschwister habe ich mich verantwortlich gefühlt. Die sollten nichts spüren.

Haben Sie in dieser immer gefährlicher werdenden Situation auch Momente der Dankbarkeit gespürt?

Wir waren bereits einige Wochen in Großarl, als eines Tages zwei Mitschülerinnen aus dem Salzburger Gymnasium kamen, ich bekam einen Todesschreck, als ich sie gesehen habe, weil wir uns ja als Ausgebombte aus Wien ausgegeben hatten. Ich stand also da, starr vor Schreck, und dachte mir: Die sagen jetzt alles. Ich habe die beiden dann gebeten, kein Wort über meine Herkunft zu sagen. Und die beiden Mädchen haben dichtgehalten. Vielleicht hatten sie in dieser Situation Angst vor mir, aber wahrscheinlich haben sie auch gespürt, dass wir in wirklicher Gefahr waren. Da ist schon ein Gefühl von Dankbarkeit in meinem Leben gewesen.

Sie haben gesagt, nach dem Krieg war zunächst die Euphorie da, dass man überlebt hat. War Dankbarkeit da überhaupt ein Thema, oder hat dieses Schuldgefühl überwogen: Warum ich und andere nicht?

Zuerst war da die Dankbarkeit, überlebt zu haben, dass man wieder offen reden kann, nicht mehr verstohlen etwas sagen muss, dass man nicht mehr aufpassen muss, wenn man etwas sagen will. Das hat überwogen. Das Schuldgefühl kommt erst viel später. Ich habe dann mein Leben gelebt, Familie, Kinder, Scheidung, habe meine Karriere aufgebaut, da waren diese Erinnerungen weit weg, obwohl mir immer sehr bewusst war, dass ich jüdisch bin. Dieses Gefühl kam dann auch immer wieder als Schuldgefühl, ich habe meine Großmutter heiß geliebt, die zwei Jahre in Theresienstadt war, und bis heute fühle ich mich schuldig, dass ich nicht dort war. Ich erinnere mich noch an die Karten, die Großmama uns schrieb. Immer wieder verschlüsselte Botschaften, zum Beispiel „Schöne Grüße an den Onkel Zrost!" Zrost war eine Bäckerei in Salzburg. Damit war klar: Sie hat Hunger. Immer wieder ging es ums Essen, weil sie ja nichts zu essen hatten.

Das Gefühl, schuldig zu sein, begleitet mich mein Leben lang. Das verliert man nie. Auch dieses Wissen, dass man nicht richtig dazugehört. Ich gehöre nicht dazu, bis heute nicht. Und zwar zu nichts. Im Grunde auch nicht wirklich zum Jüdischen.

Warum nicht?

Ich bin nicht religiös. Ich halte es da mit Jörg Mauthe, als er schon todkrank war, hat er immer wieder übers Sterben gesprochen und irgendwann sagte er zu mir: „Weißt, mir kann's ja wurscht sein, weil es ist ja eh nix nachher. Aber lachen würd' ich, wenn dann doch was wär'!"

Hatte Ihre Dankbarkeit damals schon einen konkreten Emp-fänger? Wem oder was waren Sie dankbar?

Nein, meine Dankbarkeit war immer eine nicht-religiöse, wenn Sie so wollen, eine spirituelle, eine ganz allgemeine Dankbarkeit. Ich habe einmal eine Dokumentation über „Behinderte Künstler" gemacht. Da war ein Bildhauer, der mir im Interview sagte: „Ich danke dem lieben Gott, dass ich die Begabung zum Künstler habe!" Ich habe ihn dann gefragt: „Bist du fromm?" – „Nein", meinte er, „aber wem soll man denn sonst Danke sagen?" So geht es mir auch. Wem soll man denn Danke sagen?

In Ihrer Lebens- und Überlebensgeschichte gibt es ja ganz konkrete Menschen, denen Sie allen Grund haben, dankbar zu sein. Die beiden Mädchen, die Sie nicht verraten haben, der Pfarrer, der Ihre Familie versteckt hielt.

Ich habe erst vor Kurzem Briefe gefunden, die ich an diesen Pfar-rer geschickt habe. Ja, das waren schon Briefe, die Dankbarkeit ausgedrückt haben. Ich kann Balthasar Linsinger niemals genug danken. Nach dem Krieg hatten wir keinen Kontakt mehr. Ich habe ihm gelegentlich geschrieben, aber ich habe ihn nie wieder besucht. Das Leben ging weiter. Und ich hätte auch gar nicht gewusst, was ich ihm sagen soll. Es war doch endlich vorbei!

War Ihnen denn damals bewusst, dass er etwas tat, was nicht selbstverständlich war?

Das war mir auf jeden Fall bewusst. Mir war auch bewusst, dass er sich damit selbst gefährdet. Vor allem weil er jeden Sonntag in der Kirche gegen die Teufel in Menschengestalt gepredigt hat und weil er ja von der Gestapo beobachtet wurde, er war auch in Salzburg im Gefängnis. Es gab wenige, ganz wenige Geistliche, die damals Widerstand geleistet und ihr eigenes Leben riskiert haben. Aber dieser Pfarrer Linsinger hat sich nicht verbiegen lassen. Sein Glaube war Gott, dem war er Gehorsam schuldig – da gab es keine Alternative.

Haben Sie ihn je gefragt, warum er das gemacht hat?

Diese Frage hat sich durch seine Persönlichkeit nicht gestellt. Es war seine Menschenpflicht. Ohne Wenn und Aber. Das ist schon eine tolle Leistung, er war ein einfacher Bauernbub – und ein so großer Mensch!

Wie wichtig ist es immer noch, dass Geschichten wie Ihre erzählt werden?

Es gibt einen Satz von Ingeborg Bachmann: „Die Wahrheit ist dem Menschen zumutbar". Und genau um die Wahrheit drücken wir uns in Österreich, und zwar permanent und dauernd. Wir sind ein reiches Land, das sich seinen Reichtum zum Teil erschwindelt hat, aber darüber redet kein Mensch. Und wir können doch nicht unsere Kinder und unsere Jugend in dieser Verlogenheit aufwachsen lassen. Das geht einfach nicht. Und das hat auch etwas zu tun mit

Bitte und Danke. Wie gehen wir denn mit unserer Gegenwart um, nicht nur mit der Vergangenheit? Wenn wir unsere Vergangenheit nicht mit einer ehrlichen Haltung anschauen, dann können wir mit der Gegenwart nicht umgehen und können nicht in die Zukunft gehen!

Sie sind gesund, eine attraktive Frau, Sie haben beruflich Karriere gemacht, leben hier in einer schönen Wohnung, gibt es nicht viele Gründe, dankbar zu sein?

Das Leid prägt einen stärker. Es gibt ja in Österreich die Attitüde, dass man zu gewissen Gedenktagen Gedenkveranstaltungen macht. Das kann dann so beeindruckend sein wie das Lichtermeer, aber es gibt auch eine sehr verlogene Art zu gedenken, immer wieder! Ich kann diese Lügen nicht mehr ertragen. Ich habe 1988 ein Symposium mit dem Titel „Von der Erkenntnis des Leidens" gemacht. Man kann Leid überwinden und daraus Kraft ziehen, aber Leid ist dem Menschen immer näher. Wenn ich mit der Straßenbahn fahre, dann sehe ich so viele alte Leute mit heruntergezogenen Mundwinkeln, die bösartig zu den Jungen sind! Nein, man darf im Leiden nicht verharren! Es war mir wichtig zu zeigen, ohne Erfahrung kann keine Erkenntnis entstehen, das ist ein menschliches Phänomen. Was ich als Kind erlebt habe, und später im Leben, das sind zahlreiche leidvolle Erfahrungen, die mich aber stärker gemacht haben, weil ich sie angenommen habe. Vielleicht ist das eine Art von Dankbarkeit, diese Möglichkeit zu sehen.

Das findet man ja auch in Aufzeichnungen von KZ-Insassen immer wieder, dass sie es selbst trotz des größtmöglichen Leides geschafft haben, manche Dinge positiv zu sehen, sich an kleinen Dingen zu erfreuen – als Überlebensstrategie.

Ich glaube, dass zwei Begriffe sehr nah beieinander liegen: die Dankbarkeit und die Hoffnung! Wenn ich nicht mehr hoffe, kann ich den Tag nicht überleben und kann die kleinen Dinge nicht sehen. Mein Vater hat einmal über das kleine Glück gesprochen. Ich erinnere mich an diese Haltung meiner Eltern und sie bekommt für mich in meinem Alter immer mehr Bedeutung. Meine Mutter stammt aus einer wohlhabenden jüdischen Familie aus Wien, mein Vater ist im jüdischen Waisenhaus aufgewachsen. Sie haben lange ein sorgenfreies Leben geführt, haben geheiratet, sind gereist, hatten ein schönes Leben. Wir hatten ein großes Haus mit Köchin und Dienstmädchen, mein Vater hatte ein riesiges Atelier. Mit dem Krieg war das alles weg. Meine Mutter hat aber nie gejammert. Nie. Sie hat mit uns gesungen, gespielt, als ob nichts wäre. Was das bedeutet, das habe ich erst viel später realisiert.

Kann man für Leid dankbar sein?

Es geht immer wieder darum, Leid anzunehmen. Ich bin vier Monate auf der Intensivstation neben meinem sterbenden Sohn gesessen. Er hatte einen schweren Verkehrsunfall. Ich war oft Tag und Nacht bei ihm im Spital, weil ich ihn unbedingt begleiten wollte, bis zum Tod. Da kamen die Nachtschwestern und Ärzte und haben mir ihre Sorgen erzählt. Mir, der Mutter eines sterbenden Kindes. Ich habe einmal eine Ärztin in den Arm genommen, sie wollte nur reden, und ich habe nur zugehört. Ich habe durch die eigene leidvolle Erfahrung mit meinem sterbenden Sohn anderen Menschen Kraft geben können. Das ist doch wunderbar.

Konnten Sie, bei der leidvollsten Erfahrung, die eine Mutter machen kann – ihr Kind sterben zu sehen –, also trotzdem dankbar sein?

Ich war dankbar, dass ich bei ihm sein durfte. Da gab es Momente, für die ich dankbar bin. Ich will nicht sagen, dass ich dankbar bin für den Tod meines Sohnes, aber meine Erfahrung im Umgang mit dem Sterbenden hat mir Kraft gegeben und erfüllt mich mit Dankbarkeit.

Ist Dankbarkeit heute ein unmoderner Begriff?

Das ist so wie Liebe. Ist Liebe unmodern? Natürlich hat die Zeit auch immer ihre eigenen Erklärungen oder Begründungen, aber ich glaube, die Basis, dieses Fundament von Liebe, Dankbarkeit, das ist ewig und bleibt durch die Jahrtausende gleich.

Sie erzählen aus einem großen Lebensschatz. Danke!

„Wäre das Wort ‚Danke‘ das einzige Gebet,
das du je sprichst, so würde es genügen."

Meister Eckhart

Gott sei Dank!
Dankbarkeit – eine Frage der Religion?

Wofür soll ich dankbar sein? Wem soll man denn danken? Ist Dankbarkeit ein religiöser Begriff, ist es eine Frage der Religion?

Das Danksagen hat historische und religiöse Wurzeln. Wo Religion und Glaube zu Hause sind, da ist auch Dankbarkeit. Theologe Clemens Sedmak meint: „Für religiöse Menschen ist jeder Begriff ein religiöser Begriff. Von John Stuart Mill stammt der Satz: ‚faith changes everything'. Ein religiöser Glaube, das ist nicht wie ein Zusatzabteil im Leben, wo man halt neben dem Sport und den Medien noch den Glauben hat. Das ist vielmehr eine fundamentale Einstellung zum Leben als Ganzem und zur Welt als solcher. So sehe ich Religion. Vor allem, wenn man eine lebendige Beziehung zu einem lebendigen Gott hat. Das ist nicht selbstverständlich bei den offiziell religiösen Menschen dieser Welt. Ich habe oft den Eindruck, für viele ist der liebe Gott ein Kühlschrank im Universum. Ab und zu eine Messe lesen lassen, dann füttern wir den Automaten und dann kommt ein Fahrschein heraus für die nächsten drei Wochen im Leben. Wenn ich sage, für einen religiösen Menschen sind alle Aspekte des Lebens religiös durchdrungen, heißt das aber nicht, dass du überall den lieben Gott, sozusagen als Schuldigen, hineinbringen musst. Man muss nicht bei misslungenen Bischofsentscheidungen die Fehler dem Heiligen Geist in die Schuhe schieben. Man muss sich selbst auch nicht hysterisch machen und bei jedem kleinsten Detail des Lebens den lieben Gott befragen. Aber es ist doch so, dass die Frage nach dem Willen Gottes und nach dem Wirken Gottes das Leben von Grund auf verändert. Für einen religiösen Menschen wird das Leben reicher, tiefer und vielleicht auch schwieriger!"

Nicht nur bei religiösen Menschen ist Dankbarkeit verbunden mit dem Wort Gnade. Der lateinische Begriff gratia als Ausdruck des Willens zur Dankbarkeit. Gnade ist das, was mir geschenkterweise zufällt, ohne dass ich es mir erarbeitet habe oder es mir in sonstiger Form zusteht. Dorothee Sölle, die bedeutende Theologin und Schriftstellerin, die durch ihr politisches Engagement (auch in der Friedensbewegung) immer wieder aufhorchen ließ, sagte: „Gnade heißt, die wichtigsten Dinge im Leben sind frei."

Dazu fällt mir eine Begebenheit ein, die mir der große Schauspieler Prof. Fritz Muliar einmal erzählte: Sie trug sich im Krieg zu, 1943, er befand sich als „Strafsoldat" in der Feldstrafgefangenenabteilung 18 irgendwo in Russland und mitten im eiskalten Winter an der Front. Moralisch, seelisch und körperlich war er am Ende. Es war Weihnachten, und das Einzige, was er bei dieser klirrenden Kälte noch spürte, war Hunger. Er stolperte und fiel hin, fühlte sich in diesem Augenblick wie ein Klumpen Blei, zu schwer, zu müde, zu schwach, um jemals wieder aufzustehen. Die Soldatenkolonne war bereits vorbeigeschlurft, als aus einem nahen Kellerfenster zögerlich die Hand einer alten Frau kam. Sie reichte ihm eine eingelegte, saure Gurke. Es war nur eine Gurke, doch es war Essen, Leben, Hoffnung! Es war diese alte Russin, die ihm damals das Leben rettete. Er hatte ihr sogar einen Namen gegeben, „Matka", und das einzige Wort, das er mit ihr wechselte, war: „Spassiwa – danke!"

Von Erfahrungen der Gnade darf und muss man wohl dann sprechen, wenn sich für einen Menschen unerwartet eine Tür zum Leben auftut. Gnade – ein Grundstein menschlicher Existenz. Deshalb gehört „Gnade" zu den Begriffen, mit denen Menschen – unabhängig von ihren religiösen Verwurzelungen – etwas Konkretes verbinden können: Es geschieht etwas zu meinen, zu unseren Gunsten, unvorhergesehen, vielleicht erbeten oder erhofft, aber letztlich ungeplant. Wem solches widerfährt, hat nichts dazugetan. Gnade kommt von außen. Nicht selten erscheint sie wie eine Fremde und mit ihr etwas Wunderbares. Eine Ahnung blitzt auf: Hier könnte ein Anderer, ein Größerer im Spiel sein.

Jesuitenpater Georg Sporschill meint dazu: „Religion ist nichts anderes als Dankbarkeit, es ist fast die Übersetzung von diesem Wort. Religion heißt ja, verbunden zu sein, sich an etwas zu binden. Zu wissen, jemandem habe ich etwas zu verdanken. Deshalb gibt es im Christentum – aber auch in anderen Religionen – solche Riten wie etwa die Eucharistie. Das Wort ‚Eucharistie‘ kommt aus dem Griechischen und heißt nichts anderes wie ‚Dankfeier‘. Die heilige Messe wird als Ausdruck der Dankbarkeit gefeiert. Zugleich ist Eucharistie auch die Bezeichnung der Gaben Brot und Wein. Was als Vollendung der Welt erhofft wird, ‚dass Gott alles in allem sei‘ (1. Korinther 15,28), das ist in der Eucharistie bereits Gegenwart. Religion ist Dankbarkeit, aber Dankbarkeit ist nicht an die Religion gebunden.“

Die Frage, die bereits am Anfang des Kapitels gestellt wurde, ob Dankbarkeit einen Gott braucht, beantwortet Georg Sporschill folgendermaßen: „Ich würde die Dankbarkeit nicht zwangstaufen, in keiner Weise. Ich bin glücklich, dass ich mit der Hypothese lebe, dass es einen lieben Gott gibt, aber wissen tue ich es auch nicht. Ich gehe jedoch einmal davon aus und versuche danach mein Leben zu gestalten. Und das empfinde ich als großes Glück, sogar als Luxus in meinem Leben. Ich kenne genügend Leute, die dieses Glück nicht haben. In schwierigen Situationen, angesichts des Todes oder ganz alleine, wenn du im täglichen Leben Kraft brauchst, sind diejenigen vielleicht ein bisschen benachteiligt. Ich wünschte ihnen, sie hätten dieses Gegenüber, weil sich daraus doch eine Kraftquelle bildet. Das ist meine Erfahrung. Aber dankbar kann jeder sein, auch ohne Gott, und das sind auch sehr viele!“

Dankbarkeit ist ein religiöser Begriff, ohne mit einer bestimmten Religion verbunden zu sein. Religion kommt von ‚religio‘ („Rückbindung“) – also Dankbarkeit verbindet uns mit uns selbst, mit anderen und mit dem letzten Urgrund des Seins. Es ist eine der großen Vorzüge der Dankbarkeit, dass sie alle Menschen verbindet, nicht nur religiöse Menschen.

Dankbarkeit steht im Mittelpunkt fast aller Religionen.

Das Ethos der Dankbarkeit ist in der jüdisch-christlichen Doktrin und in den Gottesdiensten tief verwurzelt, durchzieht sämtliche Texte, Gesänge und Gebete. Christen verstehen Gott als den Geber aller Gaben, die Quelle ihres Danks. Sie erkennen ihre Abhängigkeit von ihm dankbar an und freuen sich an den Geschenken, die ausschließlich er geben kann. Dankbarkeit ist nicht nur ein Gefühl, sondern eine Tugend, das bedeutet, dass man sich dem Wohltäter verpflichtet fühlt. Dankbarkeit spielt eine große Rolle in den Schriften des Apostels Paulus, er beginnt fast jeden Brief zunächst mit einem Dank. Von allen Gaben, die Gott gibt, ist für Christen das Geschenk des ewigen Lebens die größte. „Dank sei Gott für seine unaussprechliche Gabe" (2. Korinther 9,15).

Die Heilige Schrift der Juden (das Alte Testament der Christen) kennt keinen eigenen Ausdruck für Dank oder Dankbarkeit. Sie verwenden dafür Wörter des Lobes und der Preisung. Wachgerufen werden sie durch die Erinnerung an die Wohltaten Gottes, an Befreiung, Heilung, Bewahrung in Not und Rettung. Der Dank ist daher eng mit der Erinnerung verknüpft.

Wo die Erinnerung endet, endet der Dank.

Im Judentum ist Dankbarkeit deshalb besonders angebracht, da in der hebräischen Weltsicht alle Dinge ihren Ursprung bei Gott haben. Fromme Juden rezitieren, zusätzlich zu den täglichen Gebeten, im Laufe eines Tages mehr als hundert Segenssprüche (Berachot).

Juden kennen die Tradition des Laubhüttenfestes, eine Art Erntedankfest, bei dem sie Gott preisen und danken, dass er sie aus der Gefangenschaft befreit hat.

Der höchste Feiertag im Judentum ist Jom Kippur, der Versöhnungstag, an dem man der Sünden gedenken soll. Es ist aber auch ein Tag der Dankbarkeit, weil man an diesem Tag Vergebung findet.

Auch im Islam hat Dankbarkeit einen zentralen Stellenwert. Der Heilige Koran betont in seinen einzelnen Kapiteln, den Suren, immer wieder die Notwendigkeit der Dankbarkeit.

Der Prophet Mohammed sagte: „Dankbarkeit für die Fülle, die uns zuteil wurde, ist die beste Versicherung, dass die Fülle fortdauert." Im täglichen islamischen Gebet geht es nicht sosehr darum, Gott um etwas zu bitten, sondern ihn zu preisen und ihm für das Leben zu danken. Ein weiterer Grundsatz des Islam besteht im Fasten während des Fastenmonats Ramadan, der in einem Zustand der Dankbarkeit enden soll[3].

Der Sufismus, die mystische Tradition des Islam, beschreibt verschiedene Stadien der Dankbarkeit: beginnend bei der Dankbarkeit für die Geschenke durch Gott, für die Geschenke durch andere, für Geschenke, die noch nicht erfolgt sind … bis hin zur Dankbarkeit dafür, Dankbarkeit zu empfinden, weil auch sie ein Geschenk Gottes ist.

Aber nicht nur in monotheistischen Religionen spielt Dankbarkeit eine zentrale Rolle. Sowohl im Buddhismus als auch im Hinduismus und im Shintoismus gibt es die Vorstellung der Dankbarkeit. Hier wird die Bedeutung einer moralischen Lebensführung betont, die Einhaltung moralischer Tugenden wie Loyalität, Dankbarkeit für alle Wohltaten, Gerechtigkeit, Wahrheit und Aufrichtigkeit. Ein Begriff, der in manchen buddhistischen Traditionen Gültigkeit hat, ist „krtaveda", was so viel bedeutet wie „Gegenseitigkeit". Ist ein Mensch nicht fähig, die ihm erwiesenen Wohltaten zu vergelten, so ist seine Dankbarkeit unvollständig.

Ein wichtiger Aspekt der Dankbarkeit ist der, verstehen zu lernen, dass das, was wir jetzt haben, genug ist und gut genug ist. So heißt es in den Lehren des Buddha: „Wir wollen dankbar sein, denn auch wenn wir heute nicht viel gelernt haben, so haben wir zumindest ein bisschen gelernt, und wenn wir nicht ein bisschen gelernt haben, sind wir zumindest nicht krank geworden, und wenn wir doch krank geworden sind, sind wir zumindest nicht gestorben. Lasst uns also dankbar sein!"

Aus der östlichen Perspektive erfolgt die Bejahung des Lebens aus einem Gefühl der Dankbarkeit allen Existenzformen gegenüber, die jeden Gedanken, jedes Wort und jede Handlung durchdringt.

In allen Religionen ist das Leiden und die Überwindung des Leidens ein derart zentrales Thema, dass man so weit gehen könnte, zu behaupten, dass der Hauptgrund für die Existenz von Religion darin besteht, Menschen zu helfen, einen Sinn in ihrem Leiden zu erkennen. Religiöse Traditionen ermutigen uns, nicht nur passiv auf Leiden zu reagieren, sondern die Perspektive zu verändern, um Gelegenheit zum Wachsen zu haben. Dieser neue Blickwinkel kann Dankbarkeit sein.

Neu geboren

Es ist 12 Uhr Ortszeit, als wir mit dem Flugzeug in Denpasar landen. 20 Stunden Flug liegen hinter uns, doch für einen Traumurlaub auf Bali ist man schließlich bereit, auch Strapazen auf sich zu nehmen. Müde und wie in Trance steigen wir ins Taxi, das uns zum Hotel bringen soll. Brütende Mittagshitze, die Sonne hat an diesem Tag wohl ihren höchsten Punkt erreicht, dazu die hohe Luftfeuchtigkeit, das grelle Licht, aber auch die Mischung aus tausend neuen Gerüchen, Geräuschen und unbekannten Farben fordern alle Sinne. Zunächst geht es durch die laute hektische Hauptstadt, mit kleinen und großen Fahrzeugen, Fahrrädern, Mopeds, Straßenhändlern, Imbissbuden, Menschen mit Wickelröcken, Schärpen und Tüchern auf dem Kopf, aber schon bald fahren wir durch Palmenhaine, vorbei an Reisfeldern, in Richtung Küste. Die ersten Eindrücke sind überwältigend, doch ich kann sie noch gar nicht erfassen. Fliegen ist eine tückische Fortbewegungsart, es geht zu schnell, die Seele kommt nicht mit in diesem Tempo. Es wird noch einige Zeit dauern, bis sie nachgekommen ist.

Wir fahren durch ein kleines Dorf, als der Fahrer unvermutet langsam an den Straßenrand fährt und schließlich den Wagen anhält. „Look, look!", gibt er uns unmissverständlich und aufgeregt zu verstehen, dass wir aussteigen sollen. Aber warum sollen wir uns in unserem Zustand jetzt etwas anschauen? Sightseeing kann wirklich noch warten! Alles, was ich will, ist ein Bungalow, ein Bett, ein paar Stunden schlafen, mit dem Meeresrauschen als Melodie, und ankommen. Doch er bleibt hartnäckig, „Look!". Nun haben wir auch schon erkannt, dass hier etwas Besonderes im Gange ist, es muss ein Fest sein. Auf dem Platz am Ende des

Dorfes haben sich über hundert Menschen versammelt, hell und bunt gekleidet, mit Blüten in den Haaren geschmückt. Manche von ihnen balancieren kunstvoll Obstteller auf ihren Köpfen, alle in prachtvollen Gewändern, freudig aufgeregt. Eine Art Dorffest oder eine Hochzeit? Das ist mein erster Gedanke. Was sonst wird hier so ausgelassen gefeiert? Wir sind die einzigen Touristen weit und breit und setzen uns andächtig und müde an den Rand, um das fröhliche Treiben zu verfolgen. In der Mitte steht ein etwa zehn Meter hoher Turm, eine Treppe, an deren Spitze eine Frau sitzt. Das muss wohl die Braut sein, denke ich. Einer der Bewohner hat unsere Ratlosigkeit erkannt, setzt sich zu uns und erklärt, was hier vor sich geht:

Wir sind – noch gar nicht richtig angekommen – in eine balinesische Verbrennungszeremonie, also eine Totenfeier, geraten. Es fällt mir schwer, die Augen überhaupt noch offen zu halten, aber das, was hier geschieht, ist derart aufregend, dass ich mit einem Mal alles aufmerksam und gespannt verfolge. Der nette Balinese, der gebrochen Englisch spricht, erzählt, dass Verbrennungszeremonien auf Bali eine noch wichtigere Rolle als andere Tempelfeste spielen. Ich erinnere mich an den Reiseführer, den ich im Flugzeug zu kurz gelesen habe. Daran, dass in Bali hauptsächlich Hindus leben und dass es hier mit 20.000 Tempeln die höchste Tempeldichte weltweit gibt. Zahlen konnte ich mir schon immer gut merken. Im balinesischen Glauben ist das Leben nur ein kurzes Zwischenspiel im langen Entwicklungsprozess der Seele. Der Körper ist nur ein Behälter für die Seele und der Tod bedeutet die Befreiung der Seele auf ihrem Weg zum Himmel. Der Tod tritt erst dann ein, wenn die Seele den Körper verlässt, dieser kann sie aber nicht ganz freigeben, solange es noch einen Körper gibt. Und weil die materielle Hülle, bestehend aus den fünf Elementen Erde, Feuer, Wasser, Luft und Atmosphäre, nach dem Tod möglichst vollständig aufgelöst werden muss, um der Seele freie Bahn zu gewähren, geschieht dies idealerweise durch eine Verbrennung. „Very happy day for us!", erläutert unser aufmerksamer Begleiter. Ein glücklicher Tag sei es also, denn der Balinese sieht im Tod nicht das Ende, sondern einen neuen Anfang, deshalb ist die Verbrennungszeremonie der größte Tag im Leben eines Hindu. Erst bei der Verbrennung wird die Seele befreit und wiedergeboren und ein neues, hoffentlich besseres Leben kann beginnen.

Die Verbrennungszeremonien sind sehr kompliziert und auch sehr kostspielig. Wenn eine Familie nicht genügend Geld für eine sofortige Feuerbestattung besitzt, wird der Tote zunächst provisorisch begraben und die Zeremonie so lange verschoben, bis die nötigen finanziellen Mittel gespart sind. Manche Familien brauchen deshalb viele Jahre, bis es so weit ist! Dem gewaschenen Toten werden nun Spiegelscherben auf die Augen gelegt, seine Ohren werden mit Wachs verschlossen, die Nasenlöcher mit Lilienknospen. Auf die Augenbrauen werden Blätter gelegt und auf die Zunge ein goldener Ring. Danach wird die Leiche in ein weißes Baumwolltuch eingewickelt und verschnürt. So wird der Körper des Verstorbenen auf einer aufwendig gebauten Treppe hoch auf einem Bambusturm befestigt. Das ist also der Turm, der mir hier gleich ins Auge gestochen ist. Die Frau, die ich zunächst als Braut ausgemacht habe, ist die Mutter des Toten, die auf einem Stuhl an der Spitze des Turmes sitzt und mitgetragen wird. Dieser Verbrennungsturm wird von den Männern des Dorfes zum Verbrennungsplatz getragen. Die Frauen und Mädchen folgen, festlich gekleidet und geschmückt. Der Zug wird von Gamelan-Musikern begleitet, die Trommeln schlagen und andere Instrumente spielen.

Ich erinnere mich an das letzte Begräbnis auf dem Wiener Zentralfriedhof. An schwarz gekleidete Menschen, an die traurige, gedrückte Stimmung, an Tränen und bedächtige Worte. Alles so anders als hier. Das Begräbnis als „happy day"? Die Vorstellung fällt mir schwer, aber sie gefällt mir. Nicht schwarz, sondern weiß und bunt gekleidet sollen die Menschen einmal sein, wenn sie mich begleiten, geht mir durch den Kopf. Die Atmosphäre hier ist alles andere als deprimierend oder betrübt, keine Spur von Traurigkeit, alle sind sehr fröhlich und lebhaft. Es ist der wichtigste Tag im Leben eines Hindus, ein Freudenfest! Unterwegs wird die ganze Konstruktion mehrmals in alle vier Himmelsrichtungen gedreht, um die Seele des Verstorbenen zu verwirren und so eine Rückkehr zu verhindern. Und weil ein schlechter Geist der Prozession folgen könnte, wird auch ein Wasserstrom überquert, denn der Geist hasst nasse Füße!

Am Verbrennungsplatz angekommen, steigt die Mutter von ihrem Thron. Die Leiche wird jetzt in einen, nach einem Tier geformten, Sarkophag eingesetzt. Welches Tier das ist, hängt von der Kaste des Verstorbenen ab: ein weißer Stier für einen Brahmanen, eine weiße Kuh für seine Frau, ein Löwe für die Oberschicht Ksatria und ein mythologischer Halb-Elefant oder Halb-Fisch für einen Toten aus der Unterschicht Shudra. Jetzt beginnt der Priester zu beten. Ich habe das Gefühl, alles zu verstehen, obwohl ich natürlich kein einziges Wort verstehe. Der melodische Singsang seiner Stimme versetzt nicht nur mich in einen fast meditativen Zustand. Jetzt ist es ganz still. Gespanntes Warten. Die Leiche wird mit Wasser übergossen, „holy water", wie man uns erklärt. Dann wird der Sarg in Brand gesetzt, mit dem Rauch soll die Seele zum Himmel steigen. Erlebe ich das alles hier wirklich? Oder träume ich? So sitzen wir noch einige Zeit da, schauen in die riesigen Flammen, die aber nach und nach kleiner werden, bis die Konstruktion als große Glut in sich zusammensackt. Das scheint nun das Ende der Zeremonie zu sein, die Versammlung löst sich auf, die Menschen gehen nach Hause. Die Asche des Toten wird später von der Familie dem Meer übergeben. Wir bedanken uns bei dem netten Balinesen und klettern ins Auto. „War das jetzt echt?", höre ich mich noch sagen, bevor mir die Augen endgültig zufallen.

Einige Stunden später wache ich auf, finde mich wieder in einem Bett aus Bambus, über mir hängt ein riesiges Moskitonetz. Ja, ich bin in Bali, zwei Wochen Urlaub liegen vor mir. Die Verbrennungszeremonie klingt wie ein intensiver Traum in mir nach, ich rekonstruiere nach und nach jedes Detail, durchlebe die Situation ein zweites Mal. Wir spazieren zum Strand, um den Tag bei einem gemütlichen Abendessen ausklingen zu lassen. Vor unserem Bungalow liegen, wie hier immer wieder zu sehen, kleine Opfergaben. Damit huldigen Balinesen den Göttern, die sie als bedeutend empfinden für ihr Leben. In einem Bananenblattschächtelchen befinden sich zum Beispiel Reis, Tee und Räucherstäbchen. Auch das Gedenken an die eigenen verstorbenen Ahnen hat hier große Bedeutung, denn ihr Geist lebt mit ihnen wie ein Familienmitglied. „Ereignen sich Schicksalsschläge in unserem Leben, kann das an einem unglücklichen Ahnen liegen, der unsere Aufmerksamkeit benötigt. Mit unseren Opfergaben versuchen wir, seinen Geist friedlich zu stimmen", erzählt uns die nette Empfangsdame. Es ist mittlerweile finster geworden.

Am Strand stehen ein paar Tische, ein offenes Feuer dient als Grillplatz. Weit draußen am Meer sind die Lichter der Fischerboote zu erkennen, die jetzt ihre Netze ausgeworfen haben.

Da sitzen wir nun, essen gegrillten Fisch und versuchen das Erlebte zu begreifen. Es war eine besondere Ankunft, die uns mitten in das Denken und Fühlen der Menschen hier geworfen hat. Mittendrin im vollen Leben der Tod, so als würde er dazugehören. Ich spiele mit den Zehen im Sand, betrachte die Fischerboote auf dem Meer, das Meeresrauschen vermittelt Weite und Geborgenheit. „Glaubst du so wie die Menschen hier an Reinkarnation?", sinnieren wir schließlich über Leben und Tod. „Natürlich ist es eine tröstliche Vorstellung, dass es irgendwie weitergeht. Wiedergeburt in eine andere Existenz, Mensch oder Tier, also streng dich an!", scherzen wir über dieses Thema, um es möglichst nicht zu nahe an uns herankommen zu lassen. Welcher Europäer will am ersten Urlaubstag schon über den richtigen Tod sprechen? „Aber wenn wir weiterleben, dann heißt das ja auch, dass wir alle schon einmal da waren, oder?" – „Vermutlich, kannst du dich nicht an mich erinnern?" Es gab schon Momente in meinem Leben, da hatte ich zumindest für ein paar Sekunden den Eindruck, jemanden „wiederzuerkennen". Dann, wenn eine Verbundenheit da ist, die man sich nur schwer erklären kann, eine Vertrautheit, die tiefer, größer, ewiger zu sein scheint als ein paar Jahre Lebenszeit. „Wir können uns ja ein Zeichen ausmachen, fürs nächste Leben!", scherzt mein Gegenüber. „Ein Zeichen? Wozu ein Zeichen?" – „Na ja, damit wir uns sicher wiedererkennen, damit du weißt, dass ich es bin!" Mir ist gar nicht nach Scherzen zumute, zu tief hat mich der heutige Tag berührt.

Und dann sagt er etwas, das mich mein ganzes Leben auf dieser Erde begleiten wird, einfach so, ohne irgendwie zu überlegen. „Wenn ich einmal nicht mehr bin, dann mach Folgendes: Du gehst zu einem stillen Gewässer, einem Teich, einem See. Dann nimmst du einen Kieselstein – so groß", beugt sich zum Boden und hebt vom Strand einen glatten, runden Stein auf, den er nun in seiner Hand hält, „und den wirfst du dann möglichst flach ins Wasser."

Und dann?

„Wenn der Stein an der Wasseroberfläche viele Kreise zieht, dann weißt du: Das bin ich!"

Jetzt ist auch meine Seele angekommen.

„Mulţumesc – Es ist viel"

Jesuitenpater und Sozialseelsorger Georg Sporschill

Mit Pater Georg Sporschill einen Termin zu finden, ist nicht ganz einfach. Zwar will der heute 66-jährige Jesuit und Sozialseelsorger längst „leiser treten", doch diese Formulierung trifft weder sein Tempo noch seine Lautstärke. Er ist an diesem Wochenende wieder einmal in Wien, auf Durchreise. Genau genommen ist er immer auf Durchreise. Im 2. Wiener Gemeindebezirk, in dem Haus, in dem die Organisation „Concordia" ihr Büro und er in der Garage eine Kapelle eingerichtet hat, wird ihm auch eine kleine Wohnung zur Verfügung gestellt. Zwei Stunden hat er heute Zeit, dann wartet schon der nächste „Termin", eine Vorbesprechung für eine Hochzeit, die er halten soll, bei einem guten Mittagessen. Er ist ein Genießer, isst und trinkt gerne gut, genauso kann er Verzicht üben, mit den Menschen sein, die nichts haben. Er kennt die Mächtigen des Landes und er liebt die Bedürftigen. Sein Motto „Geh dorthin, wo die Not am größten ist, dort wirst du immer gebraucht" lebt er glaubwürdig und ehrlich.

Georg Sporschill wurde als fünftes von neun Geschwistern in Feldkirch geboren. Der Vater war als Bauingenieur viel unterwegs, die Mutter sorgte für die Erziehung der neun Kinder. Nach Matura und Studium der Theologie, Pädagogik und Psychologie in Innsbruck und Paris war er zunächst in der Erzdiözese München tätig, dann arbeitete er als Referent für Erwachsenenbildung im Amt der Vorarlberger Landesregierung. 1976 trat er mit 30 Jahren in den Jesuitenorden ein und wird zwei Jahre später zum Priester geweiht. Er engagiert sich für Obdachlose und arbeitet mit drogensüchtigen und strafentlassenen Jugendlichen. 1991 geht er nach Rumänien, um dort ein Projekt für Straßenkinder aufzubauen.

Zusammen mit Ruth Zenkert gründete er den Verein „Concordia", holt Kinder von den Straßen und aus den Kanälen Bukarests. Projekte in Moldawien und Bulgarien folgen. In Wien leitet Sporschill gemeinsam mit Prof. Wolfgang Feneberg eine Bibelschule und publiziert jede Woche das „Bimail", Bibelworte als spirituelle Anregung für Verantwortungsträger.

Die Möbel der Wohnung sind abgewohnt, aber gemütlich, jedes Stück ein Original, auch die Häferl, in denen Pater Georg mir Löskaffee serviert, unterscheiden sich in Farbe, Form, Größe und Design. Zweckmäßig muss es sein, hier glänzt nichts im Außen, und doch vermittelt der Raum Wärme und Geborgenheit.

Du hast mir einmal im Flugzeug auf dem Rückflug aus Moldawien gesagt, Dankbarkeit bedeutet für dich, sensibel zu bleiben für alle „Nicht-Selbstverständlichkeiten" im Leben. Eine treffende Definition!

Ich habe das so schön formuliert?! Diese Definition gefällt mir. Wenn ich mein Leben zusammenfassen müsste, dann würde ich das mit dem Wort Dankbarkeit tun. Wenn du bittest, siehst du, was du nicht hast und das macht dich unglücklich. Wenn du dankst, ganz praktisch, richtest du deinen Blick auf das, was du hast. Wenn du erkennst, was du hast, macht es dich letztendlich glücklich. So einfach ist das. Ich hatte verschiedene Stufen im Lernprozess der Dankbarkeit. Ich komme aus einer Familie mit neun Kindern, bei uns hat man nicht zu viel bekommen. Mein Vater war Bauingenieur, meine Mutter besuchte acht Jahre lang die Volksschule. Also, man hat bei uns nicht spiritualisiert, nicht philosophiert, sondern einfach und ganz normal gelebt. Dazu gehörte es immer, Danke zu sagen. Das ist in meiner Erinnerung ganz wesentlich. Ich erinnere mich noch gut daran, als wir alle neue Schuhe bekommen haben und das Wichtigste beim Schuhkauf war für meine Mutter immer: „Die müssen strapazierfähig sein". Wir hätten gerne schöne, modische Schuhe gehabt, aber letztendlich hat im Schuhgeschäft die Mama die Entscheidung getroffen. Dann hatte ich neue Schuhe und habe sie gehasst, sie waren zwar strapazierfähig, aber es waren nicht die, die ich gerne gehabt hätte. Drei, vier meiner Geschwister und ich sind dann nach Hause gekommen, mein Vater hatte sich für ein Mittags-schläfchen ins Wohnzimmer gelegt und die Mama meinte zu uns: „So, ihr geht jetzt zum Papa und sagt alle ‚Danke'". Ich habe dann – zähneknirschend, für die Schuhe, die ich nicht mochte – Danke gesagt. Das ist eine besondere Geschichte, aber sie hat mich geprägt. Da habe ich den Realitätsbezug der Dankbarkeit erlebt.

Eine zweite Geschichte, die wie ein Wendepunkt in der Dank-barkeit war, waren für mich die Straßenkinder in Rumänien. Ich habe schon gewusst, dass es Straßenkinder gibt, aber ich habe dort bei ihnen gespürt, erlebt, gesehen, dass andere kein Bett, keine Eltern haben, auf der Straße leben müssen. Das zu wissen oder mitzuerleben, macht einen großen Unterschied und seit dieser Zeit – das ist jetzt über 20 Jahre her – springe ich jeden Tag mit einem Jauchzer in mein Bett. Es ist sogar schon einmal mein Bett zusammengebrochen, weil ich so begeistert bin, dass ich ein Bett habe. Vorher hatte ich auch eines, aber ich habe es nicht wahrgenommen. Jetzt danke ich dafür. Zum Bett gehört die Wär-me, die es gibt, das ist besonders und eben nicht selbstverständ-lich. Mich haben die Menschen in der Kälte, auf der Straße, ohne Eltern einfach sehen gelehrt, was ich habe. Und alleine dafür bin ich meinen Schützlingen so dankbar, weil sie mir eine Lehre ver-passt haben, tief in mein Herz, die ich vorher nur im Kopf gehabt habe.

Ein dritter Bezug zur Dankbarkeit ist bei einem Jesuiten sehr naheliegend, das ist unsere erste Ordnungsregel, zweimal am Tag ein Examen machen, das heißt eine Art von Gewissenserfor-schung mit bestimmtem Ritual. Ein Satz in den Examen heißt: „Danken für die empfangenen Wohltaten". Nur vor dem Hinter-grund der Dankbarkeit, des Wahrnehmens, Erkennens deines

Reichtums, kannst du über deine Sünden und Fehler nachdenken. Du wirst zu einer Aktivität provoziert, aber immer unter der Voraussetzung, dass du erkennst, wie dir die Liebe oder Güte schon widerfahren ist.

Du warst als Kind sogar dankbar für die verhassten Schuhe. Kann man denn dankbar sein für negativ Empfundenes, Unerfreuliches, ja sogar für leidvolle Erfahrungen?

Ja, aber erst im Rückblick und dazwischen müssen Jahre und Jahrzehnte liegen. Wenn jemand von einem Menschen verlassen wurde oder Liebeskummer hat, kannst du zu ihm nicht sagen: „Sei dankbar dafür", er springt dir mit Recht ins Gesicht. Aber 30 Jahre später schaut die Welt – unter Umständen – ganz anders aus. Ich kannte einmal ein Mädchen, das ich unbedingt heiraten wollte, aber dieses Mädchen hat mich um keinen Preis erhört! Obwohl es keinen Grund gegen diese Heirat gab, sagte sie damals zu mir: „Du willst etwas anderes im Leben". Ich habe sie beschworen, auf peinlichste Weise. Es hat etwa fünf Jahre Abstand gebraucht, bis ich begonnen habe, sie zu verstehen. Sie hatte ein tiefes Verständnis meiner Person, das ich damals nicht gehabt hatte. Heute bin ich ihr sehr dankbar, sie hat mich geführt.

Das entscheidende Kriterium ist also, dass Zeit vergeht?

Erst im Rückblick habe ich oft erkannt, wofür ich dankbar sein kann. Das braucht Zeit. Wenn ich mich frage, wofür ich am dankbarsten bin, dann sind es – erst im Rückblick – die Unglücke in meinem Leben, Unglück in dem Sinn, dass Dinge, die ich unbedingt wollte und geplant hatte, einfach nicht in Erfüllung gegangen sind. Ich bin in Rumänien gelandet, weil sie mich hier loshaben wollten. Ich habe mich bei den „Tätern" schon mehrmals bedankt für diese Entscheidung, die mein Glück begründet hat. Man sollte im Leben trotzdem immer etwas wollen, ein Ziel vor

Augen haben. Aber wenn es dann anders kommt, könnte es sein, dass sich im Rückblick, nach einer gewissen Zeit, zeigt, dass du tiefen Grund zur Dankbarkeit hast.

Kann man Dankbarkeit erlernen, trainieren? Oder ist es eine Grundhaltung, die im Charakter angelegt ist?

Man kann sie trainieren. Ich versuche es jedenfalls, sie mir „anzutrainieren" oder antrainieren zu lassen. In Rumänien arbeite ich seit Jahrzehnten mit Tausenden Kindern, darunter viele Straßenkinder, Kinder mit traumatischen Erfahrungen. Wenn eines der Kinder vergisst, „Danke" zu sagen, dann kommt ein anderes Kind und erinnert es daran, „du hast das magische Wort vergessen". Ich stand in solchen Situationen oft daneben und fragte mich, was das „magische Wort" wohl sei. Auf Rumänisch heißt es *mulțumesc*, auf Deutsch „Danke", und die Kinder haben sich dann immer ein bisschen über mich lustig gemacht, dass ich das nicht weiß. Da ist mir das gelungen, was ich mir wünsche. Und das Bemerkenswerte ist, das Wort *mulțumesc* kommt vom Lateinischen „multum est", das heißt: ES IST VIEL. Wenn wir die Augen aufmachen, sehen wir: Da ist viel!

Viel zu haben, macht Menschen noch nicht unbedingt dankbar!?

Da kommt eine seltsame soziologische Problematik dazu. Wenn du viel hast, würde man eigentlich erwarten, dass du besonders dankbar und glücklich bist, aber die Soziologie beweist haargenau das Gegenteil. Je mehr ein Mensch hat, umso unglücklicher ist er, weil er offensichtlich vor lauter Bäumen den Wald nicht mehr sieht. Es gibt genügend Untersuchungen, die besagen, je reicher eine Gesellschaft ist, umso mehr geben die Menschen an, unglücklich zu sein. Je ärmer eine Gesellschaft ist, umso glücklicher bezeichnen sich die Menschen, weil sie das Wenige, das sie haben, wahrnehmen, genießen und sehen können und es in großer Gastfreundlichkeit teilen und in Offenheit damit leben.

Du pendelst ja zwischen den Welten, der armen Welt des Mangels und der sehr satten, reichen Welt der Fülle. Wie nimmst du da wie dort die unterschiedlichen Formen der Dankbarkeit wahr?

Das ist wie ein Saunabesuch, kalt-warm, wenn du von der Wärme in die Kälte gehst, das ist intensiv, aber hat auch einen großen Reiz. Das vitalisiert, regt den Blutkreislauf an, ist zwar anstrengend, du bist nachher müde. So sehe ich mein Leben. Es ist spannend und ich möchte weder auf den einen noch den anderen Teil verzichten und ich nehme es als unglaubliche Belebung wahr! Die „Armen", das muss ich immer unter Anführungszeichen sagen, die sagen dir: „Ich brauche dich!" Letztendlich sagen sie dir: „Du bist groß, du hast einen Sinn im Leben, du hast eine wichtige Aufgabe." Sie geben mir meine Rolle, Ansehen und machen mein Leben einfach groß. Dafür muss eigentlich ich ihnen dankbar sein. Auf der anderen Seite nehmen sie dir natürlich auch Kraft, nur reines Vergnügen ist die soziale Arbeit nicht. Da kommen schon Mühen auf dich zu, aber die erreichen nie dieses Geschenk, das du täglich bekommst. Die Straßenkinder haben mich erst zum dankbaren Priester, zum stolzen österreichischen und rumänischen Staatsbürger, zu einem Menschen, der seine behütete Familie zu schätzen weiß, gemacht. Die Straßenkinder befreien mich von der Scheu zu bitten und machen mir Mut, direkt zu sein. Ich weiß, wie gut es mir geht und wie groß meine Berufung ist. Gerade von denen, die keine Familie kennen, bekommen wir Geborgenheit und tiefe Freundschaft. Die Hungrigen geben das Brot der Liebe! Meine Lebensgeschichte beginnt vor diesem Horizont zu leuchten.

Aber ohne die andere Seite könnte ich auch nicht leben, weil die mir alle materiellen Möglichkeiten gibt. Das sind Freunde, die mich tragen. Da habe ich immerzu für vieles zu danken. Da bist du ein Bettler, der reich beschenkt wird, aber du bist eben ein Bettler. Du spürst einerseits dieses „Ich bin groß und reich" und „Ich bin arm und klein und auf sie angewiesen". So ist es ja auch, wir sind alle aufeinander angewiesen. Meine Aufgabe ist, diese beiden Seiten zu vereinen, nur dann hält man es aus.

Gerade wenn es um das Thema Helfen geht, wer muss da wem dankbar sein? Leben wir nicht oft in einer verdrehten Welt, im Gefühl, dass immer die Bedürftigen den Reichen danken müssen?

Ich glaube, da gibt es eine natürliche Bremse für falsche Gefühle. Wer wirklich hilft, kann nicht überheblich werden. Wenn ich mich einlasse, treu bin, nicht nur einmal etwas mache, entsteht eine Beziehung. Dann merke ich, dass es verdammt schwierig ist und das Ergebnis nicht so sein wird, wie ich es mir vorgestellt habe. Ich werde oft enttäuscht oder es gibt gar kein Ergebnis. Das ist sehr mühsam und erfordert Geduld und Toleranz. Ich lerne ständig dazu, weil das Helfen einfach kompliziert ist, und ich begegne sogenannter Undankbarkeit. Dann werde ich von diesen Erfahrungen wie ein Stück Schnitzel geklopft.

Entsteht ein emotionales Ungleichgewicht zwischen dem, der dankt, und demjenigen, der zu danken hat?

Ich glaube, im Leben und in Beziehungen gibt es nie Gleichgewicht. Ich kenne es jedenfalls nicht. Es ist immer ein Ungleichgewicht, einmal auf der einen Seite, dann wieder auf der anderen. Es gibt den netten jüdischen Witz: Ein jüdischer Bettler geht durch das Dorf und ist unglaublich stolz, da sagen alle: „Warum bist du so stolz, während der Fürst so demütig ist? Du lebst doch ganz von *seinen* Gaben?" Sagt der Bettler: „Ich habe einen Grund, stolz zu sein, weil schließlich verschaffe ich ihm Sinn in seinem Leben.

Er ist ein guter Mensch, weil er mich hat". Auch das Wort Jesu habe ich so verstehen gelernt: Geben ist seliger denn Nehmen. Wärst du lieber jemand, der angewiesen ist und nehmen muss, oder ist es nicht seliger, wenn du sagst, ich habe so viel, ich darf, ich kann geben? Etwas zu haben und damit auch zu geben haben, das macht unsere Seligkeit und Stärke aus.

Wie verhalten sich Dankbarkeit und Demut zueinander?

Die gehören zusammen. Wie viele Menschen müssten sagen: „Lieber Gott, ich danke dir, dass du mich bis jetzt vor argen Sachen bewahrt hast. Und dass ich so ein Glück in meinem Leben hatte, das viele andere nicht hatten." Meistens ist es jedoch so, dass sich die Menschen selbst toll finden, unabhängig, selbstbestimmt, erfolgreich. Sie bilden sich ein, dass sie das alles selbst gemacht haben, ohne zu erkennen, wie viele Möglichkeiten sie hatten! Deine gesamte Leistung, Bravheit, Schönheit ist ein hundertprozentiger Grund dankbar zu sein. Da treffen Demut und Dankbarkeit zusammen. Nicht in dem Sinn, dass wir uns selber erniedrigen und klein machen, sondern zu wissen, dass wir aus den Gaben, die wir bekommen haben, auch etwas machen! Je mehr Gaben du hast, umso mehr wird von dir verlangt, umso mehr Verantwortung hast du. Damit ist Dankbarkeit eine anspruchsvolle, auch anstrengende, energetisierende Angelegenheit. Der Heilige Ignatius sagt: „So zu leben und sich einzusetzen, als ob alles von dir abhänge, und trotzdem zu wissen, dass alles von Gott geschenkt ist." Ich würde es herunterbrechen darauf: lernen, „Danke" zu sagen!

Es auszusprechen, ist also mehr als eine Konvention?

Unbedingt. Du kannst es still sagen, aber ich gehe nicht ohne dieses Wort ins Bett und ich versuche es auch zu Mittag zu sagen. Ich versuche es auch den Menschen gegenüber zu sagen, in den

Momenten, in denen ich es gerade empfinde. So habe ich es meinen Kindern beigebracht und ich hoffe, dass darin meine Leistung besteht, dass sie es weitergeben.

Hat Dankbarkeit auch mit Vertrauen in den Empfänger zu tun?

Die *Kronen Zeitung* hat mir den schönen Titel „Sandler-Papst" verliehen, darauf bin ich heute noch stolz. Weil ich in dieser Szene unterwegs war, wurde ich Tag und Nacht angebettelt. Am Anfang habe ich mich oft gefragt: „Wofür braucht der das Geld? Was macht er damit?" Dann habe ich gelernt, dass diese Frage irrelevant ist, weil sie den Beschenkten entmündigt, nach dem Motto: „Ich gebe ihm mein Geld, also muss er jetzt tanzen wie ein Bär!" Mit meiner Spende kaufe ich ihm sein Selbstbewusstsein ab, weil ich bestimme, was er zu tun hat! Daran zeigt sich, dass Dankbarkeit ganz viel mit Vertrauen zu tun hat, gerade bei karitativen Hilfsprojekten. Natürlich baucht Vertrauen eine Grundlage, Information, Bilanz etc., aber grundsätzlich gebe ich in dem Gefühl, dass die Verantwortlichen das Richtige damit machen. Ich würde sogar so weit gehen, zu sagen, es ist ein Muss, dass du vertraust – denn sonst ist diese Form der Hilfe ein „schlechtes Geschäft". Der Arme bekommt ein bisschen etwas Materielles und muss dafür seine Freiheit abgeben.

Und immer wieder … es geht um dieses Bewusstsein, dass mein Leben auch ganz anders sein könnte.

Ja, man muss den Blick für die Möglichkeiten haben. Wenn du einmal über 60 Jahre alt bist, denkst du zwangsläufig auch ans Sterben, öfter als in jungen Jahren. Du kannst dir überlegen, ob du wie der Heilige Franziskus sagst: „Tod, sei willkommen", dass du ihm dankst, dass er dich aufnimmt. Das ist das Ergebnis eines langen Lebens, in dem ein Mensch wie Franziskus einfach dankbar geworden ist. Bis zum Ende des Lebens konnte er diese Haltung bewahren, auch gegenüber dem Tod. Wir haben alle sehr viele Anteile in unserer Persönlichkeit, die nicht dankbar sind. Was ist das Gegenteil von dankbar? Selbstbezogen, egoistisch, ängstlich, vertrauenslos. Ich habe viele Menschen beim Sterben begleitet, manche gehen weg, schauen zurück, nehmen Abschied – in einem unglaublichen Vertrauen. Andere halten fest, kämpfen und leiden schrecklich. Ich wünsche mir, dass ich – wenn es so weit ist – keine Angst habe und loslassen kann. Dass ich einfach dankbar bin.

„Es ist ein lobenswerter Brauch, wer was Gutes bekommt,
der bedankt sich auch."

Wilhelm Busch

DANKE – das Zauberwort

Wer „Bitte" sagt, richtet seinen Blick auf das, was ihm fehlt. Wer „Danke" sagt, schaut darauf, was er hat, was ist.

„Denken ist Danken", sagt der Philosoph Martin Heidegger und verweist damit auf die enge Verwandtschaft der beiden Wörter. Sie haben die gleiche etymologische Wurzel. Ohne nachzudenken gibt es kein Danken.

Augustinus versteht unter „Denken" die Fähigkeit, Verstreutes zusammenzuholen. Das Zerstreute, das sind die Inhalte unseres Gedächtnisses, denken heißt, diese hervorzuholen und zu ordnen.[8] Es ist nach Augustinus ein Zeichen von Reife, wenn man das kann, mit sich selbst allein sein kann, an der eigenen Innerlichkeit und Tiefe arbeitet. Das Gegenteil davon bezeichnet Thomas Müller als „Innere Armut", die Unfähigkeit, sich mit sich selbst zu beschäftigen, nachzudenken, zu denken. Und wer nicht denkt, kann nicht danken.

Ist es wichtig, „Danke" zu sagen? Das Wort „Danke" ist ein erster Ausdruck dessen, was zu einer tieferen Haltung empfundener Dankbarkeit führen kann. Es ist aber auch eine Vereinbarung, ein Übereinkommen, gehört zu den gesellschaftlichen Umgangsformen und ist ein wichtiges zwischenmenschliches Ritual. Innerlich erfassen und reflektieren wir, nach außen hin drücken wir Dank aus und geben so etwas zurück.

„Wie sagt man?" – „Danke!" Wie oft kennen wir diesen Wortwechsel mit Kindern, haben ihn selbst kennengelernt, als Eltern uns Höflichkeit und Manieren beibringen wollten. Wir haben auf diese Weise gelernt, uns für manches zu bedanken: die aufgehaltene Tür, das Geburtstagsgeschenk, das heiß begehrte Eis, den dringenden Wunsch nach dem neuesten Handy-Modell oder Lob.

Viel später dann wird gerne und oft Danke gesagt, wenn Menschen sich verabschieden, zum Beispiel in den Ruhestand. Jedem Mitarbeiter, vom Portier bis zum Vorstandsdirektor, wird Dank gesagt, manchmal als sterile Formel, einfach nur nett gemeint, häufig aus politischer Korrektheit. Echte Dankbarkeit ist nicht „schnell mal so dahingesagt", manchmal kommt das „Danke" aber aus tiefstem Herzen. Dieser Dank findet sich dann oft in den Todesanzeigen und in der Grabrede. Schmerz und Trauer lassen uns plötzlich tiefe Dankbarkeit empfinden. Das ist gut, aber ein bisschen spät.

Grundsätzlich wäre auch eine Gesellschaft denkbar, in der es keinen Dank gibt. Nur Verpflichtungen, Verträge, Ansprüche. Der Stärkere entscheidet, der Schwächere hat zu gehorchen. Danken ist nicht notwendig, es gilt die erbrachte Leistung und die wird honoriert. Es gibt diese Gesellschaft, aber sie ist nur ein Teil unserer Wirtschaft, Kultur, Politik und anderer Bereiche des Lebens. „Dank ist etwas Geheimnisvolles, seine Gegenwart oft kaum zu merken. Fehlt er aber, dann verdorren ganze Regionen des Lebens."[4]

Pater Georg Sporschill hat im Interview sehr schön von der Erfahrung mit seinen Straßenkindern erzählt. „Danke" gilt unter ihnen als das „magische Wort", vergisst es jemand zu sagen, wird er sogleich ermahnt. Das Rumänische „Danke" heißt *mulţumesc*, kommt vom Lateinischen „multum est", das heißt: ES IST VIEL.

Bei den Maoris in Neuseeland gibt es gar kein Wort für unser „Danke". Sie verwenden – wenn überhaupt – die englische Formulierung Thank you. Eine alte, weise Frau wurde gefragt: Was würdet ihr in eurer Sprache sagen, wenn ihr Danke sagen wolltet? Sie hat ein bisschen nachgedacht und dann geantwortet: Wahrscheinlich würden wir einfach sagen: „So gehört es sich".

Ja, „Danke" sagen gehört sich, aber man möchte damit doch auch viel mehr zum Ausdruck bringen: Ich freue mich, ich weiß es zu schätzen, es ist mir angenehm. Es bedeutet mehr als das Wort, es stellt eine Beziehung, einen Austausch her. Durch ein „Danke" erkennen wir den Beitrag an, den andere zu unserem

Wohlbefinden leisten, ehrlich geäußert ist es mehr als eine höfliche Floskel.

Das „Danke", diese Geste der Dankbarkeit hat zwei Phasen: Zuerst steigt in uns ein Gefühl der Wertschätzung auf, egal ob es sich um ein Geschenk oder einen schönen Sonnenaufgang handelt, oder das Gefühl des Unverdienten. Der theologische Ausdruck dafür lautet „Gnade". Gnade ist unverdient, sie ist ein kostenloses Geschenk. „Warum ausgerechnet wir?", fragen wir uns dann manchmal, je nachdem, wie groß das Geschenk ist. Aber das Gefühl kann sehr stark sein und das ist eigentlich etwas völlig Stilles, es füllt unser Herz. Für diese erste Phase gibt es im Englischen den Begriff „gratitude". Wenn das Herz voll ist, dann fließt es über. Und das ist dann Danksagung oder „thankfulness". Wir sagen „Danke".

Bruder David meint dazu: „Man darf nicht gleich den Schluss ziehen, dass es sich um Danksagung eines Menschen Gott gegenüber handelt. Zunächst einmal ist da ein überfließendes Herz. Wenn es bis dahin still war, dann wird es jetzt wacher, beginnt zu tönen, zu glitzern, es wird lebendig. Und wenn man sich dieses Bild vor Augen hält, dann versteht man auch, warum. Erst wenn diese beiden Phasen zusammenkommen, entsteht tief empfundene Dankbarkeit."

Daran liegt es wohl auch, dass wir auf Reisen in Länder, in denen die Menschen oft in großer Armut leben, sie uns dennoch so freudig erscheinen, viel fröhlicher, als wir das aus unseren Breitengraden kennen. Lachende Kinder, strahlende Frauen und Männer, die so wenig oder gar nichts besitzen, aber sich die Gabe bewahren, ihr Herz bereits viel früher überfließen zu lassen, als wir das kennen.

Wenn man also ein Geschenk bekommt, ist es wichtig, sich dafür zu bedanken?

David Steindl-Rast bringt folgendes Beispiel:

„Ein Freund reicht dir ein verpacktes Geschenk, und du sagst ‚Danke'. Vielleicht meinst du, du habest deine Wertschätzung des

Geschenks ausgedrückt. Aber warte! Du hast doch nicht einmal nachgeschaut, was sich in der Verpackung verbirgt. Wie also könntest du deine Wertschätzung ausdrücken? Was dein Dank wirklich ausdrückt, ist Vertrauen in deinen Freund. Ein dankbarer Mensch wird ‚Danke' sagen, bevor er das Geschenk auspackt. Wenn du deinen Dank erst ausdrückst, nachdem du dir das Geschenk angeschaut hast, dann ist das vielleicht klug, aber niemand wird dich dankbar nennen. Echte Dankbarkeit ist der Mut, für ein Geschenk zu danken, bevor man es ausgewickelt hat."

Ein „Danke" vor dem Auspacken eines Geschenks drückt also die menschliche Beziehung zwischen Geber und Beschenktem aus, das „Danke" nach dem Auspacken stellt hingegen eine Beziehung zwischen dem Beschenkten und dem Geschenk her. Die menschliche Beziehung ist geprägt von Vertrauen, ich fühle mich beschenkt und ich vertraue, dass es gut für mich sein wird. „Das Leben gibt uns immer solche Geschenke und wir können dieses Vertrauen dem Leben gegenüber zeigen!"

Erich Fromm hat Sprache als Ausdruck höchster Kultur bezeichnet. Auch in diesem Sinn ist es richtig und notwendig, „Danke" zu sagen, weil es dadurch erst zu einer Beziehung kommt. In diesem Sinn heißt „Danke" sagen eine Brücke zum anderen herzustellen.

Traditionen und Bräuche des „Danke"-Sagens geraten leider immer mehr ins Hintertreffen: So ist „Erntedank" in ländlichen Gegenden ein besonders schönes und wichtiges Ritual, Gott für die Gaben der Ernte zu danken.

Thanksgiving ist in Amerika Brauch und staatlicher Feiertag, an dem es nicht nur um den Dank an Gott geht, sondern auch Beziehungen gepflegt werden, gemeinsam gegessen wird. Das Thanksgiving-Essen wird oft von einem Dankgebet begleitet, oder jedes Familienmitglied sagt der Reihe nach, wofür man in diesem Jahr besonders dankbar ist.

Ebenfalls aus Amerika kommt diese schöne Idee: Das „Café Gratitude", eine kleine Kette von Lokalen, bietet ein besonderes

Gericht an: eine Art Eintopf mit dem Namen „I am Grateful" („Ich bin dankbar"), eine Mahlzeit, für die jeder Gast nach eigenem Ermessen bezahlen kann. Vorgeschlagen werden sieben Dollar für die Personen, die es sich leisten können, wer mehr gibt, der spendet für diejenigen, die nicht bezahlen können.

Eine gute Möglichkeit, Danke zu sagen, ist das Verfassen eines „Dankesbriefes". Ein Brief, in dem Sie sich direkt an den Adressaten wenden, beschreiben, wofür und warum Sie ihm dankbar sind. Sie können diesen Brief auch wirklich abschicken. Wenn das nicht möglich ist, weil Sie die Adresse oder den Namen des Menschen, dem Sie danken wollen, nicht kennen, weil er schon verstorben ist oder weil Sie sich einfach nicht trauen, schreiben Sie Ihren Dank dennoch auf.

Jedes Jahr, wenn in Los Angeles die wichtigsten Auszeichnungen in der Filmbranche, die Oscars, vergeben werden, warten Millionen Menschen auf der ganzen Welt auf die Dankesansprachen der Ausgezeichneten. Überrascht, gerührt, in Tränen bedanken sie sich dann bei Eltern, Partner, Kollegen, Filmfirma. Bei wem würden Sie sich denn bedanken? Halten Sie Ihre Oscar-Rede. Jetzt gleich. And the winner is ... und Ihr Name erklingt. Sie sind der/die Beste. Bei wem haben Sie Grund, sich zu bedanken? Jeder von uns sollte seine Oscar-Ansprache vorbereitet haben. Für den Fall der Fälle.

✵ Dankesbrief

Liebe Mama, lieber Papa, liebe Susi, Sabine, Claudia, lieber Andreas! Meine liebe Familie!

Ich habe mir folgende Aufgabe gestellt: Ich habe mich gefragt, was meine früheste bewusste Kindheitserinnerung ist. Also nicht so, als ob man Kinderfotos anschaut und von außen weiß, dass man da auch dabei war. Sondern wenn man die Augen schließt und versucht, eine Situation von damals bewusst zu erleben, hineinzuspüren, tief drinnen.

Zwei Erinnerungen sind da für mich besonders präsent.

Als Erstes erinnere ich mich an die Enge. Unser Kinderzimmer. 1,8 Meter mal 4,5 Meter groß, mehr Platz war nicht. In diesem schmalen Schlauch standen sorgfältig eingepasst – anders ging es gar nicht – zwei Stockbetten, ein Kleiderkasten, später noch ein Gitterbett. Fünf kleine Menschen auf knapp acht Quadratmetern. Ich lag im Gitterbett im hinteren Eck unten. Als wäre das nicht schon verborgen genug, habe ich schließlich noch einen Vorhang davor befestigt. Das war mein Nest. Die Nestwärme spüre ich noch heute. Über mir lag Sabine, im Stockbett neben mir Claudia und über ihr Susi, später im Gitterbett unser Bruder Andreas. In dieser Enge des Raumes verbrachten wir unsere Kindheit. Nächtelang lagen wir wach und haben uns Geschichten erzählt. Jeder hatte seine Story: Sabine erzählte von einer ganz besonderen Puppe namens „Waldemar Geschmeidiger". Den Namen gibt es nicht? Bei uns schon. Susi erzählte von den Babypuppen. Und ich erzählte – in Fortsetzungen, jeden Abend ein neues Kapitel – die Geschichte vom „Schmutznigel", das war damals eine Figur aus der Waschmittelwerbung. Unser kleines Reich war das unendliche Reich der Fantasie. Nichts war da zu groß, zu schön, zu reich, zu weit oder unmöglich. Kinderfantasie ist unendlich. Hier lagen wir wach, warteten, ob Mama noch kommt, um uns „Gute Nacht" zu wünschen. Wir hörten hinter der verschlossenen Schiebetür (denn eine Tür mit Angel hätte keinen Platz gehabt) die Eltern reden, diskutieren, auch streiten. Hatten die Eltern Besuch, dann warteten wir gespannt, ob vom köstlichen Mahl und vom beliebten Dessert „Mohr im Hemd" (das war damals schon politisch unkorrekt, aber das hat noch niemanden gekümmert) – das es nur gab, wenn Gäste da waren – ein bisschen etwas übrig blieb, um diese Reste dann noch im Bett liegend zu verschlingen. Einfach köstlich. In unseren Stockbetten probten wir Gedichte und Lieder für den Weihnachtsabend. Immer wieder von vorne, bis der Text saß. Hier gab es später das erste Radio, mit Kassettendeck, ein Schatz! Die Enge bedeutete aber keineswegs nur Idylle, wir stritten hier auch bis aufs Blut und schlugen uns – im wahrsten Sinn des Wortes – manchmal die Köpfe ein.

Und wenn ich heute die Augen zumache, dann sehe ich noch immer ganz genau vor mir die Styroporplatten an den Wänden, mühevoll durchlöchert mit den Fingernägeln, die orange Spielzeugkiste mit der großen gelben Paperbox-Blume, die Mama zur Verschönerung draufgeklebt hat. Ich erinnere mich ganz genau, wie unsere schwarze Katze Murli unser Nest zu ihrem gemacht hatte und im Bett ihre Jungen zur Welt brachte. Ich weiß, aus welcher Ritze die großen, fliegenden Ameisen kamen und wie unsere Stama-Oma zwischen Stockbett und Kleiderkasten stecken blieb. Und ich spüre die Nähe und Wärme meiner Geschwister, die immer bei mir sind.

Die zweite ganz bewusste Erinnerung an meine Kindheit ist die Weite. Unser Garten, der für uns als Kinder unendlich groß zu sein schien. Dieser Garten hatte viele geheime Plätze, Sträucher, Höhlen, Bäume, Steine. Selbst heute, wo es diesen Garten mit all seinen Plätzen gar nicht mehr gibt, weiß ich noch ganz genau, welcher Stein wackelig war, wo man nach einem Regenguss besonders aufpassen musste, weil es glitschig und rutschig war, wo man die besten Himbeeren ernten konnte und wo das Moos die Ziegelsteine bedeckte. Welcher Hang sich im Winter zum Rodeln besonders gut eignete. Wo der verwitterte Stein lag, der dem Gedenken an Mamas vor Jahrzehnten verstorbenen und damals hier begrabenen Hund galt. Der Platz unter dem großen Nussbaum. Dort, wo im Frühjahr ein ganzes Meer an Schneeglöckchen die Wiese weiß färbte. Der alte Marillenbaum, der ein Jahr keine und im nächsten Jahr dann wieder ganz viele Früchte trug. Die Steinbank, „steinernes Bankerl" sagten wir, unser Treffpunkt für Erzählungen, Streiche, Abenteuer. Die Schaukel über der Stufe, mit der man bis zur Wäscheleine fliegen konnte. Aufpassen! Das Waldplatzerl, auf dem einst die erste Hollywoodschaukel stand, orangefarbene Polster, damals ganz modern. Beim einzigen Sommerfest, an das ich mich erinnere, waren hier die Bäume mit bunten Lampions geschmückt. Unsere nächtlichen Streifzüge an warmen Sommerabenden, in unseren Nachthemden liefen wir lachend durch den Garten. Wer fängt den ersten Leuchtkäfer? Der Geräteschuppen, in dem es immer nach dem Benzin des alten, schweren, rostroten Rasenmähers roch, und der unser Schloss war für Rollenspiele um Prinzessinnen, Prinzen und Diener. Der Spielplatz, auf dem wir Tempelhüpfen und dann bis zum Umfallen Gummihüpfen spielten. Das Gartentor am oberen Ende des Lattenzaunes, wo ich Tag für Tag, Abend für Abend wartete, bis Mama von der Arbeit kam, um sie den Weg bis zum Haus für mich alleine zu haben und ihr die Neuigkeiten des Tages erzählte. Exklusiv. Und natürlich der Kirschbaum. Der von allen Bäumen am besten zum Klettern geeignet war und in dessen Krone wir uns regelmäßig getroffen haben. Noch heute weiß ich, wie man sich am besten anstellen musste, um ganz hinaufzukommen und dort die rotesten, saftigsten, süßesten Herzkirschen zu ernten. Die Weite des Gartens war das Reich unserer Kindheit.

Das sind meine frühesten bewussten Kindheitserinnerungen, die ich bis heute tief in meinem Herzen trage, die mich und mein Leben geprägt haben. Und auch wenn heute jeder von uns sein

Leben lebt, jeder in seine eigene weite Welt gezogen ist, so seid ihr, meine Familie, für immer mit diesen beiden Erinnerungen verbunden: die Enge, die Geborgenheit unseres Kinderzimmers und gleichzeitig die Weite, die Großzügigkeit, das ewige Abenteuer unseres Gartens. Den Menschen, die mir das ermöglicht und die dieses Leben begleitet haben, bin ich zutiefst dankbar – meinen Eltern und meinen Geschwistern, die ich über alles liebe!

„Nur freie Menschen sind einander wahrhaft dankbar."

Baruch de Spinoza

Hindernisse auf dem Weg zur Dankbarkeit

Was hindert uns nun daran, dankbar zu sein?

Für die meisten von uns ist es ganz selbstverständlich, wie wir leben, was wir haben. Manchmal ist es mit Schuldgefühlen verbunden, mit schlechtem Gewissen, dass wir so vieles besitzen, wovon andere nur träumen können. Sich Dinge bewusst zu machen, wertzuschätzen, dankbar zu sein, führt keineswegs dazu, Ungerechtigkeiten zu akzeptieren. Ganz im Gegenteil: Wer in einer Haltung der Dankbarkeit lebt, wird auch Hintergründe und Zusammenhänge erkennen, Missstände aufzeigen und dagegen ankämpfen. Dankbar zu sein heißt niemals, Dinge schönzureden und in Lethargie zu verfallen. Ein dankbarer Mensch wird niemals passiv sein. Dankbarkeit ist vielmehr eine Kraftquelle für Veränderung, Tatendrang. So können auch schlechtes Gewissen und Schuldgefühl durchaus Wegbereiter zu einer dankbaren Lebenshaltung sein. Schuldgefühle entstehen dadurch, dass wir unser Verhalten als falsch, unmoralisch, bedenklich oder unethisch beurteilen. Sie sind also der Bote, der uns eine Information in unser Bewusstsein übermittelt. Die Schuldgefühle sind demnach nicht das Problem, sondern die dahinterliegende Erkenntnis, dass wir einen „falschen" Lebensweg eingeschlagen haben. Wollen wir Schuldgefühle loswerden, müssen wir also unsere Lebensweise, unsere Haltung verändern.

Alles in unserem Leben als selbstverständlich anzusehen, ist das größte Hindernis auf dem Weg zur Dankbarkeit.

Ich möchte weitere Gründe beschreiben, an denen Dankbarkeit scheitert:

- Ich nehme mir nicht die Zeit, um zu bemerken, was mir alles geschenkt ist.
  Dankbarkeit braucht Momente der Ruhe, des Innehaltens.
- Ich habe nicht den Mut, meine Dankbarkeit auszudrücken, andere wissen doch, wie ich denke und wie sehr ich ihnen danke!
  Dankbarkeit braucht Ausdruck, dafür ist manchmal Überwindung notwendig.
- Ich vergesse, meine Dankbarkeit zu zeigen oder ich bin zu faul.
  Es ist nie zu spät für Dankbarkeit. Aufschreiben hilft.
- Es steht mir zu, ich habe es verdient, ich habe das Recht darauf.
  Gerade wenn ich reich beschenkt bin mit Möglichkeiten und Fähigkeiten, habe ich allen Grund, dankbar zu sein.
- Er hat nur seine Pflicht getan, es war sein Job.
  Und gerade deshalb gibt es jeden Grund für ein Danke.
- Es hat keine Mühe gekostet, war nur eine Kleinigkeit.
  Es hätte auch anders sein können.

Sie können die Liste noch weiter ergänzen mit Gründen, Ausreden, Vorurteilen, mit Situationen, wo ein Danke angebracht wäre, Ihnen aber doch nicht über die Lippen kam.

Was halten Sie alles für selbstverständlich?

Niki Lauda erzählte viele Jahre nach seinem schweren Unfall 1976 am Nürburgring, dass er schlichtweg darauf vergaß, sich bei seinem Retter zu bedanken. Arturo Merzario, sein Fahrerkollege, war derjenige, der anhielt und ihn aus dem brennenden Auto zog. „Dieser kleine, dünne Merzario geht an das Feuerauto heran und entwickelt ungeahnte Kräfte!", so Lauda später anerkennend. Merzario hat Lauda später vorgeworfen, dass er sich nicht einmal bei ihm bedankt hatte. Dazu Lauda: „Das stimmt. In der Zeit nach dem Unfall, nach all diesen Operationen habe ich die Entscheidung treffen müssen: Kann ich wieder fahren oder nicht? Bei

Musik von Bob Marley habe ich diese Frage mit mir ausgemacht. Auch als ich fünf Wochen später nach Monza kam, habe ich nicht an meinen Retter gedacht. Ich hatte einfach andere Sorgen, ich habe mit mir gerungen, hatte Druck von den Ärzten, vor der Tür johlten Hunderttausende Italiener, der Ansturm der Medien war ungeheuerlich, eine Situation, die man sich nicht vorstellen kann. Deshalb habe ich meinen Lebensretter schlichtweg vergessen! Arturo saß auf einer Mauer und fragte sich: Warum kommt der Idiot denn nicht zu mir? Ich dagegen wollte nur weg, zurück ins Hotel. Ich brauchte für mich ein neues Konzept!"

(Die Versöhnung zwischen Niki Lauda und Arturo Merzario erfolgte übrigens später. Er schenkte seinem Retter eine besondere goldene Uhr und nannte ihn vor Journalisten „meinen Lebensretter".)

Ein weiteres Hindernis für Dankbarkeit ist die Aussöhnung mit der eigenen Vergangenheit. Wie gerne suchen Menschen die Verantwortung für ihr Leben in der Vergangenheit, die lieblose Mutter, der abwesende Vater, die schwierige Kindheit, die strenge Lehrerin, der weite Schulweg, das schlechte Essen … Jeder hat seinen Rucksack mit schönen wie schlimmen Erfahrungen, erfreulichen und schrecklichen Ereignissen, die den Lebensweg prägen. Diese Erfahrungen als festen, unverrückbaren Bestandteil der eigenen Geschichte anzunehmen, damit aber nicht zu hadern und sich auszusöhnen, ist ein wichtiger Schritt auf dem Weg zu Dankbarkeit. Eigenverantwortung ist dafür nötig, also das grundlegende Bewusstsein, für das eigene Leben – auch für das eigene Lebensglück – selbst verantwortlich zu sein. Nicht die Umstände, die Gesellschaft, die Politik, „den Staat" oder auch die Sterne dafür verantwortlich zu machen, sondern sich selbst als fähig und tätig zu begreifen, das Leben zu gestalten!

Dabei ist der Begriff „Eigenverantwortung" sehr neu und mag für manche zunächst sinnwidrig klingen. Im Mittelhochdeutschen bedeutete *verantwurten* oder *verantwürten*, dass man vor einer überlegenen Instanz Fragen zu einer Tat beantwortet. Der Gedanke, Verantwortung für etwas Zukünftiges zu übernehmen, ist viel jünger: Erst im 20. Jahrhundert, insbesondere nach dem Zweiten Weltkrieg, übernimmt das Wort „Verantwortungsbewusstsein" das, was früher als „Pflichtbewusstsein" bezeichnet wurde. Wer verantwortlich ist, schuldet Rechenschaft. Verantwortung hat zwei Aspekte: Verantwortung *für* etwas *vor* jemandem. Eigenverantwortung würde somit bedeuten, dass ich mich für mich selber vor mir selber verantworten muss. Die „Eigenverantwortung" ist ein Kind unserer Zeit, eine Folge der modernen Sozialpolitik, geringerer persönlicher Verantwortung füreinander und schwindender Solidarität. „Nur wenn jeder für sich selber das tut, was er kann, werden genügend Mittel frei, um denen zu helfen, die sich nicht alleine helfen können. Dann wäre Eigenverantwortung kein Gegensatz zur Solidarität, sondern deren erste Voraussetzung." (*DIE ZEIT*, 22.12.2003)

Benjamin Franklin, amerikanischer Philosoph und Staatsmann (1706–1790), formulierte es so: „Was hilft es, bessere Zeiten zu wünschen und zu hoffen? Ändert euch nur selbst, so ändern sich auch die Zeiten. Ohne Mühe geht nichts."

Der tschechische Schriftsteller und Politiker Václav Havel (1936–2011), der nach der Samtenen Revolution Staatspräsident der Tschechoslowakei und von 1993 bis 2003 Präsident der Tschechischen Republik war, betonte in einer Rede die Bedeutung von Eigenverantwortung und Solidarität: „Der Mensch ist ein nach Freiheit strebendes Wesen. Doch zugleich haben wir alle Verpflichtungen, die es einzuhalten gilt. Wir sind nicht alleine auf der Welt, sind Gemeinschaftswesen, die alles nicht nur für sich, sondern auch für andere tun und nur die wenigsten können leben, ohne sich um ihre Mitmenschen Gedanken zu machen. Freiheit ist wertvoll, doch sie ist wie jede Gabe eben auch zugleich eine große Bürde. Die Menschen scheuen sich immer mehr, ihre Bürden zu tragen und Verantwortung zu übernehmen. Wir alle sind Rädchen in einem gewaltigen Uhrwerk. Greift auch nur eines der Rädchen nicht, wie es soll oder fehlt es ganz, funktioniert die Uhr nicht. Nicht die Summe der Teile macht die funktionierende Uhr aus, sondern das richtige Ineinandergreifen Hunderter winziger Rädchen. Nur so funktioniert das Uhrwerk." (aus *Blaue Narzisse*, September 2009)

Alfred R. Stielau-Pallas stellt in seinem Buch *Die Macht der Dankbarkeit*[10] eine entscheidende Frage: Angenommen, du hättest heute die Möglichkeit, mit irgendeinem anderen Menschen auf dieser Welt zu tauschen. Mit wem würdest du tauschen wollen? Mit irgendeinem Menschen in China, Indien, Amerika, in Afrika, mit irgendeinem? Oder mit einem Superstar – mit wem? Oder mit den reichsten Menschen der Welt – mit wem? Es geht aber darum, komplett zu tauschen, du hättest seine Gedanken, seine Gefühle, seine Ängste, seine Sorgen und natürlich seine Vergangenheit, mit allen Erinnerungen, die dazugehören. Würdest du wirklich gerne mit jemandem tauschen wollen? Nicht einzelne Eigenschaften, so schön wie Cindy Crawford, mutig wie James Bond, reich wie Bill Gates und ausgeglichen wie der Dalai Lama, sondern komplett tauschen mit einem einzigen Menschen!

Bevor du dich entscheidest, mach dir alle Vor- und Nachteile klar.

Nur auf den ersten Blick sieht es oft so aus, als wären einige bevorzugt worden, aber sobald man ihre ganze Geschichte hört, erkennt man, dass jeder sein Bündel zu tragen hat. Es gibt wohl kaum Menschen, die wirklich vom Schicksal bevorzugt wurden. Alle haben für das, was sie erhalten oder erreicht haben, auch ihren Preis bezahlt – den wir von außen und oberflächlich betrachtet oft auch gar nicht erkennen können.

Willst du wirklich tauschen?

Wenn du zu dem Schluss kommst, dass du eigentlich mit keinem Menschen auf dieser Welt tauschen möchtest, dann bist du auch schon auf dem Weg dazu, dankbar dafür zu sein, dass du der bist, der du heute bist!

Wie kann man nun dieses Gewohnheitsmuster überwinden, alles für selbstverständlich zu halten?

Bruder David Steindl-Rast sagt, möglich ist dies, indem wir uns überraschen lassen. Durch die Überraschung, durch das Be- und Erstaunen nehmen wir den Dingen ihre Selbstverständlichkeit. „Wir werden nie dankbar sein, bis wir aufwachen!" Dieses Aufwachen heißt, seine Sinne zu schärfen für die erstaunliche, überraschende Welt, in der wir leben. Dabei gibt es unterschiedliche Grade dankbaren Wachseins. Unser Intellekt, unser Wille und unsere Emotionen müssen aufwachen.

Früher drückte man seinen Dank gerne mit den Worten „Danke, sehr verbunden" aus. Diese Formulierung scheint es heute nicht mehr zu geben. Vielleicht auch deshalb, weil wir nicht verbunden sein wollen. Wir wollen selbstständig sein, mit uns selbst auskommen. Die Sprache verrät uns. Angst vor Abhängigkeit als Hindernis für Dankbarkeit: Das war in früheren Zeiten tatsächlich anders. Heute leben Millionen Menschen in Städten auf engstem Raum, anonym und unabhängig. Im ländlichen Gebiet hingegen kennt man auch heute noch das Gefühl, aufeinander angewiesen zu sein. Du hilfst mir, ich helfe dir. Unsere Leben hängen zusammen. Das Gefühl der Abhängigkeit, der Verbundenheit wird als gegeben empfunden, und nicht wie andernfalls als Makel oder gar als Problem. Wenn ich ein empfangenes Geschenk anerkenne, dann erkenne ich das Band an, das mich an den Gebenden bindet, das mich verbindet. Aber der Kreis von Dankbarkeit ist unvollkommen, solange der Geber nicht zum Empfänger wird: zum Empfänger des Dankes! Geben wir ein Geschenk, so geben wir, was wir uns leisten können. Danken wir aber, dann geben wir uns selbst! In dem Moment, in dem ich ein Geschenk als solches anerkenne, und damit meine Abhängigkeit – in dem Moment bin ich frei!

„Überraschung ist der Ausgangspunkt. ‚Die Augen meiner Augen sind geöffnet' (e.e. cummings). Wie viel uns doch verloren geht, nur weil wir so abgestumpft durchs Leben gehen. Wie viel uns doch verloren geht an Freuden, an Überraschungen, die uns überall umgeben und nur darauf warten, entdeckt zu werden!

Aber das muss nicht so sein. Wir können den Ablauf umkehren, können lernen, jeden Tag noch nie Gewürdigtes neu zu erleben … Dankbarkeit ist der Schlüssel zur Lebensfreude. Wir halten diesen Schlüssel in unseren eigenen Händen." (David Steindl-Rast)

✳ Bei Sinnen

Ich bin eingeladen, eine Lesung in einer Einrichtung zu halten, in der geistig und körperlich schwerbehinderte Erwachsene betreut werden. Mit Freude, in die sich aber auch Unsicherheit mischt, bereite ich mich darauf vor. Es ist Frühling, Ostern steht vor der Tür, ich suche also Texte, Gedichte, Geschichten, die zu dieser meiner Lieblingsjahreszeit passen. Doch was liest man, wenn die Zuhörer den Inhalt vielleicht gar nicht verstehen? Bemüht und konsequent will ich mein außergewöhnliches Publikum ernst nehmen.

Mit einer Mappe voll Literatur und Lyrik komme ich in Schwechat an und werde von den Bewohnern schon sehnsüchtig erwartet. Genau genommen sind es die Mitarbeiter und Angehörigen, die mich erwarten, die sich durch den Besuch der Frau, die sie sonst nur aus dem Fernsehen kennen, gewürdigt fühlen. Die angespannte Atmosphäre, die Vorfreude auf den prominenten Besuch steckt aber auch die Bewohner an. Sie wissen wohl nicht, wer da kommt, aber sie zeigen mir, dass sie sich freuen. „Ba ba ba", lallt mir ein etwa 40-jähriger Mann mit schiefem Gesicht und Speichel in den Mundwinkeln entgegen, den Blick zur Decke gerichtet, er sitzt im Rollstuhl, ist deutlich geistig behindert. Er legt seinen Arm um mich. Er will mich küssen. Erschrocken weiche ich zurück, das ist mir nun doch zu viel an Willkommensfreude.

Die Betreuerinnen zeigen mir das Haus, die Wohnräume, die Werkstatt. Hier wird gemalt und es sind ganz besondere Kunstwerke, die alle Wände schmücken: bunte, großzügige, verrückte Kunst, die mich in diese andere Welt führt. Hier waren Meister am Werk, die die Welt anders begreifen. Ohne zu denken, kehren sie mit Pinsel und Farbe ihr Inneres nach außen, liebevoll, kunstvoll, empfindsam, wütend, laut, leise, großzügig, fein, grob, immer voll und ganz. Ich bin da, bin angekommen. Und lasse mich auf diese so wertvolle Begegnung ein: Hier geht es nämlich nie darum, wer du bist, was du bist, sondern in jeder Sekunde nur darum, WIE du bist. Du wirst auf dich selbst zurückgeworfen, eine gute Übung für Charakter und Seele.

Im Wohnraum sind bereits alle versammelt und warten auf die Lesung. Ich nehme Platz, ordne meine Unterlagen und will beginnen. Frenetischer Applaus, angestimmt von den Sozialarbeitern, doch alle Bewohner stimmen freudig mit ein. Sie jubeln und juchzen, stoßen Freudenschreie aus, wer kann, trampelt mit den Füßen. Ich warte, bis es still wird.

Und beginne zu lesen.

Frühling übers Jahr
(Johann Wolfgang von Goethe)

Das Beet, schon lockert
Sich's in die Höh',
Da wanken Glöckchen
So weiß wie Schnee;
Safran entfaltet
Gewalt'ge Glut,
Smaragden keimt es
Und keimt wie Blut.
Primeln stolzieren
So naseweis,
Schalkhafte Veilchen,
Versteckt mit Fleiß;
Was auch noch alles
Da regt und webt,
Genug, der Frühling,
Er wirkt und lebt.

Doch was Goethe schrieb, interessiert hier niemanden.

Ich versuche es mit Eduard Mörike.

> Frühling lässt sein blaues Band
> Wieder flattern durch die Lüfte;
> Süße, wohlbekannte Düfte
> Streifen ahnungsvoll das Land.
> Veilchen träumen schon,
> Wollen balde kommen.
> – Horch, von fern ein leiser Harfenton!
> Frühling, ja du bist's!
> Dich hab' ich vernommen!

Der Mann, der mich willkommen geheißen hat, grölt und gähnt. Die Frau, die auf der Couch sitzt, entblößt ihren prallen Busen und wiegt ihren Oberkörper vor und zurück, vor und zurück. Das macht sie immer so, versichert man mir. Etwas irritiert und mit wachsender Gewissheit, dass meine Textauswahl ein voller Reinfall ist, versuche ich ein nächstes Gedicht, diesmal von August Heinrich Hoffmann von Fallersleben.

> Grüner Schimmer spielet wieder
> Drüben über Wies' und Feld.
> Frohe Hoffnung senkt sich nieder
> Auf die stumme trübe Welt.
> Ja, nach langen Winterleiden
> Kehrt der Frühling uns zurück,
> Will die Welt in Freude kleiden,
> Will uns bringen neues Glück.

Mittlerweile ist es im Raum so laut, dass ich mein eigenes Wort nicht mehr verstehen kann. Eine Lesung braucht Zuhörer, Stille, Konzentration! So geht das einfach nicht. Ich bin ratlos.

Doch gleichzeitig wird mir klar, dass es an meiner Unfähigkeit liegt, mich auf die Sprache dieses Publikums einzulassen. Ich lege meine Mappe zur Seite und beginne sinnlose Reime vorzutragen. *Oh ho ho, wie bin ich froh!*
Noch einmal, lauter.
Oh ho ho, ich bin so froh!
Die Bewohner schauen mich an, manche hören sogar zu. Der junge Mann ganz hinten beginnt im Rhythmus meiner Worte auf den Tisch zu trommeln.
„*Ho ho ho! Ho ho ho!*", schreit die ältere Frau mit der Glatze.

Ich beginne, Freude an unserem Spiel zu gewinnen, singe, lache, poltere und merke, dass meine Zuhörer empfänglich sind für Laute, Lautmalereien, Melodien, Rhythmus und Gefühle. Es geht eben nicht darum, was du sagst. Sondern wie du es sagst.

Als Hoppelhase Ba Ba Ba hopple ich bald durch den Raum und komme mir dabei kein bisschen komisch vor. Das Publikum ist begeistert, lacht vor Freude, auch wenn es bei manchen Bewohnern ein tiefes, gewaltiges Grölen ist, das mir fast ein bisschen Angst macht. Doch gleichzeitig verändert sich ihr Gesichtsausdruck, die Augen weiten sich, wie ein Fenster, das sich öffnet. Wie ein Kameraobjektiv, wenn man ein Foto macht. Und genau in diesem Moment des Abdrückens, in diesem Bruchteil einer Sekunde musst du da sein.

Ich habe es geschafft, ich habe sie gewonnen, habe ihre Seelen zum Klingen gebracht. Und sie meine. Ich merke, dass mir vor Rührung eine Träne über die Wange läuft. Doch der Mann vom Eingangstor hat das schon vor mir bemerkt. „Ba Ba Ba weint", ich lege meine Hand auf seine, er umarmt mich, so gut er das im Rollstuhl sitzend kann, und küsst meine Wange. Ich weiche nicht zurück.

Nachdem ich mich verabschiedet habe, sitze ich noch einige Minuten still im Auto. Der nächste Termin wartet schon längst, eigentlich bin ich ja in Eile. Aber ich brauche jetzt einfach ein paar Minuten ganz für mich, um das Erlebte nachwirken und ausklingen zu lassen. Der Autoschlüssel steckt bereits im Schloss, doch ich drehe ihn noch nicht um. Ich sitze da und schaue ins Leere, dorthin, wo ich gerade noch war.

Da ist es, dieses Gefühl, wenn das Herz überfließt.

Ich bin dankbar, dass es Menschen gibt, die Menschen mit körperlicher und geistiger Behinderung betreuen, sich dieser Auseinandersetzung ständig stellen. Eine wahrlich große Aufgabe.

Ich bin dankbar, dass ihre Familien sie lieben und pflegen, auch wenn sie dabei oft an ihre eigenen körperlichen wie mentalen Grenzen gehen. Ein geistig behindertes Kind im Erwachsenenalter zu haben, ist eine unvergleichliche Lebensaufgabe, oft verbunden mit Selbst-Aufgabe.

Und ich bin dankbar, dass mich diese Menschen in ihre andere Welt hineingelassen haben, die bei allen Problemen und Einschränkungen jede Sekunde ehrlich ist.

„Wow, die Götter lieben mich!"
Sänger und Schauspieler Konstantin Wecker

Ich treffe Konstantin Wecker im Hotel Intercontinental in Wien. Er ist oft in Wien, er mag die Stadt. Diesmal hat er Promotion-Termine für seine CD *Wut und Zärtlichkeit*. Auch wenn unser Gespräch einem ganz anderen Thema gilt, nimmt er sich die Zeit dafür, mit mir über Dankbarkeit zu sprechen, weil es so wichtig ist, dankbar zu sein, wie er sagt. Und ich bin ihm für vieles dankbar, hat er mich doch mit seiner Musik, seinen Texten, seinen Melodien durch mein ganzes Leben begleitet. Unvergessen sein „Wenn der Sommer nicht mehr weit ist" im Garten des „Metropol" und unser erstes Interview vor 30 Jahren. Bei jedem Treffen hat er – ohne es zu wissen – einen Satz für mich parat, den ich gerade „brauche", der mir weiterhilft, mich ermutigt, tröstet, guttut. „Ein ordentliches Leid erspart dir hundert Stunden Meditation", meint er lächelnd. Ein lebenskluger Mann.

Konstantin Wecker wurde am 1. Juni 1947 in München geboren, wo er die Musikhochschule besuchte, später Psychologie und Philosophie studierte. Der deutsche Liedermacher, politisch engagierte Poet, Schauspieler und Komponist gehört zu den vielseitigsten Künstlern im deutschsprachigen Raum: Mehr als 600 Lieder hat er geschrieben, Filmmusik und Musicals komponiert, Gedichte, Bücher verfasst, zuletzt *Wut und Zärtlichkeit* (CD, 2011), *Es geht ums Tun und nicht ums Siegen* (Konstantin Wecker und Bernard Glassman, EV Kösel Verlag 2011).

Der Fotograf wollte den bayerischen Liedermacher gerade noch für ein Foto zusammen mit Johann Strauss beim nahen Denkmal entführen. Es ist gar nicht so leicht, aus der Promotion-Routine auszubrechen und das Thema zu wechseln. Da sitzen wir nun in einem Extraraum im Hotel bei Mineralwasser. Konstantin Wecker trägt wie immer seit seinem Besuch im Irak die Friedenskette um den Hals, dicke Holzperlen in allen Farben des Regenbogens. Das ist seine Botschaft, unermüdlich: „Hinter die Schlagzeilen" zu schauen, wie er es auf seiner Website macht, für Frieden zu werben und dafür, dass Spiritualität und Politik zusammengehören, um Probleme zu lösen.

Wie wurde Dankbarkeit für dich zu einem wichtigen Thema?

Dankbarkeit ist ein so wichtiges Thema, weil ich glaube – rückblickend und auch die Gegenwart betrachtend –, dass ich in meinem Leben unheimlich viel Glück hatte. Das muss man erkennen und anerkennen. Das Grundglück war, dass ich so sehr mit Urvertrauen gesegnet bin. Früher hätte man das Gottvertrauen genannt. Bei all dem Quatsch, den man macht, und bei all den Missgeschicken, die einem passieren, und bei all dem Misslingen irgendwelcher Dinge, ist immer so eine Grundbasis bei mir da, die mich sagen lässt: „Ja, das hat wahrscheinlich doch einen Sinn". Im Gegensatz zu anderen Menschen, die schwer depressiv sind, die meinen, egal was sie tun, es sei alles sinnlos. Also ich bin geboren damit, dass alles, was ich tue, auch einen Sinn hat. Das hat sicher zunächst mit der Mama zu tun, und mit dem Vater. Ich bin einfach dafür dankbar, dass mich das Schicksal in dieses Elternhaus hineingeboren hat. Ein antifaschistisches Elternhaus, ein Vater, der den Mut hatte und den Wahnsinn, in der Hitlerzeit den Wehrdienst zu verweigern. Er hat die Uniform wieder ausgezogen, gesagt, er macht da nicht mit und hat das Glück gehabt, nicht erschossen zu werden. Ein Vater, der geradezu ein Wunder war für einen 1914 geborenen Mann – einzigartig an Sanftmut, ohne patriarchale Gewalt und ein antiautoritäres Vorbild.

Eine liebevolle Mutter, die mich von Anfang an umsorgt hat, mich manchmal sicher erdrückt hat mit ihrer Liebe, wie das bei Müttern so ist, speziell bei Müttern von Einzelkindern. Aber das gehört alles dazu. Es gibt nichts Perfektes, also insofern war es die liebevollste Form, in die man hineingeboren werden konnte.

Wann ist dir der Wert all dessen klar geworden? Auch in Form von Dankbarkeit?

Interessanterweise sah ich das als Kind noch nicht so, da war alles selbstverständlich. Auch, dass ich singen durfte mit meinem Vater, zum Beispiel, dass wir Opernduette zusammen gesungen haben, das alles war für mich selbstverständlich. Ich hatte nie das Gefühl, dass das etwas Besonderes ist.

Als ich meinen ersten Gedichtband herausgebracht habe, habe ich ihn aus Dankbarkeit meiner Mutter gewidmet. Da war dieses Gefühl. Das war in den 68er-Jahren überhaupt nicht cool. Heute ist das ein bisschen anders. Aber damals hat man die Eltern nicht – auch noch öffentlich – gelobt oder geliebt oder so. Da merkte ich, wie ich dazu stehe, wie es mir ein Bedürfnis ist, meine ihr gegenüber tief empfundene Dankbarkeit auszudrücken. Aber auch schon lange davor, als ich das erste Mal im Knast war (ich bin abgehauen von daheim und dann wurde ich verhaftet und eingesperrt). Nach sechs Wochen sah mich mein Vater im Besucherraum und sagte mir den wunderbaren Satz: „Konstantin, ich habe dir immer schon gesagt, zwischen Künstler und Verbrecher ist nur ein kleiner Unterschied. Wie es aussieht, taugst du nicht zum Verbrecher!" Ich soll es als Künstler probieren. Da war mir klar, dass ich dankbar sein muss. Wer hat denn schon so einen Vater!? Er hat damals gesagt, er wird nie mehr darüber reden und er hat es auch nie wieder getan.

Kann man Dankbarkeit erst empfinden, wenn man etwas nicht mehr hat? Wenn man Leid, Schmerz, Verlust empfindet?

Das glaube ich nicht. Man kann auch Dankbarkeit empfinden, wenn man etwas im Überfluss hat. Ich habe für mein Talent, vielleicht noch nicht als Kind, aber als Jugendlicher so etwas wie Dankbarkeit empfunden. Es gibt ein paar Gedichte, die das ausdrücken. Irgendwann wächst ein kleines Vertrauen, aber für meine Talente, für dieses große Geschenk, dass mir einfach pausenlos Melodien einfallen – allein, dass ich das habe, das ist doch ein Wunder! Woher kommt denn das? Das kann ich mir nicht ausdenken. Das ist da, geschenkt, gegeben. Und dafür habe ich immer schon große Dankbarkeit empfunden.

Ich konnte auch immer mit dem Wort „Danke" umgehen. Jetzt, wo ich zwei Kinder habe, bemerke ich, dass das nicht selbstverständlich ist. Der eine hat kein Problem, Danke zu sagen und der andere würde sich lieber vorher die Zunge abbeißen. Er mag das Wort nicht.

Ist es dir als Vater wichtig, dass deine Kinder Danke sagen können?

Mir ist wichtiger, dass sie sich entschuldigen können, da müssen sie durch. Entschuldigung muss sein, das muss man lernen. Danke zu sagen, muss man nicht lernen. Ich glaube, man lernt es ohnehin irgendwann selber. Das kann man niemandem beibringen.

Kann man aber Dankbarkeit jemandem beibringen?

Ich bin ein dankbarer Mensch, aber vielleicht hat das auch mit der Tatsache zu tun, dass ich doch ein sehr glückliches Leben führe. Ich kenne einige Menschen, die so weit weg sind von der Dankbarkeit, wo man sich auch die begründete Frage stellen muss: „Wofür soll der jetzt eigentlich dankbar sein?" Erstaunlicherweise gibt es dann aber wieder Menschen, die trotz einer beschissenen Lebenssituation dankbar sind! Das ist auch möglich. Aber wer damit wirklich nichts am Hut hat, dem kann man es auch nicht beibringen. Wer dankbar sein will, der kann es vielleicht noch intensivieren durch Übung.

Du hast gesagt, du bist dankbar aus einem Gottvertrauen heraus, aus deinen Erfahrungen in der Kindheit. Was bedeutet es, Dankbarkeit zu empfinden?

Das kann ich gar nicht in Worte fassen. Ich kann dir zwar Gedichte zeigen – es gibt ein Gedicht von mir für meinen Vater und auch für meine Mutter – daraus spricht größte Dankbarkeit. Im Gedicht kann ich es ausdrücken, in der Poesie, auch in Liedern, das ist meine Sprache, aber sonst nicht.

Gehören Dankbarkeit und Demut zusammen?

Es ist zunächst die Grundbedingung, dass man das Wort annimmt. Ich habe das Wort Dankbarkeit als Wort irgendwann in meinem Leben angenommen und auch das Wort Demut habe ich angenommen. Wenn man auf meinen Lebensweg schaut, erstaunlich früh, weil es war nicht wirklich das Wort, das in den 70er-Jahren richtig „in" war. Unvorstellbar, auf irgendeiner politischen Veranstaltung von Demut zu sprechen! Das musste man erst für sich entdecken. Mir fiel es nie schwer, Wörter zu entdecken, weil ich von klein auf Gedichte geliebt, Poesie gelesen habe. Und deswegen waren Worte für mich etwas sehr Lebendiges, das ich auch annehmen kann. Ich habe auch nie ein Problem mit dem Wort „Gott" gehabt. Ich habe zwar damit gehadert, aber jetzt ist es völlig wertfrei, glaube ich. Aber es gibt das Wort und es gibt auch Gott, weil es auch das Wort gibt.

Im Alter von ungefähr 30 oder 35 habe ich angefangen, mir das Wort Demut zur Brust zu nehmen. Ich habe das Gefühl, manchmal kommen die Worte im richtigen Zeitpunkt zu einem. Dann kannst du sie auch begreifen. Das ist mit Demut so, und auch mit Dankbarkeit. Früher war es ein Gefühl, das ich dann im Nachhinein benennen konnte. Heute empfinde ich es in manchen Momenten als eine Art „spirituelle Pflicht", dass ich einfach

„Danke" sage. Ich sage es einfach vor mich hin. Das habe ich früher nur in ganz exklusiven Augenblicken gemacht.

Du hast gesagt, dass du ein sehr glückliches Leben lebst. Es gab aber auch große Tiefpunkte. Wann ist Dankbarkeit eine wichtigere Kategorie: in den schönsten Stunden, den glücklichsten Momenten oder in den schlimmsten?

Ich habe ja versucht, meine Autobiografie aus der Sicht meiner Niederlagen zu beschreiben. Da schwingt unheimlich viel Dankbarkeit mit, denn im Nachhinein bin ich auch dankbar für die Niederlagen, so wie die Welt irgendwann – wie seltsam es auch klingt – dankbar sein wird für die Katastrophen, die sie selbst verursacht hat. Wenn wir all diese Katastrophen nicht hätten – vermutlich „brauchen" wir sogar noch ein paar –, würde die Menschheit nicht mehr bestehen. Und sie wird weiter bestehen, weil sie aus den Katastrophen lernen wird. Da bin ich mir sicher.

Also Dankbarkeit ist ein Weg, der uns auch Entwicklungen ermöglicht?

Entwicklung ist nur möglich, wenn ich zu einem Punkt komme, wo ich auch der Niederlage und der Katastrophe im Endeffekt dankbar bin.

Wenn ich nicht dankbar bin, dann verbeiße ich mich in ein „Scheiße, dass mir das passiert ist" – ich nehme diese Erfahrung nicht an. Erst wenn ich es in Eigenverantwortlichkeit annehme, kann ich mich auch wirklich weiterentwickeln. Allerdings muss man da sehr vorsichtig sein. Vor Kurzem habe ich das Porträt einer Frau gelesen, die mich sehr beeindruckt hat. Sie ist seit vielen Jahren querschnittgelähmt und hat eine Krankheit, die immer weiter fortschreitet, mit Erblindung und irgendwann auch Ersticken. Diese Frau sagte: „Wenn noch so viele kommen und sagen ‚In jeder Krankheit liegt eine Chance' und wenn noch so viele kommen und meinen, ich soll für etwas dankbar sein – es ist einfach nur Scheiße!"

Und ich muss sagen, ich verstehe die Frau…

Kann man daran sehen, dass man niemals anderen raten kann: „Sei dankbar!"?

Ich habe im Leben gelernt, dass es so unterschiedliche Schicksale, so unterschiedliche Menschen gibt. Und es ist ganz falsch, den anderen über den Kamm des eigenen Bewusstseins zu scheren. Das Einzige, wo es gilt aufzubegehren, ist, wenn der andere versucht, unsere Rechte und Freiheiten zu nehmen. Das dürfen wir uns nicht gefallen lassen. Aber sonst müssen wir anderen Menschen viel mehr Respekt zollen.

Wofür bist du heute dankbar in deinem Leben? Neben dem Gottvertrauen, mit dem du aufgewachsen bist, deinen Eltern, die dir Liebe gegeben haben …

Zurzeit bin ich dankbar, dass es mich überhaupt noch gibt. Das ist sehr erstaunlich, bei alldem, was ich mir so geleistet habe.

Dass ich noch Kraft habe, noch Energie habe, noch lebe. Ich bin wahnsinnig dankbar, dass ich noch richtig gute Konzerte machen kann, weil das einfach eine Riesenfreude macht. Mit 30 Jahren bin ich einmal, sehr betrunken und nicht ganz bei mir, mit meinem Jeep in Italien voll an einen Baum gefahren, weil ich wissen wollte, ob mich die Götter noch lieben. Und dann überlebte ich sogar noch kerngesund. Der Jeep war im Arsch und ich stieg aus und sagte „Wow, die Götter lieben mich". Das habe ich später einer alten Dame erzählt, die mir dann das Haus in der Toskana verkauft hat. Klarietta heißt sie, eine Schriftstellerin, und die schaute mich an und sagte: „Ich glaube nicht, dass sie dich lieben. Wenn sie dich geliebt hätten, hätten sie dich zu sich genommen!" Dieser Satz kommt mir immer wieder in den Sinn. Das ist es.

Wem bist du dankbar? Wer hat dir das alles geschenkt?

Es gibt ganz viele Menschen, denen ich dankbar bin.

Ich bin meiner Frau dankbar, wie sie das mit den Kindern geschafft hat, praktisch alleinerziehend, während ich auf Tournee war, das ist sensationell, unglaublich. Ich werde ihr ewig dankbar sein, selbst wenn sie mich jetzt hassen würde, würde ich diese Dankbarkeit nie verlieren.

Ich bin, wie gesagt, meinen toten Eltern dankbar.

Ich bin jeden Abend unendlich dankbar, dass dieser Mensch, der ich bin, so wunderschön Klavier spielt.

Ich bin meinem Publikum jeden Abend dankbar, dass es so nett ist und sich das anhört. Dass die Leute nicht aufspringen, zappen, nicht rumgehen, betrunken sind, dass sie sich drei Stunden hinsetzen und mit mir sind. Ich bin richtig dankbar dafür.

Und ich bin heute noch dankbar, dass ich trotz dieser alkoholischen Nacht mit dem Jeep da bin, dass die Götter mich nicht zu sich geholt haben.

Du hast gesagt, für die 68er-Generation war es sehr uncool, dankbar zu sein. Aber ist es nicht auch heute ein unmoderner Begriff?

1968 war es so, weil es einfach ideologisch verpönt war.

Heute ist es nicht aufgrund einer bestimmten Ideologie verpönt, sondern weil wir in einer Gesellschaft leben, in der jeder glaubt, er macht sich sein Schicksal selbst. Jeder denkt, wenn er reich geworden ist, dann ist das sein eigener Verdienst. Die ganz Reichen denken nicht mehr daran, dass sie auf dem Rücken der Armen reich geworden sind. Dass sie sich eigentlich ihr Geld ergaunert haben. Ich weiß zum Beispiel, dass es unter bestimmten Teenies das Schimpfwort Spasti gibt, Opfer, wie auch immer. Das heißt, ein Mensch, der nicht kerngesund ist, der in irgendeiner Form krank oder behindert ist, der ist nicht bedauernswert. Der ist halt ein Opfer. Der ist selber Schuld. So eine Gesellschaft haben wir. Darüber braucht sich auch niemand zu wundern, denn dieser Egoismus wird doch allerorts ausgerufen. „Du bist dein eigener Herr, sei deines Glückes Schmied" – da sind nicht zuletzt auch esoterische Bücher schuld daran. All diese esoterischen Übungen – etwa Wünsche im Universum deponieren – sind im Endeffekt sehr egoistisch. „Geh drei Wochen ins Zen-Kloster, um danach deine Untergebenen noch abgebrühter zu unterdrücken!" – Das ist doch alles pervers.

Und darum ist Dankbarkeit auch heute nicht „in". Etwas anders ist das mit dem Leben auf dem Land, dort gibt es noch Strukturen, wo man noch mehr mit der Familie zusammen ist, wo man weiß, was einem die Natur schenkt, was die früheren Generationen geschaffen haben, kurzum: was halt nicht selbstverständlich ist.

Pater Georg Sporschill hat zu mir gesagt: „Dankbarkeit heißt, durchlässig zu bleiben für die Nicht-Selbstverständlichkeiten im Leben." Würdest du zustimmen?

Ich habe mir beim Schreiben meiner Biografie überlegt, dass ich die gleiche Biografie mit den gleichen Fakten auch aus dem Blickwinkel hätte schreiben können: „Was habe ich für Pech gehabt im Leben." Immer wieder bin ich in etwas reingerasselt, Drogen, Gefängnis, Niederlagen, Schulden, das Ende der Karriere, alles Mögliche ist da geschehen. So unterschiedlich kann man ein und dasselbe Leben betrachten und dabei nicht durchlässig sein! Das Zitat gefällt mir sehr gut.

Da fällt mir die Geschichte von der leeren Schachtel ein. Ich erzähle sie dir:

Es war Weihnachten und tags darauf brachte das Kind dem Vater ein Geschenk mit den Worten: „Das ist für dich!" Der Vater war zuerst sehr verlegen, doch als er sah, dass nichts in der Schachtel war, ärgerte er sich.

Er sprach in hartem Ton: „Weißt du denn nicht, dass, wenn man schon ein Geschenk macht, auch etwas drin sein muss?"
Das Mädchen schaute ihn von unten mit Tränen in den Augen an und sprach: „Es ist etwas drin! Die Schachtel ist voll mit meinen Küssen für dich!"
Der Vater fühlte sich zutiefst beschämt, ging in die Knie, umarmte sein Kind und bat es um Verzeihung.
Von nun an bewahrte der Vater die Schachtel immer neben seinem Bett auf und immer, wenn es ihm nicht so gut ging oder er Mut brauchte, dann öffnete er die Schachtel und nahm einen Kuss heraus.
Jeder von uns hat eine Schachtel voller Liebe von seinen Kindern, Freunden, Verwandten ...
Es gibt nichts Wichtigeres, das man besitzen kann!

Jeder Augenblick ist ewig*
Konstantin Wecker

Jeder Augenblick ist ewig
wenn du ihn zu nehmen weißt.
Ist ein Vers der unaufhörlich
Leben, Welt und Dasein preist.

Alles wendet sich und endet
und verliert sich in der Zeit.
Nur der Augenblick ist immer.
Gib dich hin und sei bereit!

Wenn du stirbst, stirbt nur dein Werden.
Gönn ihm keinen Blick zurück.
In der Zeit muss alles sterben
aber nichts im Augenblick.

---

* © 2012 Deutscher Taschenbuch Verlag, München

„Undank ist immer eine Art Schwäche.
Ich habe nie gesehen, dass tüchtige Menschen
undankbar gewesen wären."

Johann Wolfgang von Goethe

„Es steht mir zu" – Undankbarkeit

Meistens ist es ein gutes Gefühl, beschenkt zu werden. Geschenke machen uns Freude, sind Ausdruck, wahrgenommen zu werden, Zuwendung zu empfangen. Aber unter bestimmten Umständen ist das nicht der Fall, dann lösen Geschenke Neid, Hass, Gier und Eifersucht aus – Undankbarkeit ist hier die Folge.

Der Akt des Gebens und Nehmens, die Beziehung zwischen Schenkendem und Beschenktem, die Motivation des Schenkens, mögliche Vorgeschichten und Ähnliches beeinflussen das Maß, in dem Dankbarkeit oder eben Undankbarkeit empfunden wird.

Eine entscheidende Rolle kann hier spielen, wenn zwischen Geber und Beschenktem durch das Geschenk ein emotionales Ungleichgewicht entsteht. Das Geschenk macht dich klein, bedürftig, du befindest dich nicht mehr auf Augenhöhe. Das ist ein entscheidender Faktor zum Beispiel im Spendenwesen oder bei jeder Art von karitativer Betätigung. Besonders in unserer modernen Gesellschaft ist es nahezu verpönt, in der Schuld eines anderen zu stehen. Wir wollen unser Glück als Produkt unserer eigenen Anstrengungen sehen. Warum fällt es uns so schwer, uns einzugestehen, dass wir einem Menschen, der uns Gutes getan hat, zu Dank „verpflichtet" sind? Wie das Gefühl des Vertrauens beinhaltet auch die Dankbarkeit das Eingeständnis unserer Verletzlichkeit. Unser Leben ist immer in Schwebe und hängt von anderen Menschen, Umständen und Gegebenheiten ab.

„Keiner ist so klein, dass er nicht anderen helfen könnte. Aber keiner ist so groß, dass er nicht der Hilfe anderer bedarf." (Sprichwort)

Eine sozialpsychologische Studie in Amerika in den 80er-Jahren hat übrigens ergeben, dass es Männern deutlich schwerer fällt als Frauen, sich dankbar zu zeigen und diese Dankbarkeit auch auszudrücken.

Ein weiterer Faktor der Undankbarkeit stellen unangemessene Geschenke dar. Also Geschenke, die beim Empfänger Schuldgefühl, Wut, ein Gefühl der Verpflichtung oder sogar der Demütigung hervorrufen, zum Beispiel Eltern, die Lehrern Geschenkgutscheine zukommen lassen, in der Hoffnung auf bessere Schulnoten ihres Schützlings, oder ein Patient, der sich bei seinem Arzt „erkenntlich" zeigen möchte. Aus gutem Grund gibt es jetzt auch in der Politik hierfür einen strengen Verhaltenskodex, der für „verbotene Geschenkannahme" notwendigerweise sensibilisiert.

„Undankbarkeit ist schlimmer als Diebstahl." (Talmud)

Während Dankbarkeit ein Gefühl ist, ist Undankbarkeit eine Anklage, die sich in Wort und Tat äußert und ist auch nicht gleichzusetzen mit mangelnder Dankbarkeit. Während mangelnde Dankbarkeit ein Versäumnis, eine Art des Vergessens ist, handelt es sich bei Undankbarkeit um Anwesenheit von etwas Negativem. Sie ist eine Form der Bestrafung. Wenn ich vergesse, mich nach einer Einladung telefonisch, per E-Mail oder Brief zu bedanken, dann handelt es sich um mangelnde Dankbarkeit – meist durch Vergesslichkeit. Wenn ich hingegen ein Päckchen öffne, um dem Schenkenden dann zu sagen: „Wie schrecklich ist dieses Geschenk", dann bin ich undankbar.

Undankbarkeit ist entweder eine einmalige Verfehlung oder lässt auf charakterliche Defizite schließen: Der Betroffene ist unfähig, anzuerkennen, was ein anderer für ihn getan hat oder er reagiert mit neidischem Unmut über die eigene Verletzlichkeit, kann nicht akzeptieren, in der Schuld eines anderen zu stehen. Wenn wir uns zum Beispiel aufgrund mangelnden Selbstwertgefühls für „unwürdig" halten, Gutes von anderen anzunehmen, dann können wir auch in Folge keine Dankbarkeit empfinden. Diese setzt die Erkenntnis von Güte voraus.

Was die Gründe auch sein mögen, Undankbarkeit hat schwerwiegende gesellschaftliche Folgen. Der römische Philosoph Seneca sagte, dass „kein Laster das harmonische Zusammenleben der Menschen so sehr gefährdet wie die Undankbarkeit." Undankbare Menschen sind nicht fähig, am Kreislauf von Geben und Nehmen teilzuhaben. Die Verbundenheit der Dankbarkeit geht verloren.

Ein großer Feind der Dankbarkeit ist das weitverbreitete Gefühl: Das habe ich verdient! Es steht mir zu.

Verstärkt wird dieses Gefühl durch die Werbung, zweifellos einer der größten Quellen gesellschaftlicher Undankbarkeit. Tag für Tag, Jahr für Jahr werden von dieser Industrie Milliarden Euro investiert, um uns zu Egoisten zu erziehen. „Geiz ist geil" und „Weil ich es mir wert bin": Diese Botschaften prägen unser Denken und unser Tun, die Werbung schärft unsere Sinne für all das, was wir glauben, zu brauchen. Wer richtet da noch den Blick auf das, was er bereits hat?

In der beliebten Comicserie „The Simpsons" gibt es eine Szene, in der der Vater Bart Simpson das Dankesgebet bei Tisch sprechen soll. Er sagt: „Lieber Gott, wir haben hier für alles selbst bezahlt, also danke für nichts!"

Dazu meint Psychotherapeut Uwe Böschemeyer: „Die starke Ichbezogenheit wird hier zum Problem, auch die zunehmende Verweltlichung der Welt. Wenn ich mir nicht mehr Gedanken darüber mache, was die Welt im Innersten zusammenhält, dann bin ich ja selbst der Herr darüber, mache mich zum alleinigen Autor meines Lebenslaufes. Das geht aber schief. Bedenken Sie nur: Jede Nacht, wenn ich schlafe, bin ich sechs bis acht Stunden nicht Herr meiner selbst, erst in der Früh wache ich auf und bin wieder im Leben. Alleine diese Tatsache könnte uns nachdenklich machen, denn unsere Atemzüge sind während des Schlafs ohne unsere bewusste Einflussnahme weitergegangen. Ohne unser Zutun. Das kann man natürlich rein biologisch begründen, aber dabei ist mir nicht wohl!"

Der undankbare Mensch ist oft narzisstisch, arrogant, eitel, will ständig bewundert werden und braucht Applaus und Anerkennung. Ihm fehlt Einfühlungsvermögen, um befriedigende zwischenmenschliche Beziehungen aufzubauen, die von Dankbarkeit geprägt sind.

Erwarte keinen Dank! Ein weiterer Feind der Dankbarkeit ist eine zu hohe Erwartungshaltung. Es ist schön, wenn ein Gefallen auch anerkannt wird, aber erwarte es nicht. Jean-Jacques Rousseau sagt: „Dankbarkeit ist eine Pflicht, die erfüllt werden sollte, die aber zu erwarten keiner das Recht hat!" Wahre Großzügigkeit erwartet keine Belohnung, keine Gegenleistung, keinen Dank – dann wirst du auch nie enttäuscht.

Theologe Clemens Sedmak kann weitere Feinde der Dankbarkeit deutlich benennen: „Dummheit! Thomas von Aquin hat in seiner *Summa theologica* über die Klugheit nachgedacht. Er kommt zu dem Schluss, dass die Klugheit mit Memoria – also mit der Fähigkeit, sich zu erinnern – zu tun hat, außerdem mit der Fähigkeit, sich ‚belehren zu lassen' sowie mit Großzügigkeit. Das ist ein schöner Gedanke, dass Klugheit mit Großzügigkeit zu tun hat: der dumme Mensch also engstirnig ist, kleinmütig, nicht fähig, großzügig zu sein. So ist der erste Feind der Dankbarkeit die Dummheit. Also die Unfähigkeit, diesen weiten Blick auf das Leben zu werfen und auch einschätzen zu können, dass ich allen Grund habe, dankbar zu sein! Seneca kommt zu einem ähnlichen Schluss: ‚Nur ein weiser Mensch kann dankbar sein!' Von einem Kind zum Beispiel werden wir niemals tief empfundene Dankbarkeit erwarten können, solange das Kind nicht einschätzen kann, dass es anders sein könnte. Für Seneca ist also Weisheit mit Dankbarkeit verbunden. Ein kluger, weiser Mensch weiß, es könnte wirklich anders sein.

Ein weiterer großer Feind der Dankbarkeit ist das Anspruchsdenken, das menschliches Leben in Kategorien von Rechten vermessen lässt; Menschen sehen sich dann in erster Linie als ‚Träger von Ansprüchen', Ansprüche an das Sozialsystem, Ansprüche auf Sozialtransfers etc. – bei allem, was hier wichtig und schützenswert ist, dringt diese Einstellung doch in viele Lebensbereiche ein und untergräbt die Dankbarkeit; denn wenn ich Ansprüche einlöse, habe ich, so die Einstellung, nicht dankbar zu sein …"

Das ist eine der Schattenseiten unseres – immer noch funktionierenden – Sozialstaates: die Unterscheidung zwischen schamloser Selbstbedienungsmentalität und tatsächlicher Bedürftigkeit zu treffen. Die Qualität keines sozialen Systems darf an der Möglichkeit des Missbrauchs alleine gemessen werden, gleichzeitig gilt es immer dringender, Schlupflöcher zu schließen. Der schmale Grat zwischen „Es steht mir zu" und „Wer braucht es wirklich?" wird zur Basis für politisches Kleingeld und populistische Parolen.

Während die zunehmenden Wohlstandsunterschiede zur Zerreißprobe für Gesellschaftssysteme weltweit werden, wird gleichzeitig deutlich, dass wir Dankbarkeit als überlebenswichtigen „Kitt" unserer Gesellschaft brauchen.

Sie ist gleichsam das moralische Gedächtnis der Menschheit, eine Brücke, welche die Seele immer wieder vorfindet, um bei der leisesten Anregung eine neue Brücke zu schlagen und schließlich über diese hin sich dem anderen zu nähern. Obgleich Dankbarkeit ein rein personaler oder, wenn man will, lyrischer Affekt ist, so wird sie, durch ihr tausendfaches Hin- und Herweben innerhalb der Gesellschaft, zu einem ihrer stärksten Bindemittel. Sie gehört zu jenen gleichsam mikroskopischen, aber unendlich zähen Fäden, die ein Element der Gesellschaft an das andere und dadurch schließlich alle zu einem formfesten Gesamtleben aneinander halten. (Georg Simmel, *Dankbarkeit – ein soziologischer Versuch*)

Die aktuelle politische und wirtschaftliche Lage sowie zunehmende Proteste machen sehr deutlich, dass wir uns den sozialen Frieden der letzten Jahrzehnte auch durch große Schulden erkauft haben. Und plötzlich soll damit Schluss sein, Sozialleistungen werden gekürzt, die Armen werden ärmer, während die Reichen erkennen müssen, dass Sicherheit und Frieden ihren Preis haben. Überall in Europa herrscht Sorge, große Unzufriedenheit, Rettungsschirme werden gespannt, gleichzeitig wird an ihnen gezweifelt. Immer wieder ist es der Blick in die skandinavischen Länder, der zeigt, dass politische Lernfähigkeit keine Illusion sein muss. Es mag viele historische, politische, geologische, wirtschaftliche Erklärungen geben, warum dort manches besser funktioniert. Aber lassen Sie es mich so versuchen: Vielleicht haben auch lange Winter, große Kälte, das tagtägliche Erleben von Gemeinschaft und Gemeinschaftssinn, das Zusammenrücken als lebenswichtige Notwendigkeit doch eine tiefe Bedeutung für das soziale Empfinden von Menschen.

Positive Gefühle wie Dankbarkeit dienen als unentbehrliches Bindemittel jeder Gruppe. Es hat sich auch gezeigt, dass Dankbarkeit den Altruismus des Menschen verbessert. In einer Studie haben David DeSteno und Monica Bartlett herausgefunden, dass Dankbarkeit mit großzügiger Spendenbereitschaft korreliert. Mithilfe eines Geldspiels konnte gezeigt werden, dass größere Dankbarkeit direkt zu größeren Geldspenden führt. Das heißt, dass dankbare Menschen mit größerer Wahrscheinlichkeit persönliche Vorteile dem gemeinsamen Vorteil zuliebe zurückstellen (DeSteno & Bartlett, *Gratitude as Moral Sentiment* 2010).

Bruder David Steindl-Rast über den größten Feind der Dankbarkeit: „Wenn wir zu viel haben, dann ist es sehr schwierig, dankbar zu sein. Wir werden einfach vom Überfluss überwältigt. Daraus ergibt sich vielleicht ein weiterer Feind, diese Haltung ‚die Welt schuldet mir etwas, die Gesellschaft schuldet mir etwas!' Diese Einstellung hat sich nach meiner Beobachtung erst in den letzten Jahrzehnten entwickelt. Vor dem Zweiten Weltkrieg hat es dieses Denken kaum gegeben. Wir haben dem Leben etwas geschuldet. Das Leben hat uns nichts geschuldet. Ich glaube, das kommt von diesem Überfluss der Güter, dass die Kinder aufwachsen und dann auch die Erwachsenen einfach denken, die Welt schuldet uns etwas. Niemand schuldet uns etwas. ‚Dein Los ist Hungern, Mensch, und Leiden!' Aus dieser Einstellung, dass uns die Gesellschaft und die Wirtschaft etwas schulden, haben sich viele der großen Probleme ergeben. Deshalb läuft alles so schief!"

Er erzählt von einer Begegnung mit wichtigen Wirtschaftsbossen dieser Welt, Menschen, bei denen viele Fäden dieser Welt zusammenlaufen und die weitreichende Entscheidungen zu treffen haben. Ihre erste Frage lautete: „Do you have any idea what could be done about entitlement?" („Haben Sie irgendeine Idee, was man gegen das Anspruchsdenken tun kann?"). Die Antwort fiel Bruder David sehr leicht, ist sie doch sein Lebensthema: Die Antwort lautet Dankbarkeit!

❀ Fabian

Gleich neben dem St. Anna Kinderspital im 9. Wiener Gemeindebezirk steht das Ronald McDonald Haus. Hier können schwer-
kranke Kinder und ihre Familien während der Dauer ihrer Spitals-
behandlung leben.

Einige Jahre habe ich diese Familien hin und wieder besucht,
um mit Eltern und Kindern zu reden, zuzuhören, zu feiern, zu
spielen, an ihrem Leben Anteil zu nehmen. Dabei bin ich die-
jenige, die bei diesen Besuchen am meisten gelernt hat: welche
unglaublichen Kräfte die Kinder im Angesicht einer schweren
Krankheit mobilisieren. Wie sie über sich selbst hinauswachsen.
Dass sie in dieser Krisenzeit der Abwesenheit von zu Hause nicht
nur unbedingte Unterstützung von allen Seiten erfahren, sondern
oft auch Anfeindung, bürokratischen Hürden oder Vorurteilen
ausgesetzt sind. Wie schwer es ist, das alltägliche Familienleben
aufrechtzuerhalten, auch für gesunde Geschwister da zu sein, die
in dieser Zeit meist zu kurz kommen. Und wie tapfer die kleinen
Patienten sind. Sie wissen ganz genau, wie es um sie steht.
Kindern kann man nichts vormachen.

Bei einem dieser Besuche habe ich Fabian kennengelernt. Er
hatte eine besonders heimtückische Form einer Krebserkrankung,
musste Chemotherapie, Transplantation und Rehabilitation über
sich ergehen lassen. Er hat tapfer gekämpft und viele Rückschläge
in Kauf genommen. Seine Mutter war immer bei ihm. Zuletzt
hatte der Verlauf der Krankheit so gut ausgesehen, er war wieder
zu Hause, es gab allen Grund zur Hoffnung auf ein unbeschwer-
tes, gesundes Leben. Dann ein erneuter Rückschlag.

Wir hatten einige Gespräche, Fabian war ein hübscher junger
Mann, damals 13 Jahre alt, und er hatte noch so viel vor mit

seinem Leben. Doch zunächst gab es nur eine Aufgabe: wieder gesund werden. Dieser Aufgabe galt alle Aufmerksamkeit, Konzentration, Kraft und Zeit.

Das Weihnachtsfest mit diesen Familien zu feiern, war immer besonders stimmungsvoll, ein großes Geschenk. Und bei diesem Weihnachtsfest hat er mir dann eine Geschichte gegeben. Er hat sie sich selbst ausgedacht und aufgeschrieben, um sich abzulenken von seinen Schmerzen und Therapien. Ich bin die stolze Besitzerin dieses Originalschriftstücks eines kleinen Helden. Er hat geschrieben, auch um sich darüber hinwegzutrösten, dass er Weihnachten nicht zu Hause feiern konnte. Es ist die Geschichte vom Weihnachtsmann in Not, das ist in kurzer Form der Inhalt: *Der Weihnachtsmann hat wie immer vor Weihnachten sehr viel zu tun, und da fällt ihm eine Päckchen-Spielzeugmaschine aus. Aber er weiß sich zu helfen, ruft kurzerhand den Osterhasen an – der ja bekanntlich zu dieser Zeit wenig beschäftigt ist – und der hilft aus! So kommt es, dass bei diesem Weihnachtsfest nicht nur Geschenke, sondern auch Karotten unter dem Christbaum liegen!*

Das war zu Weihnachten 2002. Wir haben gefeiert, Geschichten gelesen und geredet. Und gelacht. Wie man halt lachen kann, wenn man Mundschutzmasken trägt. Man lacht umso mehr mit den Augen, die bei Fabian so tief und so wissend waren, strahlend und traurig, müde von Schmerzen, Nadelstichen, Operationen, Infusionen.

Fabian hat den Kampf gegen seine Krankheit verloren. Wenige Monate nach diesem Weihnachtsfest. Er hat es genau gewusst.

„Wie geht das, das Sterben? Was muss ich tun?", hat er gefragt. Wenn Erwachsene sterben, haben sie Angst. Aber Kinder sterben so, wie sie gelebt haben – voller Hoffnung. Sie bitten nicht darum, ihre Hand zu halten. Und am Ende wünschst du dir, sie würden deine halten.

Fabian weiß nun, was wir alle noch nicht wissen. Er weiß, wie „es geht".

Ich halte seine Weihnachtsgeschichte in Ehren, lese sie jedes Jahr zu Weihnachten, erzähle sie weiter. Um an ihn zu denken, um ihm zu danken.

„Dankbarkeit ist das Gedächtnis des Herzens.“

Jean-Baptiste Massillon

Zu guter Letzt

Natürlich kann Dankbarkeit nicht die Antwort auf alle Fragen, die Lösung aller Probleme, die richtige Reaktion auf jede Situation sein. Manche Menschen werden diesen Weg auch als zu sentimental und reichlich naiv abtun, in einer Welt, die weitgehend von Coolness, Präzision, Härte, Geschäftssinn und dem Gesetz des Stärkeren geprägt ist. Dabei stellt sie nicht nur hohe moralische, sondern ebenso große intellektuelle Anforderungen an jeden von uns. Nur Denken führt zum Danken. Dankbarkeit ist oft gar nicht leicht.

Auch in der Geschichte war man sich über die tugendhafte Herangehensweise an das Leben weiß Gott nicht einig. Dankbarkeit hatte zu jedem Zeitpunkt auch ihre vehementen Gegner. Aristoteles hielt Dankbarkeit für eine Schwäche, für unvereinbar mit Seelengröße. François de La Rochefoucauld, französischer Adeliger, aber auch einer der ältesten französischen Moralisten, meinte: „Bei den meisten Menschen ist Dankbarkeit nur der geheime Wunsch, weitere Gefälligkeiten erwiesen zu bekommen!" Und Dorothy Parker, die amerikanische Schriftstellerin, Theater- und Literaturkritikerin, die durch ihren Sarkasmus, ihre Ironie und ihre scharfzüngige Schlagfertigkeit zur Legende wurde, ging sogar so weit, Dankbarkeit als „die gemeinste und wehleidigste Eigenschaft der Welt" zu bezeichnen.

Dankbarkeit soll keinesfalls als Weichspüler oder Beruhigungsmittel verstanden werden, mit dem wir glauben, die Hindernisse und Ungerechtigkeiten in dieser Welt nicht mehr sehen zu müssen und von ihnen berührt zu werden. Sie ist kein Zuckerguss, den wir über schmerzvolle Erfahrungen und Situationen gießen, damit nachher alles wieder süß schmeckt. Das wäre falsch verstandene Dankbarkeit. Im Gegenteil: Sie macht uns sensibler für das, was ist. Sie ist nicht einfach nur „ein gutes Gefühl", das das Herz weit und warm werden lässt – sie will zum Ausdruck gebracht werden. Wir spüren die Kraft zu handeln, das heißt anderen zu helfen, wenn nötig zu kämpfen, uns zu engagieren, andere glücklich zu machen, ihnen Freude zu bereiten.

Vor Kurzem hatte ich am Rande einer Veranstaltung Gelegenheit, mit dem Dalai Lama über das Thema zu sprechen. Es war kein Interview, Small Talk vor seinem Auftritt. Ich packte die Gelegenheit beim Schopf, den klugen Mann zu fragen, wie wichtig Dankbarkeit als Weg zu einem erfüllten Leben sei. „Sehr wichtig", antwortete er präzise und führte aus, warum ein dankbarer Mensch wahrhaft glücklich ist. „Und", fragte ich abschließend, denn die Zeit bis zum Auftritt war schon knapp, „was ist, wenn man diesen Weg nicht geht?" Der Dalai Lama antwortete in seiner unvergleichlich spitzbübischen Art, mit dem weisen Lächeln auf den Lippen: „This is also OK!", kicherte er in sich hinein, dann mussten wir auf die Bühne. Es ist also auch okay. Was gibt es dem noch hinzuzufügen? Jeder hat die Wahl. Es ist allein Ihre Entscheidung!

Wenn Sie sich nach der Lektüre dieses Buches nun fragen, ob ich denn all das beherzige und es auch schaffe, in meinem Leben diesen Weg zu gehen, dann darf ich Sie beruhigen: Natürlich schaffe ich das nicht! Aber ich habe mich entschieden und: Ich bemühe mich!

Mich hat die Begegnung mit vielen Menschen, die eine Haltung der Dankbarkeit ihrem Leben gegenüber leben, überzeugt. Stellvertretend für viele möchte ich Ihnen abschließend eine davon vorstellen: Elisabeth Himberger.

Die 87-jährige Tiroler Bergbäuerin (Oma von Sängerin Zabine Kapfinger) hat 12 Kinder auf die Welt gebracht, 22 Enkelkinder, 10 Urenkel. Für ihren behinderten Sohn sorgt sie noch heute, führt den Haushalt, kocht, putzt und liebt es, sich am Nachmittag in den Garten zu setzen, um eine Tasse Kaffee zu trinken und ein

Stück Kuchen zu essen. Sie ist in der Gemeinde aktiv, trifft Freunde, hilft Menschen, die ihre Hilfe brauchen. Ist für ihre große Familie Oberhaupt, Ratgeberin, Glucke, streitbare, wissende, erfahrene und immer liebende Uroma. Neben ihrer Freude am Leben hat sie Erfahrung mit Leid, Behinderung, Krankheit, Verlust und Tod geliebter Menschen gemacht, musste auch am Grab ihrer Tochter und dreier Enkelkinder stehen. Trotzdem ist sie dankbar für jeden Tag ihres Lebens, wie sie sagt. Wenn sie lacht, dann strahlt dieses Lachen von ganz tief drinnen, bezaubernd, direkt, herzlich, umwerfend. Auch wenn sie heute nicht mehr ganz gesund ist – jeder Schritt fällt schwer, der Rücken schmerzt und das Herz will auch nicht mehr so recht –, hält sie an den schönen Dingen in ihrem Leben fest. „Man darf nicht immer jammern, muss versuchen, die Dinge positiv zu sehen, sonst wird man krank."

In der 450-Seelen-Gemeinde, in der sie lebt, bekommt jeder Bewohner, der über 70 Jahre ist – und das sind immerhin mehr als 50 Menschen –, jedes Jahr zum Geburtstag eine Karte mit Glückwünschen von Oma Himberger. „Das ist ja nicht so viel Aufwand, aber die Freude der Menschen und ihre Dankbarkeit sind unvergleichlich groß!" Ihre Kraft schöpft sie aus ihrem Glauben, der Natur, den Menschen, die sie liebt. Die Art, mit der sie dankbar für alles in ihrem Leben ist, und das nicht nur mit Worten, sondern nahezu mit jeder Faser ihres Wesens auszudrücken vermag, hat mich jedes Mal, wenn ich sie sah, tief berührt, beeindruckt und ist mir Vorbild.

Menschen wie sie lassen mich heute zutiefst glauben, dass Dankbarkeit nicht der einzige, aber der bessere Weg ist. Für mich ist sie das, was die Welt im Innersten zusammenhält. Das „Higgs-Teilchen" unseres Lebens.

„Ja, die Zeit vergeht und man fängt an, alt zu werden",
sagte Pippi Langstrumpf. „Im Herbst werde ich zehn Jahre alt
und dann hat man wohl seine besten Tage hinter sich."
Und dann sagt sie noch etwas Schönes: „Wenn das Herz nur
warm ist und schlägt, wie es schlagen soll, wenn es übergeht –
dann friert man nicht".

Astrid Lindgren

Wenn ich alles, wofür ich dankbar bin, aufschreiben würde, wäre das eine sehr lange Liste ..., aber man kann ja einfach einmal damit beginnen:

- Für welche Begabungen, Fähigkeiten und Talente habe ich allen Grund, dankbar zu sein?
- Für welche Erfahrungen und Ereignisse in meinem Leben bin ich zutiefst dankbar, vielleicht auch wenn sie damals für mich sehr schmerzvoll waren?
- Welche positiven Eigenschaften meiner Persönlichkeit habe ich meiner Mutter zu verdanken?
- Welche positiven Eigenschaften meiner Persönlichkeit habe ich meinem Vater zu verdanken?
- In welcher Weise haben meine Geschwister mein Leben geprägt und begleitet, wofür bin ich dankbar?
- Wem habe ich zu verdanken, dass ich zuletzt herzlich gelacht habe?
- Wer hat den schönen Film gemacht, der mich tief berührt hat?
- Wem danke ich für ein Buch, das mein Interesse weckt?
- Wem gilt mein tief empfundener Dank für Musik, die mein Leben bereichert?
- Wem habe ich allen Grund dankbar zu sein, weil er an der Produktion und Gewinnung von Lebensmitteln und meiner Nahrung beteiligt war?
- Wer hat so gut für mich gekocht?
- Welche Menschen ertragen auch meine schlechten Launen?
- Welche Freunde sind mir auch in schwierigen Zeiten mit Rat und Tat zur Seite gestanden?

293

- Wem bin ich dankbar fürs Zuhören?
- Was habe ich meinen Mitarbeitern alles zu verdanken, ihrem Können, ihrem Einsatz, ihrer Freude an der Zusammenarbeit?
- Wem habe ich zu verdanken, dass das Büro jeden Tag sauber ist?
- Für welche Dienstleistungen, die mein Leben stützen, habe ich allen Grund, dankbar zu sein?
- Welche neuen Eindrücke haben mich heute überrascht?
- Ich bin dankbar ...
  - für die Gesundung nach einer Krankheit.
  - für die durch Krisen gewachsenen Erkenntnisse.
  - für Hoffnung nach einer Zeit der Hoffnungslosigkeit.
  - für berufliche Aufgaben und die Chance, immer wieder Geschichten beeindruckender Menschen erzählen zu dürfen.
  - für das gute Gefühl, dass mein Leben in Gottes Hand liegt, vom ihm beschützt und geführt wird.
  - für mein Leben, so wie es ist.
- Was glauben Sie, steht Ihnen zu und wofür müssen Sie dankbar sein?
- Ist Dankbarkeit für Sie eine Verpflichtung oder ein wärmendes Gefühl?
- Ist Ihnen Dankbarkeit lästig?
- Haben Sie jemals vergessen, sich für etwas zu bedanken und tut es Ihnen heute leid?
- Ist Ihnen jemand außerordentlich dankbar und wofür?
- Fühlen Sie sich durch Dankbarkeit geschmeichelt, ist Sie Ihnen peinlich oder glauben Sie, ein Anrecht darauf zu haben?
- Haben Sie das Gefühl, dass Dankbarkeit ein überflüssiges Zeichen ist oder ein Schmiermittel unseres sozialen Lebens?
- Ab wann muss man dankbar sein? Wofür muss man nicht dankbar sein? Und wo ist der erwiesene Dienst zu klein?
- Waren Sie schon einmal undankbar und warum? Tut es Ihnen heute leid?

- Haben Sie schon einmal etwas geerbt und waren Sie da dankbar? Wie?
- Wie lässt sich Dankbarkeit am besten ausdrücken – durch Worte, Taten, Gesten oder Geschenke?

Danksagung

Zuallererst bedanke ich mich bei meinen Gesprächspartnern für ihre Gedanken, Geschichten, Gefühle, auch für ihre Geduld.

Für die Entstehung dieses Buches danke ich meinem Verleger Hannes Steiner – für das gemeinsame Nachdenken und auch zähe Ringen um Worte und Inhalte. Es war eine große Freude, mit der Lektorin Christina Kindl zusammenarbeiten zu dürfen, einer jungen, engagierten, kompetenten, klugen Frau. Danke für Klarheit, Überblick und den letzten Schliff! Saskia Beck und Andreas Berger danke ich für die Covergestaltung sowie dem gesamten Ecowin-Team für die professionelle Umsetzung, Betreuung und Unterstützung. Danke an Sandra Holzmann für die Abschrift der Gespräche.

Doch dass ich dieses Buch schreiben konnte, dazu haben mich all die Menschen inspiriert, die ich im Laufe meines Lebens getroffen habe, sei es in kurzen Begegnungen, langen Gesprächen, Wegbegleiter über kürzere und längere Strecken. Jeder hat einen „Abdruck" auf meiner Seele hinterlassen.

Wenn man Menschen beurteilt, bleibt keine Zeit mehr, sie zu lieben. (Mutter Teresa)

Diesem Gedanken folgend, möchte ich mich bei all den Menschen bedanken, die mich nicht beurteilen, sondern so nehmen, wie ich bin.

Meine FreundInnen, MitarbeiterInnen, KollegInnen und alle, die ich zu meiner großen Familie zählen darf, meine Geschwister und deren Partner, meine Nichten und Neffen, meine Eltern. Mein innigster Dank gilt meinem Lebensfreund, Kompagnon und

Regisseur Peter Nagy. Danke dafür, dass du mir hilfst, meine Selbstzweifel zu überwinden, für deine Gelassenheit, Tiefe, dein Vertrauen, deine Freundschaft, den Blick fürs Wesentliche … und dafür, dass, während ich noch vieles üben muss, du mir beim Thema dieses Buches weit voraus bist!

Quellen

1   André Comte-Sponville: Ermutigung zum unzeitgemäßen Leben. Ein kleines Brevier der Tugenden & Werte. Rowohlt, 1996.

2   Uwe Böschemeyer: Warum es sich zu leben lohnt. Ecowin, 2010.

3   Robert Emmons: Vom Glück, dankbar zu sein: Eine Anleitung für den Alltag. Campus Verlag, 2008.

4   Gustav Schörghofer: danke tausendmal. Wie positives Denken und Dankbarkeit das Leben verändern. Styria Premium, 2011.

5   Spiegel Wissen 1/2009: „Heule nicht, handle!"

6   David Steindl-Rast: Fülle und Nichts. Die Wiedergeburt christlicher Mystik. Goldmann, 1985.

7   Ursula Richard: Die drei Pfeiler des Glücks. Achtsamkeit, Freude, Dankbarkeit. Knaur Taschenbuch, 2010.

8   Clemens Sedmak: Auszeit. Ein Philosoph erlebt die Fitnesswoche. T. Mathis, 2010.

9   Viktor E. Frankl: … trotzdem Ja zum Leben sagen. Ein Psychologe erlebt das Konzentrationslager. Kösel-Verlag, 2009.

10 Alfred R. Stielau-Pallas: Die Macht der Dankbarkeit. Ein dankbarer Mensch – Eine bessere Welt. Pallas Buch, 1998.

Literaturhinweise

Andrew Bienkowski / Mary Akers: Das Geschenk meines Lebens. Wie uns schwere Zeiten Hoffnung und Stärke geben können. dtv premium, 2010.

Cem Ekmekcioglu / Anita Ericson: Der unberührte Mensch – Warum wir mehr Körperkontakt brauchen. Edition a, 2012.

David Steindl-Rast: Credo. Ein Glaube, der alle verbindet. Herder, 2010.

David Steindl-Rast: Die schönsten Texte. Herder, 2010.

Die Bibel, Altes und Neues Testament, Einheitsübersetzung. Herder, 1980.

Gregg Krech: Die Kraft der Dankbarkeit. Das Praxisbuch für innere Zufriedenheit. Knaur Taschenbuch, 2007.

Sten Nadolny: Weitlings Sommerfrische. Piper, 2012.

Uwe Böschemeyer: Machen Sie sich bitte frei. Ecowin, 2012.

Walter Isaacson: Steve Jobs. Die autorisierte Biografie des Apple-Gründers. C. Bertelsmann, 2012.

Umschlag und Ideen:
kratkys.net

PHILOSOPHIE UND LEIDENSCHAFT

Ecowin wurde 2003 als unabhängiger Verlag gegründet.

Wir konzentrieren uns auf spannende Autoren,
die zu spannenden Themen und Entwicklungen unserer
Welt einen Beitrag leisten.

Die Vielfalt der Meinungen sowie der Diskurs unter den
Autoren und innerhalb des Verlags sind uns viel wichtiger
als das Vertreten nur einer Denkweise.

Wir investieren in langfristige Beziehungen mit unseren
Autoren, Herstellern und Buchhändlern.

Bis heute haben wir weder Verlagsförderung beantragt
noch erhalten.

Als österreichischer Verlag produzieren wir von Beginn an
ausschließlich umweltfreundlich in Österreich.

Nichts ist für uns spannender als das nächste neue Buch.

HANNES STEINER
VERLEGER